U0814486

刘珣　崔永华　总主编

国际汉语教师标准丛书

A Series on Standards for Teachers of Chinese to Speakers of Other Languages

汉语基本知识
（汉字篇）

Basics of Chinese Language (Characters)

施春宏　王伟超　著

北京语言大学出版社
BEIJING LANGUAGE AND CULTURE UNIVERSITY PRESS

图书在版编目（CIP）数据

汉语基本知识. 汉字篇 / 施春宏，王伟超著. -- 北京：北京语言大学出版社，2020.10
（国际汉语教师标准丛书 / 刘珣，崔永华主编）
ISBN 978-7-5619-5735-6

Ⅰ. ①汉… Ⅱ. ①施… ②王… Ⅲ. ①汉语－对外汉语教学－教材 Ⅳ. ① H195.4

中国版本图书馆 CIP 数据核字（2020）第 172206 号

汉语基本知识（汉字篇）
HANYU JIBEN ZHISHI (HANZI PIAN)

排版制作：北京创艺涵文化发展有限公司
责任印制：周 燚

出版发行：北京语言大学出版社
社　　址：北京市海淀区学院路 15 号，100083
网　　址：www.blcup.com
电子信箱：service@blcup.com
电　　话：编 辑 部　8610-82303647/3592/3724
　　　　　国内发行　8610-82303650/3591/3648
　　　　　海外发行　8610-82303365/3080/3668
　　　　　北语书店　8610-82303653
　　　　　网购咨询　8610-82303908
印　　刷：保定市中画美凯印刷有限公司

版　　次：2020 年 10 月第 1 版　　印　　次：2020 年 10 月第 1 次印刷
开　　本：787 毫米 ×1092 毫米 1/16　　印　　张：17
字　　数：318 千字
定　　价：69.00 元

PRINTED IN CHINA

目　录

总 序

为提高国际汉语教师——在国内外从事汉语作为第二语言教学的教师——的专业素质和教学水平，培养、培训这一领域更多的人才，以满足世界各地日益增长的汉语学习需求，孔子学院总部/国家汉办组织研制了《国际汉语教师标准》(以下简称《标准》)。

《标准》总结了国内外汉语教学的实践，借鉴了国内外外语教学，包括TESOL等国际第二语言教学和教师研究的新成果和相关标准，体现了国际汉语教学的特点，为建立一套完善、科学、规范的教师标准体系和国际汉语教师的培养、培训、能力评价和资格认证提供了依据。

《标准》分五个模块、十项标准，描述了从事国际汉语教学工作的教师应具备的知识、能力和素质。模块一“语言基本知识与技能”由标准一“汉语知识与技能”和标准二“外语知识与技能”构成；模块二“文化与交际”由标准三“中国文化”和标准四“中外文化比较与跨文化交际”构成；模块三“第二语言习得与学习策略”由标准五“第二语言习得与学习策略”构成；模块四“教学方法”由标准六“汉语教学法”、标准七“测试与评估”、标准八“汉语教学课程、大纲、教材与辅助材料”和标准九“现代教育技术及运用”构成；模块五“教师综合素质”由标准十“教师综合素质”构成。

《标准》以概括的语言，对上述知识、技能、能力进行了简要的描述。为帮助相关人士了解《标准》的内涵，我们编写了这套辅导丛书。本丛书可以帮助读者进一步理解《标准》的内容，学习相关知识、技能，也可作为汉语教师培训、辅导、自学的教材以及参加汉语教师资格考试的备考参考。

本丛书拟分为十二个分册，各分册名称与《标准》的对应关系如下：

(1)《汉语基本知识》，包括语音篇、词汇篇、语法篇、汉字篇四个分册，内容是标准一中的“汉语知识”，包括汉语语音、词汇、语法、汉字四个方面；

（2）《中国文化常识》，内容是标准三“中国文化”中的中国传统文化；

（3）《中外文化比较与跨文化交际》，内容是标准四“中外文化比较与跨文化交际”；

（4）《汉语语言习得与学习策略》，内容是标准五“第二语言习得与学习策略”；

（5）《汉语要素教学方法》，内容是标准六“汉语教学法”中的语言要素教学方法，包括语音、词汇、语法、汉字的教学方法；

（6）《汉语技能培养方法》，内容是标准六“汉语教学法”中的语言技能培养方法，包括听力、口语、阅读、写作能力的培养方法；

（7）《汉语课程与教学理论》，内容包括标准七“测试与评估”和标准八“汉语教学课程、大纲、教材与辅助材料”；

（8）《现代教育技术与汉语教学》，内容是标准九“现代教育技术及运用”；

（9）《汉语教师发展》，内容是标准十“教师综合素质”。

本丛书由北京语言大学人文社会科学学部人文学院和北京语言大学出版社合作组织编写，华学诚教授和戚德祥教授做了大量的组织和指导工作。丛书的编写者都是多年从事对外汉语教学和汉语教师培训的具有丰富教学经验的专家，其中有些专家还曾参与《标准》的研制和相关题库的建设工作。尽管如此，由于对《标准》个别内容的理解可能有差异，又由于受到学识的局限，本丛书肯定存在不足之处，诚恳欢迎读者给予指正，以便再版时更正。

刘珣　崔永华

编写说明

本书是遵从《国际汉语教师标准》而编写的汉字学教程，对汉字知识的基本内容和汉字教学的基本原则与方法等方面做了系统而简明的介绍，目的是帮助国际汉语教师和准教师理解并掌握汉字系统的基本知识，了解汉语作为第二语言教学与习得中需要特别注意的汉字问题，提高认识字理、培养“字感”、正确使用汉字和准确教授汉字的能力，为更好地从事汉语教学工作打下基础。本书也可作为国际汉语教师资格考试和汉语国际教育专业硕士生招生考试的参考用书，还可作为汉语国际教育和语言学相关专业的汉字学教材。

一

本书是《汉语基本知识》系列教材（共四册，包括语音篇、词汇篇、语法篇和汉字篇）的汉字分册。首先需要说明的是，一般所言的“汉语”，有的包括汉字（如大学《现代汉语》教材一般都讲汉字），也有的不包括汉字（如一般《语言学概论》类教材从普通语言学的观念出发，都强调文字是用来记录语言的，不属于语言）。但从教学和研究的实际来看，将汉字放到汉语系统中来看待，有其合理性。这可以从多个角度来认识：从学习者角度来看，学汉语如果不限于简单的口语，那么它是必然包括学习汉字的，而且学习汉字还有利于提高汉语习得水平；从教学者角度来看，汉字自身的复杂性使得汉字需要和语音、词汇、语法一样，作为汉语教学中的一个独立项目；从研究者角度来看，二者具有一定的适应性，研究汉字离不开研究汉语，研究汉语在一定程度上也离不开汉字的研究。基于此，我们编写了这本《汉语基本知识（汉字篇）》，并在编写过程中特别注意这样两个方面：一是充分展示汉字和汉语之间的相互适应性；二是试图以现代语言学观念（主要是结构语言学和认知语言学的观念）来看待汉字本体和汉字教学、汉字习得问题。

基于我们对面向国际汉语教师的专业教材编写原则的认识和分析，本书在三个方面有特别的追求：一是内容的适用性，系统介绍国际汉语教师需要掌握的汉字知识；二是策略的针对性，结合汉语作为第二语言教学和习得过程中汉字识记、书写比较繁难的地方和容易出现偏误的部分来安排编写重点，并具体介绍汉字识记、书写和纠偏、使用的基本策略；三是观念的启发性，力求在介绍汉字知识及其习得表现和教学策略时体现出大的分析原则和思路，使读者不仅在知识上能举一反三，在观念上也能够烛幽发微。因此，本书以现代汉字学和现代汉字教学的理论和方法为基础，系统介绍现代汉字的性质、特点，现代汉字所负载的字音、字形、字义、字序、字量、字用等各种信息属性，以及汉字处理的标准化、汉字使用的规范化等问题。基于国际汉语教学的实际需要，本书在分析汉字形义时兼及古代汉字的理据分析，既讲适用，又重实用。

汉字是形、音、义三位一体的文字。因此，在分析汉字时，我们特别重视抓住两个关键点：一是重视字形和字构（汉字结构）的分析；二是重视汉字的形、音和义（意）之间关系的说明。正所谓无形不立字，汉字的形体是分析这些结构和关系的切入点。就汉字教学而言，字形是个枢纽（当然，这不是说汉字教学的目标就是字形）。这里的“形”当然不是单纯指笔画和部件的形体本身，而是包括汉字的构件（偏旁和部件是从不同角度认识汉字而得出的汉字构件，而笔画又是它们的构件）及其组构方式，也包括构件与音、义的关联。汉字作为“形—音—义”结合体中的形，是负有音和义的形，是汉字作为一个结构体的形。因此，在讲汉字的音义、汉字的文化特征、汉字的规范、汉字的字感培养时，都要特别重视形的枢纽作用。在对字形进行结构化分析的基础上，以形带理，据形探义，将“形—音—义”的系统性逐步呈现出来。

二

为了使编写内容更加适应国际汉语教学的发展态势，更加适合国际汉语教师的培养目标和培训工作，本书在内容的选择上首先以孔子学院总部／国家汉办编制的《国际汉语教学通用课程大纲》（修订版，北京语言大学出版社，2014 年）为重要的参照对象，对其中包含的所有汉字项目都做了说明。然而，该大纲毕竟只是教学大纲，作为教师，仅仅掌握这样一些汉字知识显然是远远不够的。尤其是大纲呈现的只是陈述性知识（即关于“是什么”的知识），而基本不涉及程序性知识（即关于“怎么做”的知识），更不可能将汉字教学与习得中的偏误情况及纠偏策略和方法展示出来。为此，本书作者系统梳理了国际汉语教学界有关汉字教学与习得研究的重要成果，并积极吸收汉字本体研究中的最新认识，以此确立本书的基本构架。

为了充分落实专著性教材所应具有的既适用又实用的基本理念，在这些年的编写实践中，我们有针对性地提出了一些具有很强实践性的基本原则：基础性和前沿性相结合的原则；描写和解释相结合的原则；知识性和启发性相结合的原则；策略性和操作性相结合的原则。（具体内涵参见施春宏、蔡淑美《汉语基本知识（语音篇）》中“编写前言”的相关阐释。）落实到汉字教学中，我们认为汉字教学应该体现出这样一些基本原则和策略：汉字书写的字形结构化原则；利用汉字形、音、义统一体的特点，字词教学相结合；由易到难，汉字教学和口语教学先分后合；认读和书写分别要求，少写多认；重视“字感”的培养；针对不同语言背景的学习者，采用不同的教学策略；纸笔书写和键盘输入相结合。在此基础上，我们介绍了一些汉字教学的常用方法，特别是对汉字笔画和部件教学中需要注意的问题做了专门说明。有的教学原则和方法体现了我们对语言习得本质和语言现象特质的整体把握，如我们特别强调汉字形体的结构性，特别重视汉字字形和字义之间的匹配关系。为了有效落实以上基本原则和方法，本书在下面几个方面体现出鲜明的特色：

一是重视吸收汉字研究和汉字教学与习得研究的新观念和新成果。汉字学研究成果非常丰富，本书虽为基础性的汉字学教材，但在介绍汉字知识时，仍然尽可能将近些年在学术界广受关注、在教学界也逐步引起重视的新理论、新观念、新成果引入其中，尤其是构形学、训诂学、字用学、汉字认知加工理论等方面的新认识。如第三章“汉字的构形理据”中对构形与构意之间关系的阐释，就来自汉字构形学的基本认识。又如，关于汉字结构化问题及汉字不同性质的部件在汉字习得中起着不同作用等方面的认识，就受到汉字认知加工理论的启发。即便是汉字学长期讨论的问题，我们也尽可能根据理论探索和教学实践的新成果提出更加合乎二语教学实践的理解和分析。如在分析多义字时，不仅关注多义字新意义的产生途径，也关注多义字意义的潜隐。对于汉字教学，我们基于部件、笔画形体结构的研究，提出汉字书写的结构化原则；基于本体研究和教学研究中"字本位"的观念，强化以字带词、字词结合的教学原则；基于不同文字系统的对比，强调针对不同语言背景的学习者宜采用不同的教学策略等。

二是在分析字理时特别重视字形的作用，强调字形的结构规律，重视汉字使用过程中的形、音、义之间的关系。如在介绍部件方面的内容时，强调部件组合的层次性；在介绍笔画方面的内容时，强调笔向及笔画的断连规则、部件组合时笔形的变化规则；在介绍字音、字义方面的内容时，强调形声字的声旁、形旁对字音和字义的提示作用。又如，从汉语作为第二语言教学的实际出发，对纷繁复杂的汉字折笔现象做了重新整理，对于折笔的分类和命名，在《GB13000.1 字符集汉字折笔规范》的基础上根据教学的需要进行了一定的调整，提出了包含 7 种基本笔画的笔形系统。这样的处理是由汉字特点和习得与教学的特殊性所决定的。

三是广泛吸收语言学各领域的成果。汉字作为形、音、义一体的文字，与汉语的语音、语义乃至语法都有着密切的关系。因此，我们除了介绍汉字学知识以外，还广泛吸收了语言学其他领域的成果。当然，这种吸收并不是在汉字知识教材中直接讲述其他领域的知识，而是力求用其他领域的成果对与汉字有关的现象做出更为精准、简明的概括。如在介绍形声字声旁的表音作用时，面对现代汉语中声旁读音与整字读音关系复杂、没有统一的明确规律这一客观事实，我们利用音韵学的研究成果，归纳出了几组历史上同源、现今在声旁表音系统中关系密切的声母；在介绍字义与词义的关系时，我们也结合语法学、语义学的理论，详尽地分析了字义与词义的各种关系类型；在说明汉字整字和构件之间、构件和构件之间的关系时，积极吸收了近些年在语法学界有广泛影响的认知语言学，尤其是构式语法理论关于整体和部分之间关系的基本观念。这样做的目的，就是使汉字研究和汉字教学也能够充分体现现代语言学的基本思想。

四是重视网络时代背景下的汉字使用和资源利用问题。如在介绍汉字查检常用工具书时，我们不仅介绍了经典的纸质辞书，还介绍了《新华字典》APP 版、《现代汉语词典》APP 版、《辞源》优盘版这三种电子化的辞书以及数种汉字查检网络资源。我们非常关注新时期、新环境下的汉字学习和使用问题，提倡纸笔书写和键盘输入相结合。在介绍汉字查检的网络资源时，特别关注引入优质的新资源，如北京师范大学汉字研究与现代应用实验室开发建设的“汉字全息资源应用系统”，2019 年 1 月 11 日刚刚发布，我们就及时收录并介绍。

五是关注当下的语言生活。我们在介绍汉字知识时，用例的选取尽量做到与当前社会的语言文字应用状况相结合，以引导学习者在社会生活中规范使用汉字。在“思考与练习”部分，我们编入了当前网络上关于繁体字与简体字价值的争议这一内容，还有流行歌曲、网络特殊用字等方面的内容，以引导读者观察日常生活中的汉字现象，从语言交际价值的角度来正确认识与汉字相关的日常交际现象。本书的附录部分也力求紧贴现实，反映当下语言生活中的误用问题，如近年常见的将“阈值”误写为“阀值”、将“天秤座”误读为“天 píng 座”等，而这方面的内容现有教材中涉及不多。又如，西安市鄠（hù）邑区 2017 年才设立，随后不久就有媒体将这一生僻字地名误读为“鄂邑”，我们也将这一误读现象收录到了附录“容易读错的地名”中。

六是具有世界文字系统的视野。无论是将汉字作为一个系统来整体认识还是分别介绍部件、笔画、字音、字义、文化特征等汉字不同层面的性质和特点，我们都将汉字放在世界文字系统的视野中考察，更加明确地揭示汉字在世界文字系统中的共性和个性。我们不但通过表音文字形体与汉字形体的系统对比，说明了表音文字背景的学习者习得汉字时存在的问题，还特别对汉字文化圈中的汉字使用状况做了一定的说明。尤其是全面梳理了日本的常用汉字、韩国的教育用汉字与中国的规范汉字在字形方面的异同，并列表呈现出来，以便在二语教学中有针对性地预防和辨正偏误，对于汉语二语教师和学习者来说，实际也起到了工具手册的作用。

三

除了在编写内容上尤其重视面向第二语言教学的汉字教学与习得中的常见问题，力求提供切实可行的操作性改进策略外，本书对术语系统、用例选配、练习设计、字表整理、附录配置等方面的处理，也都尽可能做到既适用又实用。

对任何一门知识体系而言，整体知识结构往往体现在术语和概念的体系之中。因此，理解和掌握基本术语是学习一门系统知识的基础。为了方便读者，本书中的基本术语都用黑体呈现，并编制了一个详细的索引“术语和概念检索”，这在一定程度上可以起到汉字学和汉字教学术语词典的作用。这样做，既能使读者有效地掌握基本的术语系统，同时也为一线教师的课堂教学提供了方便，他们只要对其稍加改造即可应用于课堂。

足量而高效的输入是习得语言的基本保证。因此，本书教学用例和练习用例都非常丰富。用例选配和安排颇费心血，也试图充分适应学习者的认知特点和习得过程，同时也为教师稍加改造后就可用于教学提供方便。

本书每章都有丰富的思考与练习题。思考题是开放性的，意在启发读者进一步探讨和分析；练习题则注重通过规则操作来强化所学的知识。书末附有参考答案。

本书还有一个特色，就是整理了不少非常实用的附录。汉字教学跟语言中其他部分的教学差异较大的地方，就是涉及形、音、义、用多个方面，而这些方面在使用过程中都非常容易出现偏误，尤其是在二语教学中。这些偏误往往都无法通过正面叙述来完成，因此需要集中处理，其中最有效的一个方式就是汇集易误现象，编制相关附录。基于我们在中小学和大学的教学和研究经验，我们发现无论是教师教还是学生学，无论是学业考试还是平时的语言文字生活，都特别需要这样的带有教学手册功能的附录，以便集中学习和临时查阅。基于此，我们编写了比一般汉字教材更为丰富的附录，主要包括“容易读错的字”(包括常见的误读字、容易读错的姓、容易读错的地名)、“容易写错的字”“常见别字一览表”“容易混淆的偏旁及其相关字辨析”“一些读音跟词性相联系的多音字”，供读者学习和使用汉字时参考。

还要特别提醒读者的是，本书行文中整理了很多非常实用的字表，目的同样是为从事汉语作为第二语言教学工作的教师们编写教案和练习提供更多方便。

四

这里再简单说一下本书的编写背景和过程。

本书撰写者之一施春宏曾独自编写了“国际汉语教师标准丛书”中的《汉语基本知识（语法篇）》（北京语言大学出版社，2011年），并和厦门大学副教授蔡淑美博士合作编写了《汉语基本知识（语音篇）》（北京语言大学出版社，2017年）和《汉语基本知识（词汇篇）》（北京语言大学出版社，2020年）。已经出版的语法篇、语音篇受到了汉语学界和教学界的普遍欢迎，并成为国际汉语教师资格考试参考用书和一些高校的教学用书，这使作者深受鼓舞。2017年初，本系列丛书的分册汉字篇开始规划、撰写。

如同撰写其他分册一样，编写这样的专著性教材所面临的困难只有作者自己才能深切地感受到。表面上看，这样的教材几乎是通识性知识介绍，整合一下相关知识就行了。市场上的一些教学参考用书的基本知识框架和内容跟大学《现代汉语》教材差别并不大，间或增加一些习得方面的简单介绍。然而，在我们看来，这显然与日新月异的汉语、汉字研究进展不相协调。近些年，汉字本体研究（包括现代汉字和古代汉字），汉字教学与习得研究，汉字与语音、词汇和语法的关系研究，汉字和汉语的关系研究等，都取得了极其丰硕的成果，而这些成果绝大多数都散布在学术论文和专著中，并未进入教材（即便面向中文系本科生的《现代汉语》教材也多是如此）。要想编写一本富含前沿成果又很实用的专著性教材，就必须大量阅读相关论著并做出简明、系统的概括，有时在取舍之间还需要自己做出某种程度的探索，有些内容学界尚未有明确的认识，还需要我们做出专题研究。在编撰过程中，我们共同确立了这样的编写思路：服务教学，立足基本，紧贴前沿，表述简明。我们反复商定编写计划，拟定详细的编写提纲，然后分头撰写。我们一面大规模地阅读、整理、消化前沿性成果，一面力图通过简明易懂的叙述方式将这些成果吸收到书稿中。我们每写一部分都相互修改，来回数次，经过近三年的艰苦奋斗，终于将初熟之果呈现于读者面前。

本书的定稿使我们这个团队终于完成了《汉语基本知识》四个分册的编写工作。施春宏自2008年领命编写这套《汉语基本知识》系列教程以来，前后十数载。整个过程殊为不易，但终于做成了一件对教学和研究都非常有意义的事情，同时也为汉语和汉字本体研究提供了一些思考，我们颇感慰藉。期盼本套教材的编写能够成为学界探索如何编写这种普及类专著性教材的新开端。

值得一说的是，两位作者虽然都不是专门的汉字研究者，但都对汉字一往情深，也进行过很长时间的学习和探索。本书撰写者之一施春宏在中国社会科学院攻读硕士学位时，专业方向是应用语言学，其中一项重要的学习内容就是了解和理解国家发布的各种语言文字规范标准，而语言文字规范标准大多与字形、字音有关，这也引导施春宏后来一直对汉字的形、音、义、用保有较为浓厚的兴趣，并撰写了《汉字简化的历史到底有多长》《使用规范汉字和规范使用汉字》《试论语义关系对异体词显隐和使用的制约》等与汉字相关的研究文章。博士毕业后，施春宏又将《说文解字注》的重要条目研读了两遍，并阅读了大量的汉字学和训诂学论著，进而深切地感受到汉字不只是一种简单的用来记录语言的符号系统，汉字和汉语在认知原则和构造机制方面都存在着深层次的一致性，即汉字和汉语都是认识世界的重要方式（如转喻和隐喻的范畴化、信息加工及其结构化等），在认知加工机制上具有很强的同构性。汉字构形和构意的策略、汉字笔画和部件（包括偏旁）的组合方式则是这种人类基本认知机制的反映。这种愉快的学习和探索促使施春宏试图利用其对语言系统的认识来分析语义和字形问题。本书另一位撰写者王伟超也与汉字有不解之缘。他在2岁时就因认识2000多汉字而被《人民日报（海外版）》报道。后来逐渐对语言文字学产生了浓厚的兴趣，本科阶段在复旦大学药学专业就读时，他广泛阅读文字学、音韵学等语言学诸领域的论著。本科毕业后，因对语言文字学的热爱考入北京语言大学，师从施春宏攻读硕士学位，后又考取了语言学及应用语言学专业的博士研究生。在此期间，系统的现代语言学的学术训练使他对汉字的结构、字义问题也有了更清晰的认识。

对汉字的热爱和对汉字研究的兴趣最终促成了这本《汉语基本知识（汉字

篇）》师生联袂合作成果的诞生。在编写这本《汉语基本知识（汉字篇）》之初，我们就希望编写出一本跟学界已有的相关教材有所区别的汉字和汉字学教材，而在编写的过程中，我们则体会到编写本身就是一个相互学习、共同提高的过程。我们深切地感受到：理解越深刻，分析越精致，对汉字系统的认识就越到位，对汉字习得和教学中所存问题的定性就越准确，因而就越能有针对性地找到解决问题的策略。

在十多年编写《汉语基本知识》系列教程的过程中，施春宏还同时编写了《汉语纲要》（包括上、下分册，北京语言大学出版社，2018 年）。两者的侧重点不同，基本分工是：《汉语基本知识》在系统介绍汉语知识时带有选修提高的性质，同时还特别关注要素教学的方法和技能，其分册可作为语音、词汇、语法、汉字的专题课教材；《汉语纲要》则偏重于汉语本体知识系统，以介绍通识性知识为主，可作为《现代汉语》性质的基础课教材。对这两套书，读者可以根据自己和教学对象的知识基础和实践需要相互参照着阅读。面向语言学基础教学编写不同层次的专著性教材，一直是我们孜孜以求的目标；学界广泛而深入的前沿性研究成果如何及时有效地落实于基础性的专业教材中，一直是我们不断思考并努力探索的问题。步履虽艰，但一直在前行。

需要说明的是，本书在编写过程中吸收了很多前辈和时贤的观点，由于体例所限，未能在书中详细注明。这里谨致无限谢意和歉意。学者们的原创性观点虽未能在书中一一注明，但他们的学术思想和学术成果将会得到更加广泛的传播。

五

最后还要特别表达一下我们的感激之情。

本书的编写得到了资深对外汉语教学专家和前辈刘珣先生、崔永华先生的热情指导，谨此表达我们崇高的敬意和无限的谢意。

本书初稿完成后，北京语言大学硕博研究生陈振艳、金婷、李聪、李宗阳、刘星宇、罗斐、任喆远、奚柳青、张子豪和北京语言大学博士后谢昆通读了书稿，并提出了很多极富价值的意见和建议。在编写过程中，我们还得到了北京语言大学很多老师的热情帮助。中国社会科学院博士研究生谭樊马克对本书的写作也给予了很多帮助。在此一并致谢。

最后还要特别感谢北京语言大学出版社陈维昌先生和付彦白先生的不懈督促，尤其是责任编辑齐琰老师为本书出版所付出的辛勤劳动。

尽管作者在编写过程中可谓尽心尽力，但难免有许多认识不到位的地方和疏漏错失之处。敬请读者朋友批评指正，进一步帮助我们提高认识能力和知识水平。欢迎通过电子邮件跟我们联系，施春宏的电子邮箱是 shichunhongblcu@163.com，王伟超的电子邮箱是 mijiag@163.com。谨此预谢！

施春宏　王伟超

语言是人类最重要的交际、思维和认知的工具，文字是用来记录语言的书写符号系统，是一种建立在语言基础之上的最重要的辅助交际工具。由于语言是音、义结合体，因此语言交际会受到时间和空间的限制。作为音、形、义结合体的文字，它的产生和使用弥补了语言交际的时空局限，充实和完善了人类的交际方式，并由此促进了人类思维、认知的发展以及人类知识成果的积累和传播。由于文字是一种虽依存于语言但又有其特殊表达方式的视觉符号系统，因此需要专门学习才能掌握。对第二语言学习者而言，为了使用目的语进行范围更广的交际、获取以书面形式呈现的信息（如阅读书籍报刊、查询网络资料），在学习目的语口语形式的同时，学习目的语的书面文字系统、掌握读写技能也是十分必要的。

汉字是记录汉语的书写符号系统，也是目前世界上使用历史最悠久的文字系统，同时，汉字所承载的文化也是中华民族文化的重要组成部分。基于汉字的交际，是联系世界各地华语社区的重要纽带；基于汉字的文化传播，对世界文化的交流和发展起到了极大的推动作用。学好汉字，是学习汉语（包括汉语作为第二语言的学习）、了解中国文化、传播人类文明成果的重要基础。

然而，汉字有其自身的复杂性，而且与世界上绝大多数语言所使用的表音文字系统之间存在显著差别，因此对于大部分汉语作为第二语言的学习者而言，汉字学习都是汉语学习中的难点之一。即使对于同属汉字文化圈、母语文字系统仍使用部分汉字的日本和韩国学习者而言，中国当前使用的汉字与其本国的汉字在形体上也存在着一些差别，而且读音不同，语义系统也不尽相同，因此也存在着学习的困难。但与此同时，汉字自身的结构也具有相当的理据性、规律性，掌握了这些内容，对汉字的教学与习得自然会大有帮助，对了解和认识基于汉字而形成的中国文化也会有很大的促进作用。

本书将系统介绍有关汉字的基本知识，并对汉字教学的基本内容做出简要说明。

第一章 汉字概说

和当今世界上其他文字系统相比，无论是记录语言的方式、文字形体的来源还是字体、字形的内部结构，汉字都有着极为鲜明的独特性。这使得在汉语的学习和研究中，汉字成为一个与语音、词汇、语法相并列的专门领域。

本章即介绍世界文字视野中汉字的地位以及汉字的特点和作用。

第一节　世界文字视野中的汉字

一种文字的性质，是通过与其他文字系统的比较而彰显的。对于世界上出现过的各种文字系统，研究者按照不同的标准进行了分类，汉字在世界文字分类系统中的地位，体现的就是汉字的性质。

文字是记录语言的符号，任何一种文字系统都需要通过某种方式使文字的形体与语言相关联，从而达到记录语言的目的。根据文字与语言关联的方式，可以将世界上出现过的文字分为表形文字、表意文字、表音文字三种类型。

表形文字也叫**象形文字**，是通过直接描摹客观事物的形体来记录语言的文字系统。表形文字是人类社会最原始的文字形式。汉字发展初期的甲骨文、古埃及象形文字以及中国云南纳西族使用的东巴文都属于表形文字。表形文字脱胎于原始记事图画，尚具有一定的图画特征，文字形体常常没有定型，一般只能描绘有具体形象的事物，难以记录抽象的概念以及语言中的虚词，文字的单位及顺序并不与语言完全对应。例如，纳西族东巴文的如下形体[①]：

① 本例引自方国瑜编撰、和志武参订《纳西象形文字谱》(云南人民出版社，1981)。

它记录的是纳西语中的下面这段语音：

mɯ˧ty̩˥ʂu˧zə̩r˩

天　撑　铁　柱　　　　　（擎天铁柱）

这一书写形式由天、柱、斧头（在纳西语中“斧头”和“铁”是同一个词）三个图形组合而成。这三个图形呈二维排列，与相应语言单位的顺序不完全对应，且语言中的“撑”这个词没有画出，而是依靠“柱”和“天”之间的位置关系体现出来的。

可见，表形文字还不是完善的文字系统，它的书面交际功能是极为有限的。随着文明的发展，表形文字逐渐被表意文字和表音文字所取代。目前，世界上已经没有广泛使用的表形文字了。

表意文字是用一定体系的象征性符号来记录语素或词的文字系统。表意文字是表形文字进一步发展的产物，其形体可以提示所记录的语言成分（一般是语素或词）的意义。在表意文字中，文字符号与语言成分直接对应，而非描摹客观事物。因此，表意文字已经是完善的文字系统了。今天我们所使用的汉字总体而言属于表意文字，且是目前世界上唯一一种广泛使用的表意文字。

作为表意文字，汉字的形体可以通过多种方式提示所对应的语言成分的意义。例如，“日、月、山、火”等汉字仍然保留着象形文字的一些特征，如果联系相应的古代汉字，可以发现它们的形体本身就提示了它们的意义；在“晴、朗、峰、燃”中，作为组成部分的“日、月、山、火”仍然起到表意作用，提示上述汉字的意义分别与“日、月、山、火”有关；在“谈、论”和“钢、铁”中，作为组成部分的“讠”和“钅”虽然形体本身已经不能直接和事物建立联系了，但“讠、钅”分别作为“言、金”的变体，同样可以通过它们独立成字时的意义，约定性地提示相应语言成分分别属于“言语、金属”的意义类别，这也是现代汉字形体表意最主要的途径。而“一、二、三、上、下”等字则通过抽象线条的组合直观地提示相应语言成分的意义，“明、歪”通过各个部分独立成字时的意义的组合提示相应语言成分的意义。

当然，表意文字实际上只是一种理论上的类别，由于各种语言都有表示抽象概念的词语和只有语法意义的虚词，而这些成分是无法用文字形体来描摹的，单纯依靠表意手段为语言中的每个成分创造表意符号并不现实，因此需要借助表音手段。在汉字中，除了表意成分之外，还存在着相当多的表音成分。例如，“议”中的“义”提示“议”字的读音与“义”相同；“很”中的“艮（gèn）”提示“很”字的读音与“艮”相近。着眼于这一特点，汉字也被称为**意音文字**。

表音文字也叫**拼音文字**，是用文字形体直接记录语音的文字系统。除汉字外，目前世界上其他广泛使用的文字系统均属于表音文字。根据文字系统记录的是语音系统中的何种单位，世界上的表音文字又可分为音位文字、音节文字、辅音文字三种类型。

音位文字[①]记录的是语言中的音位。语音中的元音音位或辅音音位，对应于文字中特定的字母或字母组合。英文、法文、德文等使用的拉丁字母，俄文、乌克兰文等使用的西里尔字母，以及希腊文使用的希腊字母均属于典型的音位文字。例如，在英文中，“sun”（义为“太阳”）这一书写形式，记录的是英语中的 /sʌn/ 这段语音，组成这段语音的音位 /s/、/ʌ/、/n/ 分别用与它们对应的字母 s、u、n 记录。音位文字是使用最为广泛的一种表音文字，目前世界上绝大多数语言使用的文字都属于音位文字，近现代在为没有文字的民族创制文字或对既有文字进行改革时，一般也采用音位文字。《汉语拼音方案》同样使用了音位文字的原理记录汉语普通话的语音，它使用拉丁字母，字母或字母组合同样对应的是语音中的音位。但《汉语拼音方案》并不是表音文字，而是给汉字注音的一套法定方法。

音节文字记录的是语言中的音节。比起音位文字，音节文字的使用有一定的局限性，它一般只适用于音节结构简单、音节数目有限且语流中音节界限分明的语言。目前，世界上使用的音节文字种类较少，比较有代表性的有日文的假名、中国四川凉山彝族使用的凉山彝文和北美的切罗基族（Cherokee）使用的切罗基文。例如，在日文中，“わたし”（义为“我”）这一书写形式，记录的是日语中的 /wataçi/ 这段语音，组成这段语音的 /wa/、/ta/、/çi/ 三个音节分别用相应的三个假名字符わ、た、し记录，而对音节进一步切分得到的 /w/、/a/、/t/、/ç/、/i/ 这些音位并不能体现在文字形体中。

辅音文字记录的是语言中的辅音音位。在使用辅音文字的语言中，语音中的元音

---

① 音位文字有时也称为音素文字，但这类文字记录的实际是语言中具有区别意义功能的音位，而不是单纯语音学意义上的音素。例如，英文中的“port（港口）”与“sport（运动）”两个词中，字母 p 记录的语音单位分别是送气的 $[p^h]$ 和不送气的 [p]，它们是两个不同的音素，但在英语音系中同属 /p/ 音位，属条件变体关系，不区别意义，故可以用同样的字母 p 记录而不加区分。因此，本书采用“音位文字”这一更准确的名称。

音位一般不拼写出来。辅音文字的局限性最强，只适合记录词语的词根由辅音构成、而元音只起辅助作用的语言。典型的辅音文字包括阿拉伯字母和古代地中海沿岸的腓尼基人使用的腓尼基字母。例如，阿拉伯文中的“كتاب”（义为“书”）这一书写形式，记录的是阿拉伯语中的 /kitaʔb/ 这段语音，这段语音中包含的四个辅音音位 /k/、/t/、/ʔ/、/b/ 分别用与它们对应的字母 ك、ت、ا、ب 记录（阿拉伯文的书写顺序为从右到左，且字母组合成词时会发生形体变化），而这段语音中包含的元音音位 /i/、/a/ 则不能体现在文字形体中。

无论是音位文字、音节文字还是辅音文字，其基本单位都是特定的语音单位，自身并无特定的意义。同一个语音单位一般用同一个符号记录，有时也可能用少数几个不同的符号记录（例如，英语的音位 /v/ 只对应字母 v，音位 /k/ 对应字母 k 和 c）。因此，表音文字的基本单位数量是极为有限的，拼写和读音的对应比较有规律。使用者即使遇到了不理解的生词，一般情况下也可以根据拼读规则正确读出发音。

另外，按照文字系统的来源，还可以将文字系统分为自源文字和他源文字。**自源文字**指本民族独立创造出来的文字系统。**他源文字**指直接从其他民族借用而来，或在其他民族的文字系统基础上加以改造而产生的文字系统。

历史上，世界各地共出现过四种文献丰富、影响力较大的自源文字，分别是中国中原地区的古汉字、非洲埃及的古埃及象形文字、中东两河流域的苏美尔楔形文字和中美洲的玛雅文字。汉字是目前世界上唯一仍在广泛使用的自源文字，其他三种均早已消亡。

目前，世界上其他语言使用的表音文字绝大多数属于他源文字。例如，拉丁字母、西里尔字母、希腊字母、阿拉伯字母均直接或间接来源于腓尼基字母，腓尼基字母又是由古埃及象形文字演变而来的，日文的假名则是借鉴汉字形体创造的。

第二节　汉字的特点

作为一种独特的表意文字，汉字自身的形体特点和记录语言的方式都具有不同于表音文字的诸多个性，主要体现在下面几个方面。

一、汉字是形、音、义的统一体

在表音文字中，单个字母只有形和音，只有字母组成词语时才具有意义。例如，单独一个英文字母 b 记录的只是双唇浊塞音 /b/ 这个音位，可以出现在各个含有这一音位的词语中，而没有固定的意义。汉字作为表意文字，一般情况下，单个汉字同时具有字形、字音、字义三方面的属性。

绝大多数情况下，一个汉字记录的是汉语中的一个语素。① 例如，“我们学汉语”这个句子由“我、们、学、汉、语”5 个语素（其中，“学”是由单个语素直接构成的词）组成，相应地就用 5 个汉字记录。同样的语素用同一汉字记录，如上例中的“学”，它的语素义是“通过阅读、听课、实践等活动来获得知识和技能”，它既可以如上例一样独立成词，也可以作为合成词的组成成分，如“学习、教学”。不同的语素即使语音形式相同，一般也使用不同的字形来记录。例如，读音同为 yǔ 的“语、雨、宇”意义不同，属于不同的语素，因此需要用三个不同的字形来记录。在这一点上，汉字与表音文字存在着很大的不同。

也有的汉字同时记录汉语中一个以上的语素。例如，“米”这个字形，既可以表示谷类等植物去皮的种子，也可以作为英语“meter”的音译，表示一种长度单位，因此它记录的是意义无关的两个同音语素。少数情况下，汉字也有不代表语素的情况，如单字“徘、徊、葡、萄”均没有意义，只有组合起来构成“徘徊、葡萄”才能作为语素（同时也是词）来使用。这种情况下的单个汉字只起标示音节的作用。有时，同一个汉字，在一个场合代表语素，在其他的场合不代表语素。例如，在“摩擦、托付、吉祥、普遍”中，汉字“摩、托、吉、普”都代表语素，然而当这些汉字用来作为音译词“摩托、吉普”的组成部分时，它们便不再具有语素的身份，而仅是记音符号。

在语音层面，一个汉字记录的一般是汉语中的一个音节。如“我们学汉语”这一书写形式，它所记录的“wǒmen xué Hànyǔ”这段语音包含 5 个音节，分别与书面形式中的 5 个汉字一一对应。

在现代汉语（普通话和规范汉字）系统中，一个汉字记录一个音节这种对应关系仅有一个例外，即语音上表现为“儿化音”的后缀“儿”。如“花儿”(huār)，其中的“儿”虽然书写形式是一个汉字，但它所记录的语音仅代表韵母的卷舌动作，并不是单独的音节。基于此，在书写时，有时会将“儿”写得小一点儿，如“花$_{儿}$”，表示这里的“儿”不构成一个完整的音节。

作为书写单位的汉字与语素、音节的对应关系，使得汉语的语音、语义、文字三

① 这是就现代汉语的情况而言，而古代汉语的词汇大多由单个语素直接构成，因此在汉字初创时，一个汉字记录的一般不仅是当时汉语中的一个语素，也是一个词。着眼于这一点，也可以说汉字是一种表词文字。

个方面大体形成了“1个字·1个音节·1个概念”的对应关系，汉字由此呈现出形、音、义统一体的格局。着眼于这一特征，汉字也被称为**语素—音节文字**。也正是由于这一特征，“字”这一概念在汉语中不仅指作为书写单位的汉字，还可以指语素（或词），如“这句话里这个字用得很好”，也可以指音节，如“一字一顿”。“字”这一单位，是汉语中语音、词汇、语法、文字的交汇点，对汉语的学习和研究有着特殊的意义。

二、汉字形体是二维结构的方块形

表音文字使用的字母由简单的线条组成，当字母互相组合构成词时，除少数文字系统（如朝鲜文／韩文、藏文）的字母有着相对复杂的组合方式外，一般只需将字母在同一直线上按照固定的顺序线性排列即可（有些文字系统的字母组合成词时，形体还会有所变化），如英文、俄文为从左至右，阿拉伯文为从右至左，传统蒙古文为从上至下，互相之间一般不会有交叉。也就是说表音文字的组合方式大多是一维的。而汉字的形体则与之不同，对于现代汉字而言，同一个字内部的组成部件需要排布在一个方块之中，因此汉字又有“方块字”之称。为了满足构成方块形的需要，汉字内部的笔画、部件的排列就不可能是一维线性的，而必须是二维平面的，它们会形成左右、上下、内外、交叉等不同的位置关系，且它们的组合往往是多层次的。以意义基本相同的英文“dog”和汉字“狗”为例，“dog”只需将d、o、g三个字母由左向右相继排列即可；而“狗”则由两个层次构成，第一层次是“犭”和“句”的左右组合，第二层次是“勹”和“口”的内外组合。

正因为汉字的这一特点，为了使汉字构成匀称的方块形，部件在特定的位置上参与组字时还常会发生变形，如“林”由两个“木”组成，但左边“木”的最后一笔由捺变为点。有时，同样的组成部分，组合时的结构不同，形成的汉字也不同，如“八—人—入—乂（yì）”“陪—部”“员—呗”。

汉字的这一性质使得汉字内部的结构比表音文字复杂得多。因此，汉字初学者常常难以清晰地掌握汉字部件、笔画间的关系，以致写出结构松散、形体失调的汉字，甚至混淆相邻汉字的界限。

三、汉字具有一定的超时空性

一般而言，使用表音文字的语言，文字的拼写需要与口语保持一致，因此当一种语言的语音随时间的推移发生演变，或在不同的地域发生分化时，书写形式也会随之而变化，造成不同时代、不同地域文字拼写的差别。例如，古代拉丁语在不同的地域分别演变为现代的法语、西班牙语、意大利语等语言，这些语言相互之间以及它们与古拉丁语之间在文字拼写形式上均有着很大的差异。而汉字由于书写形式不直接与读音关联，因而具有较强的稳定性。同一个语素，虽然在不同时代、不同地域的读音不同，但是仍然可以因共享相同的文字符号而不致发生书写形式上的分化。例如，“天、地、人”三个汉字在上古汉语（先秦）、中古汉语（隋唐）以及现代的北京话、上海话、广州话中的读音如下：

	上古汉语	中古汉语	现代北京话	现代上海话	现代广州话
天	tʰyən	tʰien	tʰiɛn	tʰi	tʰin
地	diai	dʱi	ti	dij	tei
人	ȵien	ȵʑĭĕn	ʐ̩ən	ȵin/zən	jɐn

这些汉字所记录的语素在不同时代、不同地域意义基本一致，虽然互相之间读音差别极大，但在汉字系统中仍然可以用相同的字来记录。假如使用表音文字记录，则必定会拼写为不同的形式。

汉字的这种超时空性，使得汉语使用者阅读古代典籍的难度低于表音文字的使用者。一个现代法语或意大利语的母语者除非经过专门的学习，否则是无法顺利阅读古代拉丁文文献的；现代英语母语者也很难读懂几百年前莎士比亚的作品；而中等文化程度的现代中国人就可以比较轻松地阅读距今千年的唐诗宋词，如果借助一定的注释，甚至读懂距今2000余年的《论语》也并不困难。① 同时，来自不同方言区的汉语使用者，他们的口语发音差别很可能大到完全无法交流，但他们仍然可以阅读用汉字写成的同一本书，也可以使用汉字进行书面交流。作家用一个地区的方言土语创作的文学作品，往往也可以为各地汉语使用者所欣赏。汉字的超时空性在相当程度上维系了中国文化在时间上的延续性和空间上的统一性。

① 各种历史久远的文字系统在发展过程中，文字的形体本身一般都会发生变化。如汉字的字体经历了甲骨文、金文、篆书、隶书、楷书等阶段（参见第二章），还有繁体字与简体字的区别；而古代的拉丁字母字体也与现代字体有着很大的区别。但无论一个符号（汉字或字母）的形体如何变化，在相应的文字系统中仍然是同一个符号，文字形体本身与文字作为符号系统记录语言的方式是两个不同层面的问题。因此，同一文字系统不同时期的形体之间可以互相转写而不致损失信息。汉字与其他文字相比所具有的超时空性，主要体现在文字符号系统记录语言的方式上。此处的阅读汉语和外语古代典籍，均指用现行文字形体转写的文本。

汉字的超时空性同时也使汉语使用者在使用现代汉语进行交际时，能够直接引用古代汉语的词句，如“高山仰止、温故知新、多行不义必自毙、三人行必有我师”。这些源自2000余年前的先秦典籍的词句仍然活跃在现今的交际中，可以直接用现代的字音读出，意义也不难理解。

除了直接引用上述习语性的词句外，通过沟通古今的汉字，古代的语言单位和结构规则甚至还可以灵活地应用于现代的新表达中，并使表达显得庄雅正式，极大地丰富了现代汉语的表现力。例如：

对别国内政**横加**干涉　　　　将工程规划**付诸**实施

为法律**所**不容　　　　　　**唯**上司命令**是**从

在使用表音文字的语言中，不同时代的语言单位和结构规则界限分明，很少能像汉语这样广泛地“援古入今”。显然，学习者只有掌握汉字，才能掌握汉语中这些丰富的表达方式。

四、汉字数量繁多，不具有完备的表音系统

在表音文字系统中，由于文字只记录语音，因此文字所需要的符号数量是有限的。尤其是使用最为广泛的音位文字，由于一种语言音系中的音位数量不会太多，因此由几十个字母组成的字母表加上一些附加符号以及字母组合、变读等规则就可以覆盖语言中全部的音位。例如，英文、法文使用26个字母，俄文使用33个字母。但汉字作为表意文字，字形记录的是语言中的语素，因此汉字的数量远远多于表音文字字母的数量，现代常用汉字可以达到几千个，如《汉语国际教育用音节汉字词汇等级划分》（中华人民共和国教育部、国家语言文字工作委员会2011年发布）中的《汉语国际教育用分级汉字表》共收汉字3000个，而代表了现代汉语一般用字状况的《通用规范汉字表》（中华人民共和国教育部、国家语言文字工作委员会2013年发布）收字达8105个。如果算上异体字以及历代累积的古汉字，汉字的数量则更为庞大，如清代《康熙字典》收字达40000余个，1990年编成的《中华大字典》收字54678个，1994年出版的《中华字海》收字更达86000多个。当然，这其中绝大多数汉字今天已不再使用，只有专门的研究者需要掌握。但即使是几千个常用汉字，对于母语使用表音文字的学习者而言，识记和书写也存在着一定的困难。汉字繁多的数量也使得汉字在排序、检索、计算机处理等方面面临的困难远大于表音文字。

同时，汉字不具有完备的表音系统。虽然汉字中存在着相当多的表音成分，然

而与表音文字不同，汉字中表音成分的表音功能极为有限，不具有系统性，且存在着相当多的例外情况。例如，“铬（gè）”中的“各”可以准确地提示读音，但“格（gé）”中的“各”只能提示“格”字的声母、韵母而无法提示声调，“路（lù）”中的“各”更是与“路”声、韵均不同，基本无法提示读音。同时，相当一部分汉字没有表音成分，有些汉字因记录不同的意义而有两个或两个以上的读音。因此，汉字不能像表音文字一样在文字形体和读音间建立直接的联系，实现见字知音。这就导致每个汉字的形、音、义都需要分别识记并建立联系，而不像学习使用表音文字的语言，由于形与音是一体两面的，很大程度上可以相互推导出来，只要掌握了字母和拼读规则，学习新的词语时就只需要在音、义之间建立联系。也正是因此，汉字容易读错、写错，无论是对母语者还是对非汉语背景的学习者，从读写角度来说学习汉字的难度都远大于学习表音文字。①

五、汉字与汉语的特点基本适应

汉字这一特殊的文字系统与汉语在语音、词汇、语法方面的特点基本适应，可以较好地记录汉语，从而服务于汉语使用者的书面交际。正因如此，汉字才得以成为唯一延续至今的表意文字。

如上文所述，汉字是语素—音节文字，一般情况下，在语法层面和语音层面，一个汉字分别对应一个语素和一个音节。而自古至今，汉语语素的语音形式始终以单音节为主，语音形式大于或小于音节的语素均只占少数。在古代汉语中，一个语素一般就是一个词，而在以复音词为主的现代汉语中，复合词占大多数，单音节语素有着很强的构词能力。在语音方面，汉语音节结构整齐，界限明晰，是最容易自然感知到的一级语音单位。因此，汉字作为语素—音节文字，是与汉语的特点相适应的。

同时，汉语中存在着大量的同音语素。在书面上，只有使用不同的字形，才能区分这些同音语素，甚至在口语交际中，有时也需要借助汉字形体来区分同音语素。例如，读音同为 zhāng 的两个姓氏“张”和“章”，在口语中常利用拆分汉字字形的方式说成“弓长张”和“立早章”，以示区别。如果使用表音文字记录汉语，这些同音语素在交际中就难以保持区别。

汉语在语言类型上属于孤立语，缺乏性、数、格等方面的形态变化，即汉语的同

① 汉字难学是就汉字自身的特点而言的，并不等于汉语难学。另外，有些学者认为汉字本身虽有难学的一面，但学习汉字也有促进汉语学习的一面，如果将学习汉字与学习汉语综合考虑则并不难学。

一个词或同一个语素无论出现在何种语法环境中，语音形式一般都是相同的。这一点使得表意的汉字形体和语言中的语素之间可以建立相对稳定的联系，在记录语言时不必在文字形体上体现不同的语法形态所导致的语音变化，这也是汉字作为表意文字与汉语特点相适应之处。因此，当汉字被借入古代日本和朝鲜用来书写其本民族语言时，由于日语、朝鲜语 / 韩语均属于黏着语，在词干之后有着繁多的词尾附加成分以表达各种语法意义，这些词尾附加成分仅靠汉字难以表达，因此古代日本、朝鲜在汉字之外又分别发明了本民族的表音文字系统（日语的假名和朝鲜语 / 韩语的谚文）作为补充。

六、汉字记录汉语不实行分词连写

当今世界上的绝大多数表音文字记录相应的语言时均实行分词连写，即以“词”为单位书写，语言中词与词的界限在书面文字中体现为空格（有少数表音文字例外，词间不空格，如日文、泰文、缅甸文）。而汉字以“字”为单位书写，在现代汉语中，书写单位“字”对应的是语言中的语素这一级语法单位，词与词之间没有空格，因此语言中的“词”这一级语法单位在书面上不能直观体现。这种书写方式具有节省空间、信息密度高的优点，但同时在少数情况下，也有可能因切分方式的不同而造成歧义。例如，用汉字书写的“这里的人才是可靠的”这句话可以理解为“这里 / 的 / 人才 / 是 / 可靠 / 的”（“人才”是一个名词），也可以理解为“这里 / 的 / 人 / 才 / 是 / 可靠 / 的”（“人”是名词，“才”是副词）。但总的来看，在汉字文本中，这种歧义情况出现的频率是很低的，即使偶尔出现，也常常可以通过上下文消解歧义，因而对于汉语母语者而言，不实行分词连写并没有影响到书面交际。然而，对于汉语学习者而言，在阅读汉语的文本时，词与词之间的界限需要依靠已有的词汇知识以及语法知识自行判定。如果词汇量不足，语法知识有限，就有可能造成切分的错误，给阅读带来一定的困难。

第三节　汉字的作用

汉字是记录汉语的文字系统，服务于汉语使用者的书面交际，在社会生活中发挥着重要的作用。规范汉字是中国法定的国家通用语言文字的组成部分，《中华人民共和国国家通用语言文字法》（中华人民共和国第九届全国人民代表大会常务委员会第十八次会议于2000年10月31日通过，自2001年1月1日起施行）第三条规定："国家推广普通话，推行规范汉字。"

汉字在记录汉语的同时也对汉语产生了影响，使得汉语的表达方式更加丰富、严谨。汉字的特点决定了汉语可以方便地吸收古代的词语和结构，也可以根据交际的需要灵活地运用现有语素构成新的复合词。同时，汉字一字一音的特点，也为汉语形成特定的韵律结构提供了基础，如汉语四字语很丰富，对偶表达很普遍等。

汉字是中华文化的重要组成部分。作为世界上历史最悠久的至今仍在使用的文字系统，汉字保存了丰富的文化遗产，用汉字书写的文献典籍浩如烟海，中华文化因此得以不断传承、发展。几千年来，汉字贯通古今、沟通四方，不仅促进了汉族语言和文化的发展，而且促进了中国各民族之间和世界华人之间的交流和学习，促进了中国国家的统一，加深了中华民族的认同感。此外，作为一种独特的表意文字，依托汉字本身也产生了一些独具特色的文化艺术形式，如书法、篆刻、对联、灯谜等。

汉字还具有超越民族、超越国境的影响力。在历史上，汉字很早就传入朝鲜半岛、日本和越南，用来记录这些民族的语言，这些民族也得以借鉴汉字创造出了本民族的文字系统。通过汉字这一纽带，大量的汉语词汇得以进入这些民族的语言，中国文化也因此深刻地影响了这些民族的文化，形成了覆盖东亚地区的汉字文化圈。汉字可以说是东亚历史文化共同的载体。至今，汉字仍是日文、韩文书写系统的重要组成部分。另外，在华裔人口集中的新加坡、马来西亚、泰国等国家，汉字也被广泛使用，这些国家也颁布了汉字使用的政策。联合国将规范汉字列为六种工作文字之一。目前，随着汉语在世界上的影响力不断增强，汉字也在日益扩大的国际交往中发挥着越来越重要的作用。

【思考与练习一】

一、填空题。

1. 根据文字与语言相关联的方式，世界上出现过的文字系统可以分为__________、__________、__________三种类型，其中，汉字属于其中的__________；而目前世界上多数文字系统属于其中的__________，这一种类型又可以分为__________、__________、__________三个小类，英文属于其中的__________。

2. 根据文字形体的来源，文字系统可以分为__________和__________两种类型，汉字属于__________，在这种文字类型中，影响力较大、文献丰富的文字系统除古汉字外，还包括__________、__________、__________三种古文字。

二、请写出下列表达分别包括多少个汉字、音节和语素。（重复出现的分开计算）

1. 可爱的蜻蜓

2. 一串儿一串儿的葡萄

3. 儿童节，女孩儿们跳起芭蕾舞

4. 克服困难研究克隆技术

三、请选一种你熟悉的其他文字系统，将其记录语言的方式与汉字做比较，从中归纳出汉字的特点。

四、有些学生在初学汉字时，认为每个汉字都是一幅图画，并试着从这些图画中读解汉字所表达的意义。这种做法是否正确？为什么？

五、有些人主张，为了阅读和计算机处理的方便，汉字应该改用分词连写的方式书写，在词与词间加入空格。你认为是否可行？为什么？

六、有人认为，与表音文字相比，汉字在学习、使用上都存在着相当多的不便，因此汉字是一种落后的文字，应当废除汉字，改用表音文字记录汉语。也有人认为，汉字信息密度高，形象性强，且具有审美价值，因此汉字是一种比表音文字更先进的文字。如何评价这些观点？

七、从不同的角度分别举例说明汉字有哪些作用。

八、2018年，歌手陈柯宇的一首《生僻字》在网络上走红。下面是这首歌的部分歌词：

我们中国的汉字
落笔成画留下五千年的历史
让世界都认识
我们中国的汉字
一撇一捺都是故事
跪举火把虔诚像道光
四方田地落谷成仓
古人象形声意辨恶良

魃魈魁鬾魑魅魍魉（bá xiāo kuí jì chī mèi wǎng liǎng）

又双叒叕（yòu shuāng ruò zhuó）

火炎焱燚（huǒ yán yàn yì）

水沝淼㵘（shuǐ zhuǐ miǎo màn）

垚鑫（kuí bǎo）

请问这首歌的歌词体现了汉字的哪些特点？如何看待这些生僻汉字在网络时代的走红？

第二章 汉字的形体演变

汉字是一种历史悠久的文字。我们今天使用的汉字，是在3000余年的历史发展中经历多种字体的更替逐渐演变而来的。目前发现的最早的成批汉字——甲骨文，可以追溯到公元前14世纪，此后汉字经历了金文、篆书、隶书等多种字体的更替演变，到了公元3—4世纪，目前汉字的通用字体——楷书才得以确立。同时，汉字还存在着行书、草书两种与楷书并存的辅助字体。

汉字字体的演变一般划分为古文字和今文字两个阶段。古文字阶段从商代延续至秦代，这一阶段的字体包括甲骨文、金文、篆书；今文字阶段由汉代延续至今，这一阶段的字体包括隶书、楷书，以及辅助字体行书和草书。

以下是汉字“日、月、目、子、雨、好”在不同历史阶段的字体形式：

汉字	甲骨文	金文	篆书	隶书	楷书	行书	草书
日							
月							
目							
子	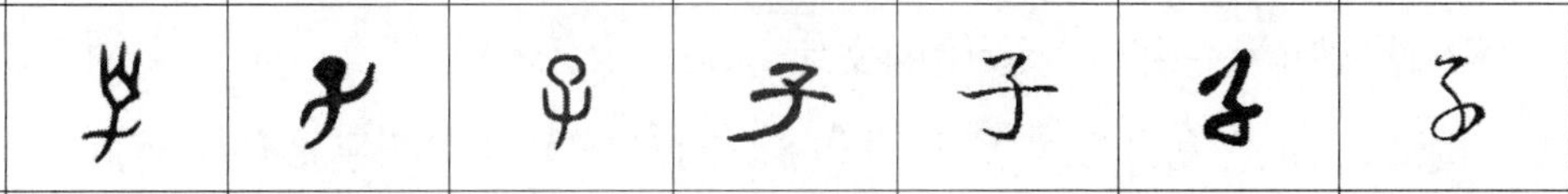						
雨	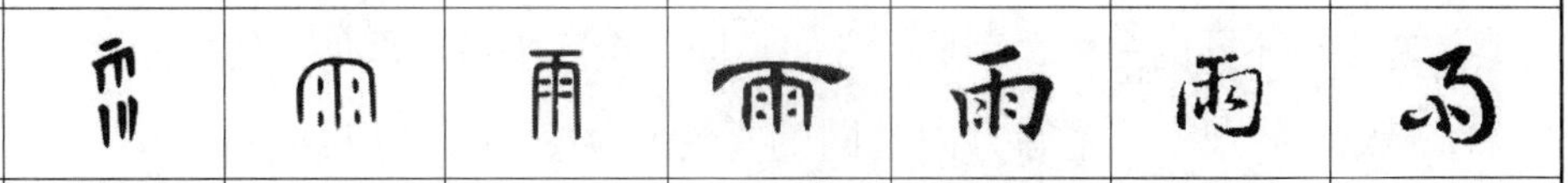						
好							

第一节　古文字阶段的汉字

一、甲骨文

甲骨文是目前发现的最早的成批的汉字。因为它是刻写在龟甲、兽骨上的文字，所以称为甲骨文，其内容主要是商代后期（公元前 14 世纪—公元前 11 世纪）王室的占卜记录。当时的商王室常通过加热龟甲、兽骨，观察其受热后呈现裂纹的方式来占卜（汉字“卜”甲骨文写作，描绘了这种用于占卜的裂纹的形状），负责占卜的人常将占卜事由、占卜结果以及应验情况用刀刻在用于占卜的龟甲、兽骨上。也有少数龟甲、兽骨上刻写的是占卜以外的其他内容。

从 1899 年开始，这些文字才在河南安阳小屯村一带的殷墟（商代后期都城遗址）陆续被发现。目前，已发现的甲骨文单字有 4500 个左右（包括几百个异体字），可以辨识的有 2000 个左右，其中没有争议的常用文字有 1000 多个。不能辨识的多为人名、地名、族名等。

在商代，最常用的书写工具是毛笔，但由于时间久远，当时毛笔书写的主要载体——竹简已腐烂，因而留存至今的毛笔字数量有限，而载体特殊、不易腐烂的甲骨文则可以较为全面地呈现当时通用文字的面貌。

根据目前发现的甲骨文材料，可以判定甲骨文已经是一种有相当成熟度的文字系统了，在甲骨文之前，应存在着更为原始的字体，且在更早时期的出土器物上，也发现了一些类似文字的刻画符号。但由于缺少更多的证据，目前尚无法对甲骨文之前的汉字起源及其发展过程做出断定。

由于甲骨文的书写方式是刀刻，因此笔画线条较细，直画居多，拐弯多是方笔，字形整体常呈瘦长的方形。

甲骨文作为一种较为原始的文字系统，象形程度较高，不少字的写法还类似图画。例如，“虎”写作，“鹿”写作。同时，甲骨文的字形还没有固定，同一个单字常常有多种不同的写法，字形的方向、同一个字中各个部件[①]的排列顺序也常不固定。例如，“人”字有、等方向不同的写法；“好”字既可写成左“女”右“子”（），也可写成左“子”右“女”（）。单字的大小参差不齐，往往结构复杂的字写得较大，结构简单的字写得较小。文字形体中的单位与语言中的语素不是严格地对应，存

① 关于“部件”的内涵，详见第四章。在部件的基本内涵上，古代汉字和现代汉字是相通的。

在着将多个字合并为一个形体的“合文”现象。另一方面，不同于原始的记事图画，甲骨文已经广泛地利用会意、形声、假借等方式（详见第三章）记录语言了。

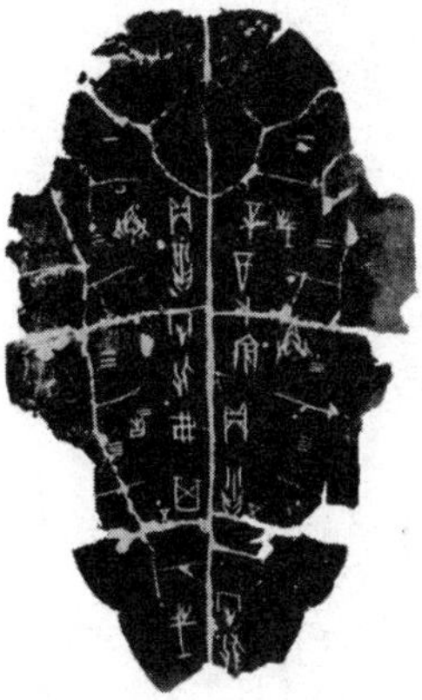

图 2-1　甲骨文拓片（商）

二、金文

金文是铸造在青铜器上的铭文。古时将铜称为金，因此青铜器上的铭文称为金文。又因为金文多铸造在钟和鼎两种器物上，因此也称为钟鼎文。金文始见于商代后期，但当时青铜器上的铭文一般字数较少。西周时代金文最为丰富，长篇的青铜器铭文在西周时代最为常见，因此，“金文”一般专指西周的金文。与甲骨文相比，金文的内容更丰富，常为成篇的祭祀、赐命、诏书等。

由于金文是铸造在器物上的，与甲骨文的刀刻相比，铸造技术更便于表现笔画的粗细变化，因此金文的字形比甲骨文更接近当时毛笔字的特点，字形接近长圆，字体结构较为匀称、整齐，笔画更为圆润粗肥，且存在着一些填实的团块形。例如，“山、子”分别写作  、 。

比起甲骨文，金文是一种更加成熟的文字。不同于甲骨文的大小参差不齐，金文的单字大小比较一致，无论内部结构简单或复杂，均为同样的竖长形。在象形程度上，金文比甲骨文有所减弱，更加便于书写，例如，“虎、鹿”分别写作  、 。此外，金文字形的固定程度也高于甲骨文。

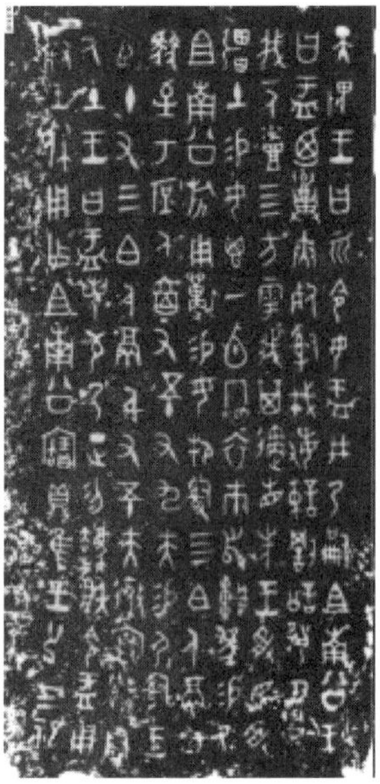

图 2-2　金文《大盂鼎》拓片（西周）

三、篆书

篆书是大篆和小篆的合称。大篆是春秋战国时期秦国通用的文字。在这一时期，随着各诸侯国政治上的分裂，各地使用的文字形体也出现了分化。在各地的文字中，秦国所使用的大篆是相对保守的一种，比较接近西周通行的字体金文。小篆是秦始皇统一全国后确立的标准字体，它由秦国的大篆演变而来，并经李斯等人规范、统一而形成。

篆书笔画均匀、圆转，字体长圆，字形匀称整齐。作为古文字阶段的最后一种书体，篆书（尤其是小篆）的线条化程度进一步提高，先前文字系统中的团块被粗细一致的曲线所代替。例如，上述金文中存在团块形的“山、子”在小篆中分别写作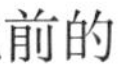、。同时，小篆作为汉字历史上第一种官方颁行的标准字体，规范化程度有了明显的提高，部件的形体得到了统一，合体字中部件的位置关系也开始固定，不再像此前的字体一样可以随意改变。小篆形体规整，大小一致，为此后汉字形成稳定的方块结构打下了初步基础。

图 2-3　李斯小篆《峄山刻石》拓片（秦）

篆书虽然后来在日常使用场合被形体更为简单的隶书、楷书所取代，但此后历代的篆刻艺术一直以篆书为主，在书法艺术领域篆书也具有独特的价值。

第二节　今文字阶段的汉字

一、隶书

隶书最初是篆书的俗体。在秦代，隶书最初作为一种便于快速书写的简单字体，常为狱卒，当时也称为徒隶处理日常事务所用，因此称为隶书。后来，隶书在两汉时期进一步发展，取代小篆成为主要的通行字体，因此隶书可以分为秦隶与汉隶两个阶段。一般所说的“隶书”，多指汉隶。

隶书形体呈大小一致的扁方形，且笔画较为平直，现代汉字的基本笔形“横、竖、撇、捺、折”在隶书阶段已经形成，多数字的字形已经和现代楷书极为接近。隶书中的撇、捺与长横在书写时有起伏的姿态，称为“波磔（zhé）”。隶书的笔势像“八”字一样向两侧分散伸展，因此隶书也称为“八分书”。

在篆书向隶书演变的过程中，为了便于书写，隶书对篆书的形体进行了大幅度的改造。隶书用直线或折线形的笔画取代篆书中的曲线，这一形体演变过程，称为**隶**

变。隶变是汉字发展过程中最重要的一次变革，使汉字脱离了古文字阶段，进入符号化、线条化的今文字阶段。

在笔画方面，篆书曲折圆转的笔画被改造或拆解为种类有限、易于书写的直线或折线形笔画，这一过程也使得描摹具体事物形象的汉字完全失去了象形特征。例如，"月"字，小篆作，隶书作；"水"字，篆书作，隶书作。

此外，一些汉字的部件在隶变中被省略或粘连合并。例如，"雷"字，小篆作，隶书简化为，下方代表"回转"的三个"田"字形部件被简省为一个；"春"字，小篆作，由"艹、屯、日"三个部件构成，隶书作，表意的"艹"和表音的"屯"合并为无意义的结构"𡗗"；"表"字，小篆作，由"衣"中间插入"毛"构成，隶书作，"衣"的上半部分和"毛"合并为无意义的结构"龶"。

在隶书之前的古文字阶段，同一个字独立成字时的写法，与充当其他字的部件时的写法一般是一致的。而隶变使得部分部件的形体出现了分化，与独立成字时的形体不再相同。例如，在隶变后，"人、水、手"充当左侧部件时分别写作"亻、氵、扌"。另外，原本篆书中的同一个部件，处在不同字的不同位置时，隶书的写法会发生分化，甚至在不同字中处于相同位置时，写法也会不同。例如，小篆中的同一个部件（心），隶变后充当左侧部件时写作"忄"，而充当下方部件时有时写作"心"，有时写作"⺗"。以下是"情、意、恭"三个字的隶变过程，从中可见这一部件的分化情况：

→（情）　　→（意）　　→（恭）

隶变时，不但同源部件发生了分化，一些不同源的部件还发生了混同。如在小篆中，"期、肥、服、青"四字分别含有各不相同的部件"月、肉、舟、丹"，而这四个部件在隶书中均变成了"月"：

→（期）　　→（肥）　　→（服）　　→（青）

可见，隶变之后，相当一部分汉字已经无法直接显示其构造时的意图、理据了。因此，现在我们探寻汉字字形和字义的联系时，往往需要追溯到隶变之前的古文字形体。

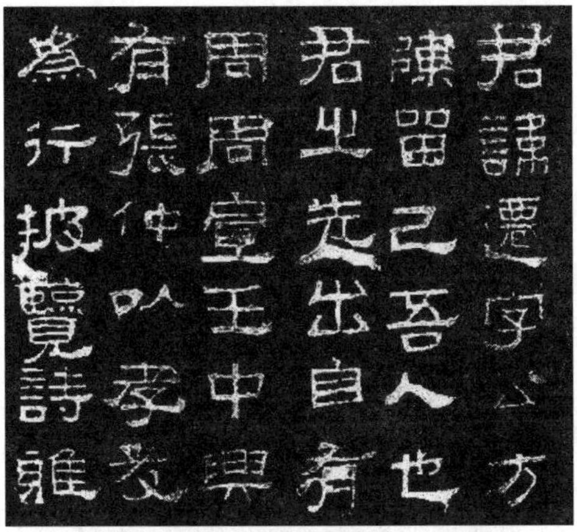

图 2-4　隶书《张迁碑》拓片（东汉）

隶书在日常书写领域被楷书取代后，因其形态端庄古朴，具有较高的审美价值，仍应用于书法艺术创作领域。

二、楷书

楷书又称真书、正书，是由隶书进一步演变而来的一种字体，“楷”是模范、法度的意思。它脱胎于东汉时期的隶书俗体，到魏晋时期得以确立，南北朝后成为主要通行字体。此后至今的 1700 余年里，汉字的形体总体上一直保持稳定，没有再产生文字学意义上的新字体。现在使用的简化汉字也仍然属于楷书。

楷书的字形结构基本延续了隶书的特点，但将隶书扁宽的字形改造为正方形，从而确立了汉字作为“方块字”的特点。同时，楷书对隶书的笔画形态进行了一定的改造，出现了提和钩的笔形，隶书笔画起伏的姿态不再明显，笔形更加平直，且向内集中，更便于书写。例如，隶书的木，楷书作木。

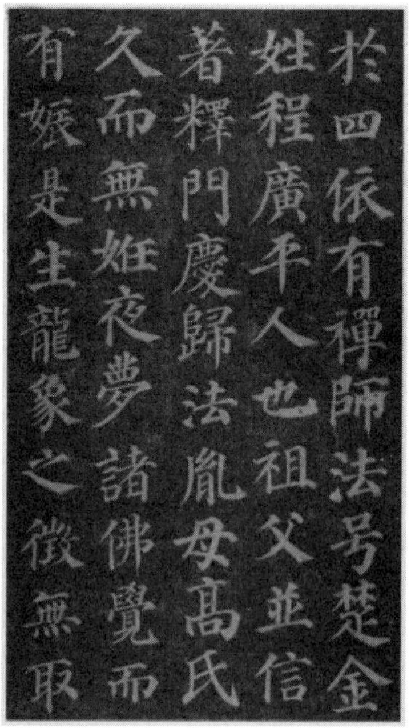

图 2-5　颜真卿楷书《多宝塔碑》拓片（唐）

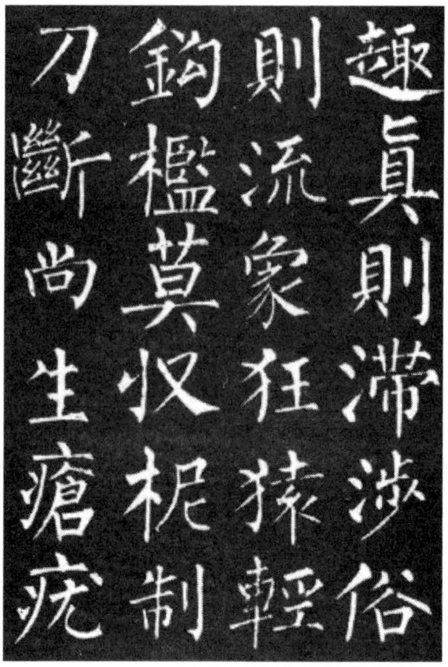

图 2-6　柳公权楷书《玄秘塔碑》拓片（唐）

三、草书和行书

草书和**行书**是两种为加快书写速度而产生的辅助字体。

草书是书写最快的一种字体，它改变了隶书、楷书方正的形态，将笔画连写，并将一些部件省略或合并，有时甚至将整个字简化为一笔。草书形体自由灵活，大小不一，难以辨认，因此在日常书面交际中使用较为受限。

草书分为章草、今草、狂草三种风格。**章草**最初产生于西汉，流行于东汉，本是潦草的隶书，仍然保留着隶书的某些笔形特征。**今草**产生于东汉末期，是章草发展的结果，同时也受到了当时主要字体由隶书向楷书发展的影响，形体进一步简化，字与字也可以连写。**狂草**产生于唐代，由今草发展而来，笔形更为奔放，对字形的改造更加剧烈，极难辨识，因此基本不能用来进行交际，只是一种纯粹的书法艺术。草书对汉字的改造，有些被简化字所吸收，例如，楷书繁体字的“樂、專、東、爲”，草书分别写作乐、专、东、为，相应的简化字“乐、专、东、为”就是采用了草书中简化的形体结构，并将笔形改为楷书的笔形而创造出来的，这一简化方法称为“草书楷化”。

图 2-7　张旭草书《肚痛帖》（唐）

行书出现于东汉晚期，风格介于楷书与草书之间，笔画连绵流畅，结构清晰，字字独立，兼具书写快捷和易于辨认的特点，一直被广泛使用。

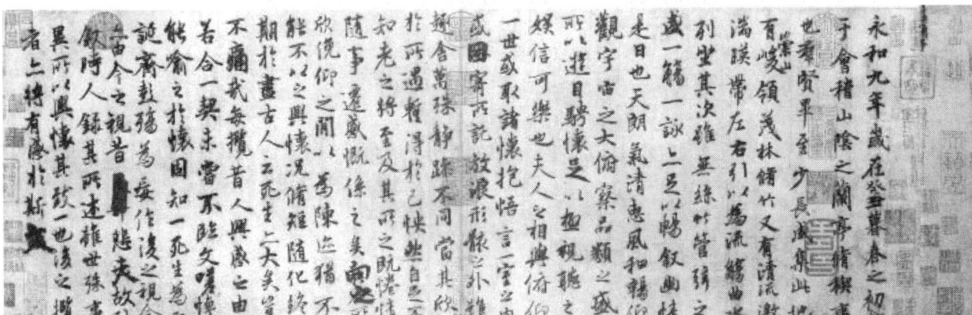

图 2-8　王羲之行书《兰亭集序》（东晋）

汉语母语者在日常生活中手写汉字时，常常使用行书。但由于楷书是汉语作为第二语言学习者需要首先学习的标准字体，作为汉语教师（尤其是在初中级阶段），在课堂上需要使用规范的楷书一笔一画地书写，这样才可以给学习者演示规范的写法，帮助学习者更好地了解和掌握汉字的笔画、笔顺、笔势和字形结构规则。

第三节　汉字的印刷字体

以上的各种字体，均是汉字的手写字体。随着印刷术的产生与发展，汉字也出现了多种适应印刷特点的印刷字体，常用的印刷字体均是在手写楷书的基础上产生的，在文字学上仍然属于楷书的范畴。今天用于电脑、手机等电子设备屏幕显示的汉字字体就来源于印刷字体。

汉字常用的印刷字体主要包括宋体、黑体、楷体、仿宋体四种。**宋体**又称老宋体，是目前最为通行的一种印刷字体，它源于古代雕版印刷中使用的字体，是雕版工匠为了便于雕刻改造手写楷书而形成的，笔画平直硬挺，横笔较细，竖笔较粗，点、撇、捺、钩等笔画有尖端，笔画末端常带有装饰性的三角形。一般的书籍、报刊的正文均用宋体印刷。**黑体**是一种字形方正、粗重的字体，各种笔形宽度一致，笔画末端无装饰，多用于需要增强视觉效果的环境，如文章的标题、正文中着重强调的文字以及公共场所的标识。**楷体**[①]是模仿手写楷书笔形的印刷字体，常用于文中夹用的特殊内容，如本书独立占行的示例，也可用于通俗读物。**仿宋体**略呈长形，横与竖均较细，形体秀丽，多用于排印书籍的序言、引文及诗歌等，也常用于政府公文的正文。以下是这四种印刷体的示例：

举头望明月，低头思故乡。（宋体）

举头望明月，低头思故乡。（黑体）

举头望明月，低头思故乡。（楷体）

举头望明月，低头思故乡。（仿宋体）

印刷字体按照形体大小的不同，还可以分为不同的字号。本书的正文使用的是五号宋体。

近年来，为了印刷和屏幕显示美观的需要，在以上四种传统的印刷字体之外，又出现了种类繁多的艺术化的印刷字体，如综艺体、彩云体、琥珀体等。

---

① 注意：在印刷字体领域，楷体特指一类印刷字体，不同于文字学意义上的楷书。

需要说明的是，由于宋体是目前大部分书籍使用的印刷字体，有的初学者在学写汉字时，会模仿宋体字形进行抄写，导致写出的汉字字形呆板僵硬。因此，在汉语教学中，尤其是面对初级阶段的学习者时，在电脑屏幕或印刷资料上呈现的印刷字体，更适合采用与手写字体接近的楷体，以利于学习者模仿。学习者练习汉字书写时，最好的方式是在正确的笔画拆分指导下临写手书字帖。

第四节　汉字形体演变的规律

汉字作为书面交际的工具，其形体的演变过程总体上是向着更便于书写与阅读的方向发展的，主要的规律包括笔画线条化、字形符号化和结构规律化。

笔画线条化是简化书写的需要。在汉字发展初期的甲骨文、金文中，构成汉字的线条粗细不一，笔画曲折，且含有填实的团块结构，书写不便。在篆书阶段，这些笔画演变为粗细一致的线条，隶楷阶段最终确立了以直线、折线为主的笔画系统。

与笔画线条化相伴随的是字形的符号化。由于直接描摹事物形态的不规则曲线形笔画在演变中被粗细一致的直线形笔画所代替，汉字形体的象形程度也因此不断减弱，汉字由依靠形体本身实现表意功能逐渐转变为依靠形体与意义的约定性关联实现表意功能。

同时，汉字的结构也在发展过程中趋向规律化。整字的形体从最初的参差不齐逐渐发展为大小一致的方块形，汉字内部各部件间的结构关系也逐渐形成了形体美观、有规律的配合形式。

此外，书面交际既要求文字书写方便、快捷，也要求不同的字之间有足够的区别度，因此在汉字的发展过程中，简化与繁化两种现象是并存的。一方面，汉字整字及其组成部件的形体在发展过程中不断趋简，如前文提到的“雷、春、表”在隶变中的部件省并。后来实行的汉字简化也是汉字形体的趋简过程，但这一变化是在楷书系统内部发生的。另一方面，有些汉字在发展过程中也发生了增添笔画或部件的繁化现象。例如，在小篆中，“王”作王，“玉”作王，二者只有中间横笔位置的微小差异，“王”字中间的横笔略靠上，隶变后，“玉”字就增添了一点，以与“王”保持区别。还有的汉字在发展过程中，先经历了繁化，又经历了简化。例如，“云”字甲骨文作，像云气的形状，后来的演变中，增添了表意部件“雨”写作“雲”，在汉字简化时，“雲”又省去“雨”，简化为“云”。

【思考与练习二】

一、填空题。

在汉字形体的发展史上，古文字阶段包括__________、__________、__________三种字体，今文字阶段包括__________、__________两种主要字体和__________、__________两种辅助字体。目前使用的规范字体是__________。

二、汉字四种主要的印刷字体分别是什么？它们分别在什么场合应用？

三、下面是汉字“武”的7种字体，请分别在每个字形下面的括号内注明相应字体的名称。

（　　）（　　）（　　）（　　）（　　）（　　）（　　）

四、与篆书相比，隶书对汉字形体进行的改造体现在哪些方面？为什么说隶变是汉字发展过程中最重要的一次变革？

五、简要说明汉字形体演变的规律。

六、举例说明为什么在汉字的发展过程中，简化和繁化两种趋势是并存的，又以哪种发展趋势为主。

七、结合汉字形体演变的知识，说明在汉语作为第二语言教学中，教师在课堂上手写和使用印刷品或电子资料时应该如何选择字体，和母语者日常交际中字体的使用有什么不同？为什么？

第三章
汉字的构形理据

从上一章中我们已经了解，现在所使用的汉字是历经几种字体演变而来的。具体到每一个汉字，它们在初创时，形体一般都不是随意创造的，而是通过一定的手段与所记录的语言成分发生关联，以达到提示相应语言成分的目的。形体与语言成分之间的关系，就是汉字的构形理据。

第一节 汉字的“六书”说

中国古代的文字学在研究汉字的构造时，将构形理据归纳为六类，称为**六书**。不同的著作中“六书”的名目相近但略有差异。关于“六书”的具体内涵，以东汉许慎在《说文解字·叙》中的论述最为详尽，在此摘录如下：

> 周礼八岁入小学，保氏教国子，先以六书。一曰指事，指事者，视而可识，察而见意，上下是也；二曰象形，象形者，画成其物，随体诘诎，日月是也；三曰形声，形声者，以事为名，取譬相成，江河是也；四曰会意，会意者，比类合谊，以见指撝，武信是也；五曰转注，转注者，建类一首，同意相受，考老是也；六曰假借，假借者，本无其事，依声托事，令长是也。

后代的文字学者多沿用许慎在此提出的“六书”名目，结合班固在《汉书·艺文志》中提出的六书顺序（象形、象事、象意、象声、转注、假借），将“六书”的顺序排列为：1. 象形；2. 指事；3. 会意；4. 形声；5. 转注；6. 假借。[①]

---

① 学界有人认为，“六书”的原始功能并非六种造字方法或六种结构类型，而是属于古代小学教育中的一门教学科目，“六书”之名是对该科目知识内容的概称。“六书”的具体内容涉及汉字的形体来源、理据构造、类聚关系、用字法则等，它们构成汉字基础知识的教学体系。具体分析参见李运富《“六书”性质及价值的重新认识》(《世界汉语教学》2012 年第 1 期)。当然，基于汉字教学而做的字形构造归类在一定程度上也反映了造字的基本理据。据此，基于“六书”的初始功能，采取适当的方式和步骤来从事汉字教学，应是一种可行且有效的教学路径。

一般认为，“六书”中只有前四书（象形、指事、会意、形声）是造字法，而后二书（转注、假借）是用字法。

下面将从“六书”的角度分别介绍汉字的构形理据。

第二节　象形和指事

一、象形

所谓**象形**，就是文字形体直接描摹事物的外形，以此在文字和所表示的事物之间建立联系。

象形法直接来源于记事图画，是最为原始的一种造字方法，它记录的一般是容易画出形体的具体事物，文字形体可以直接看出相应事物的形象。

象形字最常见的形式是直接描摹事物本身。例如：[1]

日　　山　　人　　車（车）

“日”像太阳，“山”像连绵的山丘，“人”像从侧面观察的人形，“车”像包括车轮、车轴和车厢在内的古代车形。

有的象形字描摹的是事物中有区别特征的局部。例如：

牛　　羊

“牛”和“羊”描绘的均为相应动物头部的正面形状，并且分别突出了牛角向上翘起和羊角向下弯曲的特点。

有些象形字表示的事物若单独绘出，辨识度较低，因此便连同其他相关物体一同画出。例如：

① 考虑到教学的实际需要，本节所使用的古文字形体以显示构字理据为目的，尽量选用能直观地显示构字理据、与现代汉字形体承接关系明显的形体，因此不限于同一阶段的字体。

瓜

果

“瓜”和“果”如果单独绘出，不易与其他物体区别，因此“瓜”字除字形中间的瓜本身外，同时也画出了瓜蔓；“果”字除了字形上部的果实本身外，同时也画出了树木。

有的象形字通过画出具体的事物，表达与之相关的抽象概念。例如：

高

長（长）

王

“高”字通过画出层叠的楼台表达“高”这一概念；“长”字通过画出一个长着长发的人表达“长”这一概念；“王”字通过画出斧头的形象，表达“王”这一概念，这是因为古时的王有执掌刑具杀人的权力。

如第二章所述，随着汉字字形的演变，象形字的象形程度越来越低，逐渐趋向符号化。尤其在隶变之后，古文字阶段的曲线形笔画被直线和折线代替，更使得象形字基本失去了“随体诘诎”描摹相应事物的特点。因此，在现代的楷书中，除“田、网、伞”等少数汉字仍保留了象形特征，其形体可以直观地与事物相联系外，大多数象形字已经不能直接看出它们描摹的事物了。虽然如此，但由于楷书是由古文字阶段的汉字一脉相承演变而来的，其中很多具有象形特征的字，只要联系古文字阶段的形体，仍然可以看出其中象形的痕迹。

下表列出一些古今字形联系比较直观的常用象形字，以供教学参考（若与古文字形体对应的是繁体字、异体字或旧字形，则在括号内标注）：

表 3-1　常用象形字

1. 自然

现代汉字	古文字形体	理据和释义说明
日		像太阳。
月 / 夕[①]		像月亮，引申为夜晚。

① “月”与“夕”古文字中为同一字形，后分化为两个字。

（续表）

现代汉字	古文字形体	理据和释义说明
山		像连绵的山峰。
水		像流水。
火		像火焰。
天		本义为头顶，画出人，突出头顶，引申为天空。
木		像一棵树，画出树干和树枝。
竹		像并排的两棵竹子，带有下垂的竹叶。
禾		像一棵禾苗，穗下垂。
贝（貝）		像贝壳，古代用作钱币。简化字保留轮廓。
瓜		像瓜蔓上结的瓜。
果		像树上结的果子。
肉		像一块肉，上面是纹理。
石		像山崖下的一块石头。
土		像地面上的土块。
田		像田间小道交错划分出的土地。
雨		像雨从云中落下的样子。
云		像卷曲的云朵。繁体字为“雲”，简化字恢复古字形。
泉		像泉眼中流出水的样子。

（续表）

现代汉字	古文字形体	理据和释义说明
川		像河流。
州		像河流中的岛屿，引申为行政区划名称。

2. 人与人体部位

现代汉字	古文字形体	理据和释义说明
人		像从侧面观察的人形。
子		本义为小孩子，像婴儿的全身，头大，两臂摆动。
女		像跪坐的女子。
夫		像头顶有发簪的人形，即古代成年男子形象。
母		在“女”形体的基础上画出乳房，表示母亲。
目		像一只眼睛。
眉		像眉毛，同时也画出眼睛。
身		本义为怀孕，像侧立的人全身，突出大肚子。
首		本义为头，像人的头部（突出眼睛），也画出头发。
面		像人的脸部。
口		像人的嘴。
手		像张开的手。
足		像人的脚，连同脚腕一并画出。
心		像心脏的形状。

3. 器物、建筑、交通工具

现代汉字	古文字形体	理据和释义说明
伞	—	今文字阶段产生的象形字，像伞的形状。繁体字为“傘”，简化字仍保留象形特征。
网		像网的形状。繁体字为“網”，简化字恢复古字形。
衣		像古代上衣的衣领、衣袖和衣襟，本义仅指上衣。
刀		像一把刀。
弓		像一张弓。
册		像串起来的竹简，本指编好的记事竹简。
舍		像台基上的一间房屋，本义为房舍。
门（門）		像两扇门。
户（戶）		像一扇门。
井		像方形井台。甲骨文中间无点，金文、小篆加点。
车（車）		像包括车轮、车轴和车厢在内的古代车形。
舟		像一只小船。

4. 动物

现代汉字	古文字形体	理据和释义说明
马（馬）		像马的全身，简化字保留轮廓。
牛		像牛的头部，角上翘。
羊		像羊的头部，角下弯。

（续表）

现代汉字	古文字形体	理据和释义说明
虎		像虎的侧面。
鹿		像鹿的全身。
犬		像狗的侧面，后为与“大”区别，在右上角加点。
鸟（鳥）		像鸟的全身，简化字保留轮廓。
鱼（魚）		像俯视的鱼形。
燕		像俯视的燕子形。
鼠		像老鼠的全身。

5. 性状

现代汉字	古文字形体	理据和释义说明
大		像一个伸开四肢的正面人形，以此象征体积大。①
高		像楼台层叠的样子，表示高大。
长（長）		像人长着长发，象征距离长。
美		像人戴着头饰，本义为貌美，引申为一般意义的“美”。②

二、指事

所谓**指事**，就是利用抽象的线条符号提示字义，主要包括完全由抽象线条构成字形和在象形字上添加抽象线条两种情况。指事字使用的这些抽象线条并不描摹事物本身，而是通过线条的数量、线条与线条之间的位置关系或线条与实物形象之间的位置

① 一说像大人之形。古“大”和“太”同字，六朝时造“太”以示区别。

② 一说是从羊从大（为正面人形）的会意字。

关系来表达某些难以用象形法描摹的概念。

1. 完全由抽象线条构成的指事字

这类指事字完全由抽象线条构成，通过线条的数量或位置关系提示字义，它们一般表达的是较为抽象的概念。例如，“一、二、三”通过字形中线条的数量直观地表达相应的数字。又如，“上、下”二字（古文字作、）通过长笔和短笔的不同位置关系分别提示相应的意义（后来的演变中为避免混淆，增添了竖笔，表意更为清晰）。在今文字阶段出现的“凹、凸”二字通过线条的组合模拟“凹”和“凸”的形态，也可以归入指事字。

2. 在象形字上添加抽象线条构成的指事字

这类指事字中，线条的作用是明确指出物体的特定部位，从而表达物体的局部或表达与之相关的抽象概念。例如：

本　　末　　朱　　甘　　刃

“本”（本义为树根）和“末”（本义为树梢）分别通过在“木”字的底部和上部附加线条指出相应的部位。“朱”（红色）则在“木”字的中心附加线条，指出树干的中心，借以表示红色。[①]“甘”在“口”内部附加线条，指出口中所含之物，借以表示甘甜之意。“刃”在“刀”的刀口部位附加线条，指出刀刃的位置。

除以上两类外，也有个别以线条符号构成的字在初创时就属于约定性记号，线条的数量、位置与字义没有直接的关系。例如，“五（）、六（）、七（）”习惯上也归入指事字。

指事这一造字法所受的限制较大，在各种造字法所造的字中，指事字的数量最少。现代汉字中的指事字，有些还保留着形体直观表意的特点，如“上、下、一、二、三、刃、凹、凸”；有些已经不尽明显了，如“朱、甘”。

第三节　会意和形声

象形、指事这两种造字法所构造的汉字，一般是对相应概念或具体或抽象的整体

① 一说“朱”本指赤心木，引申为红色。

描摹，内部不能再分出更小的有意义成分。在此基础上，为了表达更抽象、更复杂的意义，又出现了将两个或多个成分组合为一个字的新造字法，即会意和形声。

一、会意

所谓**会意**，就是由多个成分组合为一个整字，通过这些成分及其关系共同提示整字的意义。例如，“明”用“日”和“月”的组合表示光明之意；“男”用“田”和“力”的组合表示男子（因为古时男子是田间的主要劳动力）。组成会意字的部件主要是象形字。在文字学中，将会意字以某成分为部件称为“从某”，如“明”字的结构可以描述为“从日从月”。

有些会意字在将多个成分互相组合的同时，还利用它们之间的位置关系组成一个复杂的图形，从而描绘一个场景，表示相对抽象的概念。例如，“及”，古文字作，像手抓住人，借以表示赶上、到；“步”，古文字作，由右脚和左脚一前一后组成，指两只脚一前一后地走路，表示步行；“休”，古文字作，描绘了“人”靠在“木”上的场景，表示休息。

会意字中有一类特别的情况。这些会意字是由同一个成分重复构成，称为同体会意字。例如，“林”由两“木”组成，表示树林；“森”由三“木”组成，表示树木众多的森林；“从”由方向相同的两个“人”组成，通过部件的关系表示跟从；“北”(古文字作，本义现写作“背”）由方向相反的两个“人”组成，通过部件的关系表示背离。又如，“炎、焱（yàn）、鑫、晶、磊、矗、燚（yì）”等，都通过同一个汉字的重复使用表示与之相关的意义。

从上述各例中可见，会意这一造字法可以为很多无法用象形法、指事法表达的抽象概念创造出书写符号，因此会意法的出现是造字法发展中的一次重大进步。会意法构造汉字的强大能力使会意字的数量明显多于象形字、指事字，而且直到汉字发展到今文字阶段失去象形意味之后，有些新产生的汉字仍然是会意字。如以下今文字阶段产生的汉字：

尖：上“小”下“大”，表示锐利的末端。

泵：“石”在“水”上，表示一种用于压水的设备。

一部分简化字也是在楷书系统中由会意法创造出来的，这些简化字多为历史上出现的民间俗字。例如（括号内为相应的繁体字）：

笔（筆）：由“⺮（竹）”和“毛”组成，分别代表毛笔由竹制成的笔杆和由毛制成的笔头。

尘（塵）：由“小”和“土”组成，“小土”表示细小的尘埃。

在现代汉字中，古文字阶段所造的会意字有些仍然可以通过各成分独立成字时的意义（也包括一部分不能独立成字，但具有固定表意功能的部首，详见下一章）提示字义，如“明、男、休、林”，这些字可以以现代形体为依据分析其理据；而有些会意字则在汉字的演变中变得难以直观识别其构造理据，需要联系古文字形体，如“及、北”。至于今文字阶段构造的会意字，一般均是用各成分独立成字时的意义提示整字意义的，自然可以直接以现代汉字字形为理据进行分析。

以下按照上述两种类型分别列出一些理据比较直观的会意字，以供教学参考。

表 3-2　常用会意字

1. 现代形体显示理据的会意字

汉字	理据和释义说明
安	从女从宀（mián，房屋），“女”在“宀”下，象征安定。
掰	从双手从分，表示用双手将物体分开。
宝	简化字，从宀从玉，房屋下有玉，表示珍宝。
泵	从石从水，“石”在“水”上，表示一种用于压水的设备。
笔	简化字，从竹从毛，分别指毛笔的竹制笔杆和毛制笔头。
采	从爫（爪）从木，“爫”在“木”上，描绘采摘作物果实的场景。
尘	简化字，从小从土，“小土”表示细小的尘埃。
初	从衤（衣）从刀，指制衣开始时的裁剪过程。现泛指起始。
从	从二人，方向相同，指跟从。繁体字为“從”，简化字恢复古字形。
旦	从日从一，像太阳（日）从地平线（一）上升起的样子，指早晨。
伐	从人从戈，指人持戈（或说用戈砍人头），本义指攻伐。
吠	从口从犬，指狗叫。
分	从八从刀，“八”像东西分开的样子，原指用刀切开东西。
焚	从林从火，指火烧林木，泛指焚烧。
公	从八从厶，“八”代表违背，“厶”即“私”，指与“私”相反的“公”。
国	简化字，从囗（wéi，象征疆域）从玉（指玉玺，代指国家权力），指国家。
好	从女从子，指母亲有了孩子，借指“好”。

（续表）

汉字	理据和释义说明
集（雧）	从三隹（zhuī，短尾鸟）从木，群鸟栖于木上，表示聚集。古文字时期已省作“集”，今沿用。
家	从宀从豕（shǐ，猪），房屋下有猪，象征居所。①
尖	从小从大，上“小”下“大”，指物体锐利的末端。
件	从人从牛，因牛可以分割，故表示分割，引申为量词。②
匠	从匚（fāng，容器）从斤（斧头），容器中有斧头，是木工的装备，本义为木工，泛指工匠。
解	从角从刀从牛，用刀剖分牛角，本义为分解牛的肢体，泛指分解。
晶	从三日，指光亮。
看	从手从目，“手”在“目”上，描绘将手放在眼睛上瞭望的场景。现泛指用视线接触。
库	从广（yǎn，房屋）从车，指存放车辆等物的建筑。部件“车”由“車”类推简化而来。③
磊	从三石，指石头多的样子。
泪	从氵（水）从目，指眼中流出的泪水。原为古俗字，异体字整理后代替“淚”。④
利	从禾从刂（刀），用切割庄稼的刀表示锋利。
劣	从少从力，“少力”表示差。
林	从二木，表示树林。
苗	从艹（草）从田，表示初生的庄稼。
咩	从口从羊，指羊叫声的拟声词。
灭	简化字，从一从火，“一”（象征将火压灭的东西）覆于“火”上，表示将火熄灭。
名	从夕（夜晚）从口，因夜晚人与人互相看不清，需要自报姓名，故表示名字。

① 一说是“从宀，豭省声”的形声字。

② 《说文解字》：“件，分也。从人从牛。牛大物，故可分。”

③ 关于类推简化，参见本书第九章第一节。

④ 关于异体字整理，参见本书第九章第二节。

（续表）

汉字	理据和释义说明
明	从日从月，象征光明。
鸣	从口从鸟，指鸟叫声。部件“鸟”由“鳥”类推简化而来。
男	从田从力，表示男子，因男子是古时田间的主要劳动力。
孬	从不从好，意为不好。
奴	从女从又（手），表示用手抓来女奴，泛指奴隶。
囚	从口从人，“人”被围困在“口”中，指囚禁。
取	从耳从又，本指古代战争中割取敌人耳朵作为计功凭证，引申为获取。
雀	从小从隹，指一种小鸟。
森	从三木，指树木众多的森林。
删	从册从刂，因古时在简册上书写文字时用刀删改。
社	从礻（示，指神）从土，本指土地神，引申为村落，又引申为群体、社会。
双	简化字，从二又（手），指一对。
孙	简化字，从小从子，以“小子”指儿子的儿子。
体	简化字，从人从本，“人之本”指身体。
歪	从不从正，意为不正。
外	从夕从卜，古代占卜多在早晨，晚上（夕）占卜则为“意外”之事。
析	从木从斤（指斧头），用斧头将树木剖开，引申为分析。
相	从木从目，眼（目）看树木，指细看。
鑫	从三金，指财富兴盛。
信	从人从言，以“人言”(人的话）表示相信、真实。①
休	从人从木，人靠在树上，表示休息。
臭	从自（指鼻子）从犬，因狗的鼻子灵敏，借指气味（今读 xiù），后专指不好的气味（今读 chòu）。
岩	从山从石，“山上的石头”指岩石。原为古俗字，异体字整理后代替“巖”。

① 一说是“从言人声”的形声字。

（续表）

汉字	理据和释义说明
炎	从二火，指极热。
艳	从丰从色，以“色彩丰富”指艳丽。部件“丰”由“豐”类推简化而来。
阳	简化字，从阝（阜，山石）从日，与“阴”相对，也指山被太阳照到的一面，故从阝。
阴	简化字，从阝从月，与“阳”相对，也指山不能被太阳照到的一面，故从阝。①
灶	简化字，由“火”和“土”表示生火做饭的设备（旧时为土制）。
众	从三人，指人多。繁体字为“衆”，简化字恢复古字形。
逐	从辶（辵，chuò，忽走忽停）从豕，描绘打猎时追逐野猪的场景，表示追逐。

2. 联系古文字形体显示理据的会意字

现代汉字	古文字形体	理据和释义说明
保		像人背着孩子，本义指抚育。
奔		上部为人跑动时手臂摆动的样子，下部为三个“止”（脚），指快速奔跑。
比		两人并排，本义指并列，引申为比较。
表		从衣从毛（上下合为“衣”，中间为“毛”），通过衣服有毛的一面表示外表。
兵		双手举起“斤”（斧头），借指兵器，引申为持兵器的人（士兵）。
秉		手握一束禾苗，指握持，引申为保持、掌握。
步		右脚和左脚一前一后走路，指步行。

① “阴”本义为阴天，最初写作“侌”，引申为山不能被太阳照到的一面，这一意义加“阝”旁写作“陰”。“阳”类似，本义为阳光，最初写作“昜”，引申为山被太阳照到的一面，这一意义加“阝”旁写作“陽”。后“侌、昜”分别并入“陰、陽”，简化字又在此基础上，用表意部件“月、日”分别替代“陰、陽”中的“侌、昜”，以“月、日”的相对表示“阴、阳”的相对。

（续表）

现代汉字	古文字形体	理据和释义说明
出		上部为“止”(脚)，下部为洞穴，像从洞穴中走出。因古人穴居，指外出。
多		两块肉，表示多。
共		两手共同举起器皿，表示共同。
寒		像屋中一个人以草御寒，指寒冷。
及		下方的“手”抓住上方的“人”，表示赶上、到。
即		左为食器，右为跪于其前准备吃饭的人，表示接近、靠近，引申为即将、就、便。
既		左为食器，右为背对食器的人，已经吃完饭准备离开，表示吃完、完成，引申为已经。
监（監）		由眼睛、人形和盛水器皿（古代作为镜子）组成，描绘人照镜子的情景，表示查看。
兼		一只手同时握住两束禾苗，表示共同、一并。
降		左侧“阝（阜）”指山，右为两只向下的脚，表示从山上下来。
戒		双手持戈，表示戒备。
寇		像手持武器入室打人，指盗匪。
弄		双手持玉，表示玩弄。
妻		用手抓长发女子，表示妻子，因古时有抢婚的习俗。
涉		两脚分别在水的两侧，指涉水，引申为关于、涉及。
射		像手拉弓，表示射箭。

（续表）

现代汉字	古文字形体	理据和释义说明
受		两只手交接一物（中为盛物的器具），表示交付或接受（古代“受、授”二义同字）。
宿		屋中人卧于席上，表示住宿。
武		从戈（武器）从止（脚），指带着武器征战，象征武力。①
卧（臥）		从臣（像竖立的眼睛）从人，本指伏身，因人伏身时眼睛竖立，后泛指伏身或躺下休息。
益		像水漫出器皿（本义现写作“溢”），引申为增加、好处。
友		两只手相握，象征朋友。
有		一只手拿着一块肉，象征拥有。
原		从厂（山崖）从泉（楷书字形“泉”有分化），水流多发源于山脉，故指水源（现写作“源”），引申为起初、开始。
朝		太阳已从草间升起，月亮仍然挂在空中，指早晨（今读 zhāo）；又因古代臣子在早晨拜见君王，也指朝见，由此引申为朝向（今读 cháo）。
争（爭）		两手抢夺一物，指抢夺。
至		箭射到地上，表示到达。
走		上部为人跑动时手臂摆动的样子，下部为一个“止”（脚），本义为跑，后指步行。

二、形声

所谓**形声**，就是由表意成分和表音成分组成一个汉字，分别提示整字的字义和字音。如“枫”字由“木”和“风”两部分组成，“木”通过它独立成字时的意义

① 常见将“武”分析为“止戈为武”，不准确。这里的“止”非指停止，而是指脚步、行走。

（树）提示“枫”的意义与树木有关，而“风”通过它独立成字时的读音（fēng）提示“枫”的语音形式与“风”相同，“木”和“风”分别起到表意和表音的作用。一般将形声字的表意成分称为**形旁**（或义符），表音成分称为**声旁**（或音符）。在文字学中，将形声字以某成分为形旁称为“从某”，以某成分为声旁称为“某声”。如上述“枫”字的结构可以描述为“从木风声”。

形声字的形旁多为象形字，如上述“枫”的形旁“木”，又如“唱、湖、停、箱”的形旁“口、氵（水）、亻（人）、⺮（竹）”；而声旁的范围则较为广泛，各种造字法构造出的字都有可能充任形声字的声旁，如形声字“扣、抹、按、控”的声旁“口、末、安、空”分别为象形字、指事字、会意字和形声字。

1. 形声字的构造

形旁和声旁组合成形声字时，会形成多种位置关系。现代汉字中，形声字形旁和声旁之间的位置关系可以归纳为以下 8 种：

① 左形右声：

钢 枝 沐 煌 城 轮 抬 味 珠

② 右形左声：

和 刚 功 政 郊 鹏 期 颜 飘

③ 上形下声：

雾 笼 界 花 宇 景 岗 爸 窍

④ 下形上声：

烈 舅 聋 忘 烫 忍 梨 劈 斐

⑤ 外形内声：

圆 围 闺 阀 匣 匾 裹 衷 衢

⑥ 内形外声：

闷 闻 问 辫 辩 瓣

⑦ 声占一角：

氧 座 厕 房 远 赶 魅 徒（从辵土声） 旗（从㫃其声）

⑧ 形占一角：

勉 腐 载 腾（从马朕声） 荆（从艹刑声） 颖（从禾顷声）

疆［从土彊（qiáng）声］

可见，形旁和声旁的位置关系多种多样，而形旁和声旁以哪种位置关系互相组合，是在汉字形体的长期演变过程中为了搭配匀称的需要而逐渐固定下来的。在各种位置关系中，以左形右声结构为最多。一部分形声字形旁和声旁的关系较为特殊，不易直观识别。例如“衢、裹”等字居中的声旁割裂了形旁；“徒、旗，腾、荆”等声占一角或形占一角的字，形旁和声旁的划分与整字的结构层次不一致。

除此之外，部分形声字中形旁和声旁的形体关系还存在着一些更为复杂的情况。有些字在参与构成形声字时，为了简化书写或整字结构匀称的需要会省去一部分。在对这类字进行分析时，需要将被省略的部分还原才能解读其构造理据。文字学中将充当形旁时的省略称为“省形”，将充当声旁时的省略称为“省声”。有些省形或省声在造字时就产生了，有些则是在今文字阶段或汉字简化后才产生的。

省形的例子如：

亭，从高丁声。“高”充当“亭”的形旁时省去下方的“口”。

星，从晶生声（曐）。“晶”充当“星”的形旁时省去两个“日”。

弑，从殺（“杀”的繁体形式）式声。“殺”充当“弑”的形旁时省去右侧的“殳”。①

省声的例子如：

岛，从山鸟声。“鸟”充当“岛”的声旁时省去左下角的“一”。

珊，从玉删声。“删”充当“珊”的声旁时省去右侧的“刂”。

浆，从水将声。“将”充当“浆”的声旁时省去右下角的“寸”。

另外，个别形声字的形旁和声旁存在部分笔画重叠共用的现象。例如，“耆（qí，六十岁以上的年纪）”，从老旨声，“老”和“旨”共用“匕”。

也有一部分形声字在历史演变中，形旁和声旁的形体不再清晰可辨。如“年、在、更”在篆书中分别为从禾千声、从土才声、从丙支声的形声字（楷书直接转写分别为“秊、扗、叜”），隶变后，形旁和声旁发生了粘连，现在已经无法识别了。

2. 形声字的理据性

形声字的理据性是通过形旁的表意功能和声旁的表音功能体现的。

在创造之初，形声字一般都是通过形旁独立成字时的字义和声旁独立成字时的字音分别与整字的义、音建立关系的。在现代汉字中，相当一部分形旁和声旁仍然可以直接还原为单字，从而直观地提示形声字的字义和字音。例如，形声字“城、爸、房、赶”的形旁分别可以独立构成汉字“土、父、户、走”，其字义与相应的形声字相近或相关；声旁也可以独立构成汉字“成、巴、方、干”，其字音与相应的形声字

① “弑”在简化字系统中也可以看作常规形声字：从杀式声。

相同或相近。

但在汉字的历史发展过程中，同一个汉字字形、字音、字义的发展并不总是同步进行的，用作形旁、声旁的单字与形声字的发展更是常常不平行。因此，现代汉字中也存在着不少形旁和声旁发生变化的情况，它们在形声字中所提示的字义、字音不能直接对应于独立构成的单字，此时就需要联系古代形、音、义才能准确理解。另一方面，由于这些形旁、声旁在所构成的一系列形声字中的表意、表音作用一般存在共同点，因此对同类形声字的归纳也可以帮助理解它们所提示的字义或字音。

以下分别从形旁、声旁两个方面说明它们在构成形声字时的复杂情况。

（1）形旁表意的复杂情况

在现代的形声字中，有相当一部分形旁无法直接还原为独立的单字，因此需要进行一定的溯源分析才能了解形旁在形声字中所提示的意义。

由于汉字在隶变、简化等演变过程中出现了形体分化的现象，因此有些现代汉字充当其他字的构成成分时，与独立成字时的形体有很大差异。这一现象在形声字的形旁中尤其常见，需要通过追溯历史上的形体演变路径和方式才能把这类形旁还原为单字。例如，形声字“们、洋、钢、削、箱、烈”的形旁“亻、氵、钅、刂、⺮、灬”分别是“人、水、金、刀、竹、火”处在整字相应位置时的变体写法。

汉字发展过程中，字形的历时更替也会导致形旁与相应整字在形体上失去直观的联系。例如，“花”的形旁“艹”来自古字“艸（cǎo）”，而这个字形已在异体字整理中被形声字“草”所代替，因此形旁“艹”的意义也只有通过溯源分析才能理解。

另外，有些形旁独立成字时的汉字在历史发展过程中已经不再使用。例如，“病、近、宇”的形旁“疒（nè，病）、辶［‘辵’（chuò，忽走忽停）的变体］、宀（mián，房屋）”在现代汉字中均不再单独使用。还有的形旁虽然可以独立成字，但由于汉字的历史演变，独立所成的字与形旁形体相同却没有意义上的联系。例如，“珠、瑰、瑜”的形旁“王”，实际是“玉”字充当左侧成分时的变体，隶变后与“王”字混同。又如，“项、领、颜”的形旁“页”，本读为 xié，意为“头”①，而“页”字的这一用法现已不再使用；现代汉字中读作 yè、指“书页”的“页”，同样不能与之直接建立联系（“页”作书页义是假借而来。关于假借，见下节）。

除此之外，也有的形旁具有不止一种来源，在不同的字中提示不同的意义。例如，“期、朗”的形旁“月”就是“月”，但“肠、肚”的形旁“月”是“肉”的变体。

① 古“页”（繁体：頁）和“首”本为同一字，后分化。

（2）声旁表音的复杂情况

形声字的声旁表音时同样也存在着类似的复杂情况。

有些字充当声旁时，形体也会与独立成字时有所不同。例如，“朗、郎”左侧的声旁是“良”的变体，“堂、棠、党”上部的声旁是“尚”的变体。

有些声旁在现代汉字中同样不能单用，例如，“操、燥、澡”的声旁“喿（zào）”、“辨、辩、瓣”的声旁“辡（biàn）”。有些声旁在形声字中提示的字音与单用时不同，例如，由于“我”字历史发展过程中的特殊音变，含有声旁“我”的形声字“鹅、饿、俄”分别读作“é、è、é”，而不同于“我（wǒ）”，它们的表音功能是通过同声旁字的归纳体现出来的。

有的声旁具有不止一种来源，在不同的字中提示不同的读音。例如，“护、沪”的声旁“户”通过“户”自身的读音（hù）提示整字的读音；但“炉、芦、庐”的声旁“户”则是由“盧”（单独成字时简化为“卢”）简化而来，因此这些字中的“户”提示的读音是“lú”。

另外，个别形声字的声旁除具有表音功能外，与字义也有关联，可以认为是音符兼义符。例如，“娶、坪、座”的声旁“取、平、坐”不仅与整字读音相同，字义也与整字相关。“娶”即把女子接过来（“取”来）成亲，“坪”即平坦的土地，“座”即所坐之处。这类字可以认为兼具形声字与会意字的特点，称为亦声。亦声字往往是由声旁独立所成的字通过添加形旁分化而来的，专门用来记录声旁字发展出的一个义项。

事实上，在现代汉字中，形声字形旁的表意功能、声旁的表音功能极为复杂，没有统一的规律。即使是同样来源的形旁或声旁，在不同的形声字中表意或表音的方式也可能不同。关于形旁、声旁的功能，将在本书第五章和第六章中详细论述。

3. 形声造字法的意义

形声造字法是汉字的各种造字法中能产性最高的一种。现代汉字中，形声字所占的比例是最高的。

形声造字法通过形旁、声旁两个组成部分，将汉字纳入由字音、字义两个维度构成的区别性网络中，因此可以方便地为大量语素创造出互有区别的字形。以“晴”字为例来说明。一方面，“晴、情、请、清”等字共享声旁“青”，它们的读音也相近，各自的形旁“日、忄、讠、氵”提示它们的意义分别与“太阳、心理、言语、水”有关，从而对这些近音的不同语素进行区别；另一方面，“晴”与“暗、暖、晚、晓”等字共享形旁“日”，意义均与“太阳”有关，但“日”这一形旁只显示字义的宽泛类属，而同一类属下不同语素之间更细微的意义区别，需由声旁通过联系字音的方式体现。

因此，形声这一造字法可以摆脱象形、指事、会意等造字法的局限，大大扩展汉字可以记录的概念的范围。形声字在记录语言中的抽象概念时所受的限制最小。例如，“议、论、语、谈”或“悲、怒、愁、忍”等抽象的概念很难用象形或指事的手法描摹，也不容易逐一为它们选择合适的符号造出会意字，但它们均可以灵活地构造出形声字。即使对于存在实物形象的具体概念，形声字也是一种更为简便的造字法。例如，“松、柏、杨、柳”等物体及其概念假如使用象形字来记录，则相应的字形必须描摹出这些树木之间细微的区别，这必然使字形变得复杂难写，也会导致字形难以辨认；使用形声字，只需用形旁“木”显示其类属，它们之间的区别则由不同的声旁体现，从而可以便利直观地为这些概念创造字形。

形声造字法不再需要依靠字形本身的形象体现复杂的意义差别，顺应了汉字形体线条化、符号化的发展趋势。随着汉字形体的发展，汉字中的形声字比例不断上升。有些初期的象形字在发展过程中也被改造为形声字。例如，“鳳（凤）、鷄（鸡）”二字在甲骨文中原本是象形字：

凤

鸡

它们直接描摹了凤、鸡的形象。后来，它们分别增添了声旁“凡、奚”[1]，此时原来描摹凤、鸡形象的部分也就得以简化为一般的“鳥（鸟）”旁，充当形旁。直到现代，形声仍然是最为活跃的造字法。例如，近现代产生的新汉字“氧、镁、傣、煲”分别是从气羊声、从金美声、从人泰声、从火保声的形声字。一些简化字也是从现代汉语的字义、字音出发，用形声法构造的，如“护（護）、惊（驚）、响（響）、忧（憂）”。

---

① 繁体字“鳳”的内部“鳥”上的一横是“凡”中的点形变调整而来的；简化字“鸡”的左边不再是声旁“奚”。

第四节　假借和转注

一、假借

所谓**假借**，就是借用一个已有的字形来记录语音形式与之相同或相近，但意义无关的另一个概念。一些难以画出形体的抽象概念常用假借的方法书写。

假借作为一种用字方法，本身并不创造新的字形，被假借的字均是由其他造字法构造的。通过假借，这些汉字形体被赋予了新的意义。例如：

象形字：“我”(，本指一种古兵器，假借为第一人称代词)、“其”(，本像簸箕形，是“箕”的本字，假借为代词)

指事字：“亦”(，画出人形并指出腋部位置，是“腋”的本字，假借为副词)

会意字：“北”(，从两人相背，是“背”的本字，假借为方位词)、“莫”(，从日在草中，是“暮”的本字，假借为否定词)

形声字：“笨”[从⺮（竹）本声，本义为竹子的内层，假借为“愚笨”的“笨”]、“花”[从艹（草）化声，本义为“花草”的“花”，假借为“花费”的“花”]

有的假借字的本义现在已不再使用，字形完全被假借义占据，如上述的“我、笨”；有的后来为本义另造字形以示区别，原字形同样被假借义所占据，如上述“其、亦、北、莫”，它们的本义现在分别写作“箕、腋、背、暮”；有的本义和假借义并存，如“花”这一字形现在同时代表“花草”的“花”和“花费”的“花”两个概念，它们同音但意义无关。

除了用来为难以造出字形的概念创造字形之外，在汉字的发展过程中，我们也常使用假借法，用音同或音近的简单字形替代繁难的汉字。如现在表示“圆形立体物”的“球”字，原本写作“毬”，后来用表示一种玉的“球”字代替；现在表示“进食”的“吃”字，原本写作“喫”，后来用本指“口吃”的“吃”字代替。假借在汉字的简化中同样也有应用，如指“山谷”的“谷”兼并了“稻穀”的“穀”，“子丑寅卯”的“丑”兼并了“醜陋”的“醜”。此外，汉语中的音译外来词大多是使用现有汉字来记录的，记录时只取它们的字音而不取字义。如“米（长度单位）、沙发、巧克力、奥林匹克”等，这些词中的汉字只作为记音符号使用，因此也可视为假借用法。

假借法的实质是将被假借的字形作为单纯的表音符号使用，从这个意义上，假借字可以看作是只有音符而没有义符的字。这一方法同样可以明显地扩大文字所记录的概念的范围。在其他古代文字系统中，为了书写不易用具体形象描摹的词语，同样存在着与汉字的“假借”相似的现象。这一方法的广泛应用，最终使得文字的形体与意义完全失去联系，成为单纯记录语音的符号，这也是表音文字产生的途径。而在汉字发展初期的甲骨文阶段，假借曾经广泛使用。但大量使用假借字，导致多个概念用同一个字形记录，极易造成混淆。因此，在后续的发展过程中，一些原有的假借字开始通过增加义符来区别不同的意义。例如，指一种祭祀典礼的“傧（bīn）”字在甲骨文中假借“宾”字表示，后来另造“傧”字来分化使用。这一过程使得形声字开始大量出现，汉字也因此没有向表音文字的方向发展，而是走上了意音文字的道路。

由于假借字的本义和假借义之间只有语音的联系，而假借字的字形是基于本义进行造字的，因此对于那些目前字义被假借义占据的汉字，字形的全部（如“我、亦”）或部分（如“笨”中的“⺮”、“球”中的“王”）就完全失去了理据性，只能进行无理据识记。

二、转注

“转注”这一概念在“六书”中争议最大。《说文解字》一书中，除了“叙”中简略地举了“考”和“老”的例子之外，正文中没有使用“转注”这一概念分析任何一个字。因此，自古至今，对于“转注”的所指都有着极大的争议，至今仍然没有普遍认同的结论。但在这一过程中，学界已经认识到，无论如何理解“转注”，这一概念对于说明汉字创造中的字形和字义的关联都没有明显的价值，与“六书”中的其他五种不同，并没有哪一个汉字的构形理据必须借助“转注”这个概念来说明。对“转注”概念的探讨，更多地归属于学术史层面。因此，本书不再讨论“转注”。

第五节　构形理据的特殊情况

以上是从“六书”(除去“转注”，实为“五书”）的角度对汉字的构形理据所做的分析。除了上面分析的“六书”中的典型情况外，汉字的构形理据也存在着一些特殊情况。

一、“六书”类型界限模糊的构形理据

“六书”原则是古代文字学学者对已有的汉字进行的归纳概括，并不是先制定了“六书”，再分别依照这些规则造字。因此，“六书”中各种类型之间的界限有时并不是那么明确，尤其是在象形、会意、指事之间。例如，“立”字，甲骨文写作，像一个人站在地面上。有的人着眼于对“站立”这一场景的整体描摹，将其归入象形字；也有的人着眼于它通过“人”和“地面”两个符号的组合实现表意功能，将其归入会意字；还有的人着眼于人形下方代表地面的抽象线条，将其归入指事字。虽然不同的人有不同的归类，但这个字依靠描摹站立的场景表达“立”这一概念的理据，无论归入哪一类都不会随之改变。因此，现在分析汉字的构形理据时，“六书”（或者更准确地说是“五书”）只是一种大致的框架，对于具体的汉字，更重要的是理解它的形体如何与意义相关联。

二、“六书”系统之外的构形理据

“六书”是基于古文字阶段的汉字形体而对汉字构形理据所做的分析。汉字发展到今文字阶段后，新字仍然在不断产生，这些今文字阶段产生的汉字，除了沿用原有的造字法（以会意、形声两类为主）之外，也有一些字的构形理据较为特殊，是古文字阶段所没有的，不能纳入“六书”系统。

有些楷书阶段新产生的汉字是由既有的汉字派生而来，通过对既有汉字个别笔画的改动产生的。例如：

刁：由“刀”字派生而来，将“刀”字中的撇改为提。

甩：由“用”字派生而来，将“用”字中的竖改为竖弯钩，笔形像“甩出”的样子。

茶：由“荼”字派生而来，减去“荼”字中的一横。

乒、乓：由“兵”字派生而来，分别减去“兵”字中右侧和左侧的笔画。

另外，近现代新产生的一些化学领域专用汉字，是将两个既有汉字各取一个部件拼合而成的（为了形体匀称的需要，个别笔画会略有变化），如“羟（qiǎng，氧＋氢）、烃（tīng，碳＋氢）、羧（suō，氧＋酸）、羰（tāng，氧＋碳）、巯（qiú，氢＋硫）”等。

第六节　构形和构意

前面从象形、指事、会意、形声以及假借的角度介绍了汉字的构形理据，这里再从构形和构意这两个方面做出进一步的概括。①

在前面的分析中，我们已经知道，作为表意文字，汉字一般都是根据它所记录的概念按照一定的理据来构造形体的。也就是说，初创时期的汉字形体都带有可供分析的意义信息。因此，在说明一个汉字的形体时，需要包括构形和构意两方面内容。**构形**指汉字的形体采用哪些构件、构件数目多少、拼合的方式、放置的位置等。**构意**指构形体现的造字者最初的造字意图、带来的意义信息以及与同类字、相近字区别的方式。例如，“初”字在甲骨文中写作，它的构形是“衣”和“刀”两个构件的组合，这一构形所体现的构意是“用刀裁衣”，用以表示开始。也就是说，构意是构形承载的理据，构形是构意的外在体现。

一、形合和义合

在汉字发展的早期，构意往往是较为直观、具体的。例如，表 3-1 中的“日、月、山、水”等象形字都是直接描绘具体事物的形象。前文也提到，甲骨文时期有些汉字形体不是很固定，但构意却是相同的。同时，对于由多个部件组成的字，构件之间的位置关系往往也是直接临摹现实世界中具体事物之间的位置关系。如以下甲骨文：

盥　　　　涉　　　　解

“盥”字描绘了手在器皿中、周围有水的样子，表示洗手；“涉”字中两脚分别在水的两侧，表示涉水；“解”字描绘了两手从牛头上取下牛角的画面，同时画出血水，指分割。这些字的构意是通过描摹现实世界中的一个整体场景体现的。这一组合方式，称为**形合**。

① 本节内容主要参考王宁《汉字构形学导论》（商务印书馆，2015 年版）的论述，个别用例的分析说明参考裘锡圭《文字学概要》（商务印书馆，2013 年版）。

正是因为汉字的构意很大程度上需要通过临摹具体事物之间的位置关系来体现，所以构件之间的安排就必须是二维平面的，这也就使得汉字从一开始就确定了二维方块结构的格局。

随着汉字形体的发展，汉字的结构越来越趋向规律化，构意也有了系统化的倾向。到了小篆时期，组成汉字的构件大多可以独立成字，合体字的构意则更多的是通过各部件独立成字时的意义体现的。此时，构件之间的位置关系不必临摹客观事物间的位置关系，更多的是从字形本身整齐、美观的需要出发来安排的。例如，在小篆中“涉、解”分别写作、，这两个字构件的位置与现实事物间的关系已经不再一致，构意则分别通过构件“水、步”和“角、刀、牛”独立成字时的意义组合来体现。这一组合方式，称为**义合**。

汉字发展到今文字阶段后，由于形体失去了象形特征，义合的趋势更加明显。今文字阶段的汉字构件不再象形，但可以直接把意义信息带入字形中形成构意。例如，楷书的“日”不再像太阳的形象，但由于“日”这一形体已经具有了“太阳”的意义，因此仍然可以在“时、晴、暗、暖、晓”等合体字中表示与“太阳”相关的意义。这种构件象物性淡化，成为具有意义的字而参入构字体系的过程，称为构件义化。构件义化使得“以形表意”的特征变为“以义表意”，为形声字的发展创造了条件。在构件义化的基础上，通过形旁提示意义、声旁区别具体意义的构意方式构造出了大量的形声字。

二、构意的笔势化

古文字到今文字的发展过程也导致了一些汉字构意的丧失。例如，前文提到的会意字“及、北”、形声字“年、更”在楷书系统中都无法直接识别其构意，这类情况称为构意的笔势化。对于构意丧失的字，需要通过溯源分析才能复原构意。

还有这样的情况，形体的变化会导致使用者按照新形体重新赋予构意，这就是理据的重构。例如，“耻”字原本写作“恥”，是从心耳声的形声字，在隶书时期，由于“心”() 和“止”() 形体相似，“恥”就出现了右侧写作“止”的变异形式，又因为“耻”和“止”读音接近，使用者便将“止”重新分析为声符，而“耳”则因语音的演变丧失了构意。

【思考与练习三】

一、填空题。

按照目前通行的说法，汉字的“六书”依次是__________、__________、__________、__________、__________、__________，其中属于造字法的包括__________、__________、__________、__________四种，属于用字法的包括__________、__________两种。

二、选择题。

1. 下列各字与“末”的造字法相同的是（　　）。

A. 刀　B. 大　C. 及　D. 二

2. 下列各字与“相”的造字法相同的是（　　）。

A. 霜　B. 炎　C. 虎　D. 目

3. 下列各项中，造字法与其他三项不同的是（　　）。

A. 河　B. 涉　C. 泳　D. 淡

4. 下列各形声字中，形旁与其他三项不同的是（　　）。

A. 铝　B. 钢　C. 锦　D. 银

三、什么是形声？为什么现代汉字中形声字所占的比例最高？

四、按照造字法，将下列汉字归类。

三　川　即　郎　鼠　舅　躬　射

五、按照形旁和声旁的位置关系，将下列汉字归类。

煎　诚　鲨　杨　题　闻　劲　廊　崩　耄　赏　欣　阁

左形右声：

右形左声：

上形下声：

下形上声：

内形外声：

外形内声：

形占一角：

声占一角：

六、分析下列各组声旁相同而形旁不同的形声字，指出每个字的字义分别和形旁有什么联系。

1. 抬苔胎　2. 堵赌睹　3. 房访放　4. 琳淋霖

七、分析下列各组形旁相同而声旁不同的形声字，指出每个字的字音分别和声旁有什么联系。

1. 抢抡　2. 狠狼　3. 远近　4. 议谈谅

八、有的学习者把"恭"的下方写成"氺"，把"初"的左侧写成"礻"，请从造字法的角度说明为什么不能这样写。

九、举例说明什么是构意中的"形合"和"义合"。

第四章
汉字的部件

对于汉字的形体，既可以像上一章那样从造字法的角度联系汉字字形的形成过程来分析，也可以从构字法的角度对现代汉字形体本身的构成成分及结构方式做出分析。

汉字作为二维的平面结构，形体较为复杂，但汉字的结构是有规律可循的。汉字的结构单位包含笔画和部件两个层级，直接参与书面交际的整字便是由笔画和部件按照一定的规则组合而成的。因此，要想正确识记、书写汉字，就需要了解汉字的构造规则。

就书写汉字而言，是由笔画到部件再到整字；就识别、分析汉字而言，则是由整字到部件再到笔画。本章和下一章主要从构字法的角度来分析汉字，本章先介绍汉字的部件，下一章再介绍汉字的笔画。

第一节　部件的内涵和拆分原则

部件是处于整字和笔画之间的单位。部件和整字之间、笔画和部件之间存在着组成关系。这种组成关系总体而言是清楚的，因此分析整字中的部件时，部件的识别和拆分一般是直观而明确的。当然也存在一些较为特殊的情况，需要个别处理。

一、部件的内涵

所谓**部件**，是指汉字中具有组配整字功能的、相对独立的结构单位。例如，“安”中的“宀、女”，“树”中的“木、又、寸”，“国”中的“囗、玉”，它们均是相应整字中具有明显独立性的结构单位，且这些单位也可以参与其他汉字的组配，这些单位就是部件。

在汉字结构中，部件起到承上启下的作用。对整字而言，一般来说，整字至少由两个部件构成，但有时一个部件就是一个汉字，如“一、力、聿（yù）”。对笔画而言，部件一般由两个或两个以上的笔画构成，但有时一个部件也可以只由一个笔画构成，如“一、乙、〇（同‘零’，用于序号）”，这些字就是一个笔画构成的部件（同时也是一个汉字），“旧、札、买、旦”中的部件“丨、乚、乛、一”都只有一画。

二、部件的拆分原则

将整字拆分为部件是分析汉字结构的重要手段之一。在进行拆分时，一般遵循以下原则：

1. 相离关系，即两部分由明显的分隔沟隔开，互不接触，此时按照分隔沟拆分。例如：

明→日＋月　　多→夕＋夕　　连→辶＋车　　因→囗＋大

2. 相接关系，即两部分在一个或几个点处笔画互相接触，但不构成交叉关系，此时在接点处拆分。① 例如：

早→日＋十　　元→二＋儿　　有→𠂇＋月　　名→夕＋口

3. 相交关系，即两部分笔画相互有交叉或穿插，此时不拆分。例如：

里↛日＋土　　东↛七＋小　　史↛口＋乂　　秉↛禾＋彐

4. 拆分出的部件一般需大于笔画，单笔画与其他部分即使构成相离或相接关系，一般也不拆分。例如：

二↛一＋一　　玉↛王＋丶　　方↛丶＋万　　夭↛一＋大

但有些情况下，单笔画在整字的结构中具有独立性，此时也可以视为部件进行拆分。例如：

旧→丨＋日，二者组合关系与“阳”中“阝”和“日”的关系相同。

艺→艹＋乙，二者组合关系与“英”中“艹”和“央”的关系相同。

闩→门＋一，二者组合关系与“问”中“门”和“口”的关系相同。

5. 拆分出的部件不能构成其他汉字时一般不拆分。

例如，“非”的左右两部分、“鼠”的下半部分虽然在整字的结构中具有独立性，

① 少数不影响结构和笔画数的笔画搭挂可以按相接处理，拆分为两个部件，例如：孝→耂＋子。这些部件之间的笔画搭挂现象更多属于印刷体的习惯，在手写时，往往并不搭挂，或并不要求搭挂，即可以处理为相离关系；而存在下面所说的相交关系的两部分，书写时则不能写成相离的两个部件的组合。

但它们在现代通用汉字系统中分别只能构成“非、鼠”本身以及由“非、鼠”进一步构成的合体字，如“菲、鼹”，而不能与其他部件组合构成其他汉字。也就是说，“非、鼠”只有作为整体时才具有生成能力，对它们再进行拆分就失去了部件分析的意义，因此将“非、鼠”整体视为一个部件。

三、部件拆分的层次性

作为整字和笔画之间的中间构字单位，部件有大有小，因此在整字中，不同部件处在不同的层次上。有些由整字拆分出的部件，内部还可以继续分为更小的部件。例如，“估”字拆分出“亻、古”后，其中的“古”还可以拆分为“十、口”。这种结构上的层次性，与语音系统中音节的结构、词汇系统中复合词的结构、语法系统中短语的结构具有相似性。因此，在将整字拆分为部件时，应按照部件的组成层次由上而下逐级进行，从而得到不同层级的部件。根据拆分的层级，拆分所得的部件分别称为一级部件、二级部件等。

例如，对“照”字可进行如下的逐级拆分：

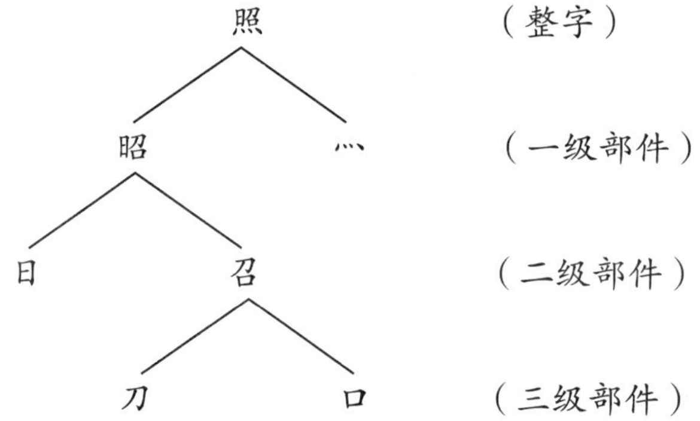

一般将最小的、无法再继续拆分的末级部件称为**基础部件**，如上例中的“日、刀、口、灬”；可以继续拆分的非末级部件称为**合成部件**，如上例中的“昭、召”。

由此可见，结构性和层次性不但是语言的基本属性，也是汉字的基本属性。当然，在实际应用中，可以根据实际需要将整字拆分到不同的层级。这跟语法分析中的层次分析法一样，可以根据需要确定拆分的层次，而不是每次都必须拆分到末级部件。汉字结构的偏旁分析（参见本章第五节“偏旁和部首”）就是以此为基础的。基于这种层次观，在学习汉字时，对于一些高频出现的合成部件，可以作为一个整体进行记忆，不必进一步拆分。

需要说明的是，部件分析完全着眼于现代楷书的形体，因此对一个汉字进行部件分析的结果反映的只是这个字现时形体的构造，而不一定与该字初创时的理据相一致。例如，“徒”字在现代汉字中只能拆分为“彳”和“走”，但它在古文字中的构造理据是从辵土声的形声字。

另外，由于部件并非像表音文字的字母那样是预先确定的，而是从教学、书写、研究以及信息处理等不同方面的需要出发，从一个个历经演变、形体各异的整字中归纳得出的，因此不同的人出于不同的目的，对部件的拆分、归纳可能有所不同。目前，部件拆分的规范是中华人民共和国教育部、国家语言文字工作委员会2009年发布的《现代常用字部件及部件名称规范》(GF0014—2009)，该规范提出了部件拆分、归组和命名的规则，并对现代常用汉字逐一进行拆分，共得到部件514个（其中常用成字部件311个），按照理据或字形相近的原则，归并为441组。

第二节　独体字和合体字

多数汉字可以拆分为两个或两个以上的部件，如“安、树、国”等，但有时一个汉字只包含一个部件，其内部无法拆分出更小的单位，此时部件就等于整字，如“日、月、重、事”等。依此，可以将汉字划分为独体字和合体字两种类型。对汉字结构的分析主要是对合体字的结构方式和类型的分析。

一、独体字

独体字是指由单一部件构成的汉字，它们直接由笔画构成，内部不能再拆分出更小的部件。

《现代常用独体字规范》(GF0013—2009，中华人民共和国教育部、国家语言文字工作委员会2009年发布）在现代常用汉字的范围内确定了256个独体字，全部列举如下（按笔画数排列）：

1画（2字）：

一　乙

2画（19字）：

二　十　丁　厂　七　卜　八　人　入　儿　匕　几　九　刁　了　刀　力　乃　又

3 画（48 字）：

三 干 于 工 土 士 才 下 寸 大 丈 与 万 上 小
口 山 巾 千 川 个 夕 久 么 凡 丸 及 广 亡 门
丫 义 之 尸 己 已 巳 弓 子 卫 也 女 刃 飞 习
叉 马 乡

4 画（65 字）：

丰 王 开 井 天 夫 无 云 专 丐 木 五 不 犬 太
歹 尤 车 巨 牙 屯 戈 互 瓦 止 少 曰 日 中 贝
内 水 见 午 牛 手 气 毛 壬 升 夭 长 片 斤 爪
父 月 氏 勿 丹 乌 六 文 方 火 为 斗 户 心 尺
丑 巴 办 予 书

5 画（58 字）：

玉 未 末 击 正 甘 世 本 术 丙 石 戊 龙 平 东
卡 凸 业 目 且 甲 申 电 田 由 史 央 冉 皿 凹
四 生 矢 失 乍 禾 丘 白 斥 瓜 乎 用 甩 乐 匆
册 鸟 主 立 半 头 必 永 民 弗 出 矛 母

6 画（29 字）：

耳 亚 臣 吏 再 西 百 而 页 夹 夷 虫 曲 肉 年
朱 臼 自 血 囟 舟 亦 衣 产 亥 羊 米 州 农

7 画（17 字）：

严 求 甫 更 束 两 酉 来 卤 里 串 我 身 囱 言
羌 弟

8 画（8 字）：

事 雨 果 垂 秉 肃 隶 承

9 画（7 字）：

革 柬 面 重 鬼 禹 首

10 画（1 字）：

兼

11 画（1 字）：

象

13 画（1 字）：

鼠

这些汉字自身就是一个部件，内部无法再拆分出其他部件，因此属于独体字。

二、合体字

合体字是指由两个或两个以上的部件构成的汉字。在现代汉字中，合体字占大多数。

合体字中，部件和部件互相组合时会构成不同的空间位置关系，这些位置关系可归纳为有限的几种模式。因此，对于合体字，可以基于一级部件间的位置关系对它们的结构类型进行归类，如下表：

表 4-1　合体字的结构类型

类型	次类		结构示意	例字
左右结构	左右			对　好　从　到　部
	左中右			树　谢　湖　街　辨
上下结构	上下			英　竿　全　宇　思
	上中下			宴　器　哀　曼　鼻
包围结构	全包围			国　团　园　回　因
	半包围[①]	上三包围		同　冈　问　凤　周
		下三包围		凶　函　画　凼　凷
		左三包围		区　医　匠　匣　巨
		左上包围		房　尾　座　历　病
		左下包围		起　道　题　建　旭
		右上包围		可　司　句　匈　旬
品字结构[②]				品　晶　森　鑫　矗
穿插结构				爽　乖　坐　噩　巫

① 有些教材认为在半包围结构中，还存在一种右下包围结构，包括“头、斗”2 字。但在《现代常用字部件及部件名称规范》和《现代常用独体字规范》中，“头、斗”均视为独体字，不再进行拆分。因此，本书不列出右下包围结构。

② 有的教材将品字结构归入上下结构。

以上是根据一级部件间的位置关系对合体字所做的结构关系分类。在现代汉字中，合体字的结构关系以左右结构、上下结构两种为最多。此外，穿插结构的穿插方式多样，难以用统一图示表示，现代汉字中仅有少数合体字属于穿插结构。

实际上，上表所概括出的几种结构类型同时也适用于说明各级更小部件之间的结构关系。在部件组配汉字的过程中，这些结构关系按照部件的组合层次而逐级嵌套。例如，“煦（xù）”字一级部件“昫、灬”间的组合是上下结构，二级部件“日、句”间的组合是左右结构，三级部件“勹、口”间的组合是右上包围结构。

上一节提到，汉字部件的种类是有限的，这里我们进一步看到，部件间的结构类型更是只有少数几种。而通过有限的部件和有限的结构类型就可以生成数量巨大的合体字，这是汉字的有限结构规则和强大生成能力的综合体现。因此，部件及其结构类型在学习汉字时有着以简驭繁的作用。①

部件间的结构关系在合体字的结构中起着重要的作用。除了部件本身外，部件间结构关系的不同，也会在不同的汉字之间形成区别性。② 例如，以下各组合体字的组成部件是相同的，但由于部件间结构关系的不同或相对位置的不同而成为形、音、义都不同的字：

叭—只　枷—架　呗—员　景—晾　旮—旯—旭

陪—部　含—吟　杏—呆　吞—吴　加—另—叻（lè）

另外，部件在参与组合时，有时会发生一定的变形。在特定的汉字中，部件的宽窄、长短一般会因所在位置的要求而有所伸缩。例如，“女”处在左右结构的“好、妈”等字中时形体变得较窄，而处在上下结构的“要、安”等字中时形体会被压扁；“是、走、九”等部件处在左下包围结构的“题、起、旭”等字中时，整体会变窄，同时末笔延长，以托起右上方被包围的部件。整字结构的协调、匀称是部件及其笔画变形的基本要求，这是整体对部分起着制约作用的一种体现。

---

① 需要说明的是，如前所述，部件分析法是将层次分析法应用于汉字结构分析的方法，因此利用部件分析法学习汉字，并不意味着每次都要分析到最小部件甚至笔画，而应根据需要来确定部件分析的层次。

② 历史上有些合体字，同样的部件构成不同的结构关系时不区别意义，可以互相替代，即互为异体字，如“够—夠、峰—峯、鹅—鵞—鵝—䳘”。但这些异体字有的在历史发展中被淘汰了，有的在异体字整理过程中被淘汰了（详见第九章），所以现行规范汉字中已经没有可以随意改变结构关系的字了。

第三节　部件的名称

在学习与研究中，应用部件分析法拆分汉字时，常常需要给拆分出的部件一个名称，以便于称说和使用。

如何称说部件与部件能否独立成字有关。能独立成字的部件称为**成字部件**，如“对”中的“又、寸”、“好”中的“女、子”、“庆”中的“广、大”、“分”中的“八、刀”、“胡”中的“古、月”和“十、口”等。有些部件在合体字中的形体会与独立成字时的形体有微小的差别，如“理、玩、球”中的“王”与独立成字时的“王”、“特、物、牧”中的“牜”与独立成字时的“牛”、“烧、烤、炸”中的“火”与独立成字时的“火”，末笔都有不同（详见下一章），这种情况下这些部件仍然视为成字部件。

不能独立成字的部件称为**非成字部件**，如“温”中的“氵、昷”、“安”中的“宀”、“匠”中的“匚”、“者”中的“耂”、“病”中的“疒”、“道”中的“辶”等。注意，是否能独立成字是以现代通用汉字为准的，有一些非成字部件在古代也可以独立成字，如“宀（mián）、匚（fāng）、疒（nè）”，但这些字现在不再单用，因此仍属于非成字部件。

与非成字部件相比，成字部件比较容易称说，一般可以直接用该部件独立成字时的读音作为部件的名称，如“对”的两个部件分别称为“又（yòu）”和“寸（cùn）”。有些部件独立所成的字是多音字，则用它常见的一个读音称说，如部件“大”称为dà，不称为dài。

这里列出《现代常用字部件及部件名称规范》中311个常用成字部件（按音序排列）：

凹	八	巴	白	百	办	半	卑	贝	本	匕	必	丙	秉	卜
不	才	册	叉	产	长	厂	车	臣	辰	承	尺	斥	赤	虫
丑	出	川	串	垂	匆	囱	寸	大	歹	丹	单	刀	弟	电
刁	丁	鼎	东	兜	斗	豆	儿	而	耳	二	发	凡	方	飞
非	丰	风	夫	弗	甫	父	丐	干	甘	高	戈	革	个	更
工	弓	谷	瓜	广	龟	鬼	果	亥	禾	黑	后	乎	互	户
黄	火	击	及	几	己	夹	甲	兼	柬	见	角	巾	斤	今
金	京	井	九	久	韭	臼	巨	具	卡	开	口	来	老	乐
里	力	立	吏	丽	隶	两	了	六	龙	卤	鹿	卵	仑	马

毛 矛 卯 么 门 米 免 面 民 皿 末 母 木 目 乃
南 内 年 鸟 牛 农 女 乓 皮 片 乒 平 七 妻 其
气 千 欠 且 丘 求 曲 去 犬 冉 人 壬 刃 日 肉
入 三 伞 色 山 上 勺 少 舌 申 身 升 生 尸 失
十 石 食 史 矢 士 氏 示 世 事 手 首 书 鼠 术
柬 甩 水 司 丝 巳 四 肃 太 天 田 头 凸 土 屯
瓦 丸 万 亡 王 卫 为 未 文 我 乌 无 五 午 勿
戊 夕 西 习 下 乡 向 象 小 心 辛 戌 穴 血 熏
丫 牙 亚 严 言 央 羊 夭 也 业 页 一 衣 夷 乙
已 义 亦 庸 永 用 尤 由 酉 又 于 鱼 与 予 雨
禹 玉 曰 月 云 再 乍 丈 爪 兆 争 正 之 直 止
至 中 重 舟 州 朱 竹 主 专 子 自

非成字部件一般用习惯名称称说。也有少数成字部件，由于单独所成的字较为生僻，人们有时也将它们看作非成字部件，给予习惯名称。例如，“彳（chì）”称为“双人旁”，“弋（yì）”称为“式字框”等。

以下列出一些教学中常用部件的习惯名称［一般不包含上列成字部件；若成字部件构字时局部笔画在形体上有较大变化，则列入变化了的部件形体，如“钅（金）、礻（示）、衤（衣）、⺮（竹）”等］。①

表 4-2　常用部件的习惯名称

部件	名称	例字
2 画		
匚	区字框（三框儿）	区匠医
⺊	上字头	占卢桌
刂	立刀旁	到利刺
冂（⺆）	同字框	同冈周
亻	单人旁（单立人）	你他位

① 《现代常用字部件及部件名称规范》对非成字部件分别规定了名称。但本书从教学实际的需要出发，给出的是这些部件习惯上更加常用的名称，故不一定与该规范一致。有的部件的另一个名称在教学中也比较常见，则放在括号中列出。

（续表）

部件	名称	例字
2画		
𠂆	反字框	反后派
⺈	危字头（刀字头）	危免负
勹	包字头	包句匈
几	风字框	凤凰佩
亠	六字头	亢亩夜
冫	两点水	凉冷净
丷	兰字头	兰兑尊
冖	秃宝盖	写军冤
讠	言字旁	话语论
凵	凶字框	凶画离
卩	单耳旁	却即印
阝（在左）	左耳旁	阳阴除
阝（在右）	右耳旁	都郭郑
厶	私字儿	私台矣
廴	建之旁	建廷延
3画		
艹	草字头	花草英
扌	提手旁	提拉拼
廾	弄字底	弄弃异
尢	尤字身（尴字框）	尴尬
兀	尧字底	尧虺尯
弋	式字框	式戎贰
囗	大口框（方框儿）	国回囚
⺌	光字头	光党尚

（续表）

部件	名称	例字
3画		
彳	双人旁（双立人）	很行往
彡	三撇儿	形彩须
犭	反犬旁	猫狗猪
夂	折文儿	冬各条
饣	食字旁	饭饼馆
丬	将字旁	将壮状
忄	竖心旁	情忆怀
宀	宝盖头	宝安室
氵	三点水	江河湖
辶	走之旁	近道边
彐	录字头	录绿氯
彐	寻字头	雪寻归
幺	幼字旁	幼幻畿
纟	绞丝旁	红绿组
巛	三拐儿	巡巢甾
4画		
龶	青字头	青表毒
耂	老字头	老考者
⺗	竖心底	恭忝慕
攵	反文旁	攻放牧
爫	爪字头（采字头）	采受爱
灬	四点底	煮杰照
礻	示字旁	视神祖

（续表）

部件	名称	例字
5画		
耂	春字头	春泰奉
罒	四字头（罗字头）	罗罪罢
钅	金字旁	铁铜钢
疒	病字框	病症瘦
衤	衣字旁	初裤被
癶	登字头	登癸凳
6画		
覀	西字头	要贾票
虍	虎字头	虚虏虑
⺮	竹字头	箱笔第
𦍌	撇尾羊	差羞着
䒑	羊字头	美盖羔
龹	卷字头	卷眷券
聿	建字里	建律肆
艮	垦字头	垦恳退
7画		
𧾷	足字旁	跑跳路
釆	番字头	悉釉释
豸	豹字旁	豹貌豺
8画		
𠦝	朝字旁	朝韩乾
隹	隹（zhuī）字旁	雄谁集

第四节　部件的类型

上一章中提到，以“六书”（实为“五书”，基本上是前“四书”）为代表的汉字构造理据在现代汉字中仍有体现。有些象形字、指事字仍有提示字义的功能，会意字的形体含有两个或多个有表意功能的成分，形声字则同时含有表意成分和表音成分。这些具有表意或表音功能的成分往往与部件相对应。当然，也有一些部件既不表音也不表意。

一、表意部件和表音部件

从部件的理据出发，可以按表意、表音功能对部件的类型进行划分。

具有提示整字意义功能的部件称为**表意部件**。表意部件包括两种情况。有些独体的象形字或指事字，它们的形体仍然保留着“以形表意”的特点，字形可以直观地提示字义，如“伞、田、一、二、三、凹、凸、上、下”。有的虽然不能直接提示字义，但联系相应的古文字形体，仍然可以看出“以形表意”的特点，如“日、月、人、木、本、末”。这些独体字自身都属于表意部件。

另有一些部件在合体字（一般是会意字或形声字）中以其独立成字时的意义提示整字的意义，即“以义表意”，这些部件也属于表意部件。例如，“休”中的“亻、木”、“钢”中的“钅”、“河”中的“氵”、“花”中的“艹”、“房”中的“户”等。

具有提示整字读音功能的部件称为**表音部件**，如“清”中的“青”、“花”中的“化”、“裹”中的“果”等。现在可以比较准确地表音的形声字声旁都属于表音部件。

个别情况下，按构造理据分析得到的表意成分或表音成分，与按字形结构分析得到的部件存在着不一致的情况。如“旗”的义符“㫃（yǎn）”、“腐”的音符“府”在现代汉字字形中是跨层次的，无法对应作为结构单位的部件，因此从现代汉字的角度来看，它们不属于表意部件或表音部件。

二、符号部件

除表音部件、表意部件外，现代汉字中还有一类部件，与整字的字音、字义都没有联系，此类部件称为**符号部件**，也称**记号**。符号部件没有理据性，它们所起的作用仅是在不同的汉字间构成区别。例如，“鸡”中的“又”，和“鸡”字的字音、字义都无关，在现代汉字的字形系统中仅起着使“鸡”字和“鸭、鹅、鸦、鸣”等字相区别的作用。

符号部件一般是在汉字的历史演变中出现的。例如，在隶变中，有些原本有表音或表意功能的部件变得无法直观识别，致使汉字失去了原有理据。同时，汉字的简化也导致了某些汉字部件理据性的丧失，符号部件因此而产生。例如：

香，原为从黍从甘的会意字“”，隶变后“黍、甘”分别讹变为符号部件“禾、日”。

急，原为从心及声的形声字“”，隶变后“及”讹变为符号部件“刍”。

头，繁体字为从页豆声的形声字“頭”，简化后变为单一符号部件“头”。

历，繁体字为从止厤（lì）声的形声字“歷”，简化后原声旁的一部分“秝”和形旁“止”一同被新的表音部件“力”代替，声旁剩余部分“厂”成为符号部件。

有的部件虽然在造字时期具有表意或表音作用，但由于用字中的假借现象或字音、字义的发展，现在已经完全无法提示整字的字音或字义了，这类部件也可以视同符号部件。如“我”字本身、“球”中的“王”、“地”中的“也”、“特”中的“牛、寺”等。

三、部件组合的类型

根据表意部件、表音部件、符号部件的独立成字或组合构字情况，可以将现代汉字的构字法归纳为以下 7 种类型：

①独体表意：人　口　山　一　凹
②独体符号：我　方　年　及　事
③表意 + 表意：明　涉　歪　灭　囚
④表意 + 表音：妈　湖　箱　房　护
⑤表意 + 符号：春　栗　执　鸡　爷
⑥表音 + 符号：笨　雅　历　华　胜
⑦符号 + 符号：要　音　前　这　难

一个部件属于何种部件类型，是在它与所属整字的关系中确定的，因此同一个部件构成不同的汉字时可能有不同的身份。例如，“口”在“吃”中是表意部件，在“扣”中是表音部件，而在“员”中是符号部件。也有一些部件的功能相对固定，如“亻、扌、氵、艹、灬、辶”等非成字部件一般充当表意部件。这很好地说明，一方面，整体和部分之间的关系丰富而复杂；另一方面，整体对部分具有约束限制作用，部分只有在整体结构关系中才能确定其功能和价值。

第五节　偏旁和部首

偏旁和部首是中国传统文字学对汉字的构造进行分析时使用的两个重要概念，它们与现代汉字学使用的部件分析法有着密切的联系。

所谓**偏旁**，是指构成合体字的直接构字单位。在古代，“偏旁”最初是对左右结构的汉字而言的，将左侧部分称为“偏”，右侧部分称为“旁”。现在则将合体字的左右、上下或内外的组成成分均称为偏旁。分析合体字的偏旁时，只用二分法的方式对整字进行拆分，不再继续拆分为更小的部件。例如，“照”的偏旁是“昭”和“灬”，“昭”不再继续拆分为“日、召”等部件；“湖”的偏旁是“氵”和“胡”，“胡”不再继续拆分为“古、月”等部件。也就是说，偏旁相当于部件分析法中由大到小所拆分出来的第一层部件。

在楷书汉字中，合体字占了绝大多数，其中又主要是会意字和形声字，一般情况下对它们的形体进行二分所得到的偏旁就是表意部件或表音部件（有时也会是符号部件）。偏旁不仅是字形层面的结构单位，还与整字的字音、字义存在联系，具有构字法和造字法的双重意义，是集中体现汉字形、音、义关联的一级重要的单位。因此，中国传统的汉字教学特别重视偏旁的分析。

部首是汉字偏旁中具有字形归类作用的一部分，是字典编排、查检中的重要概念。自古以来，在编排字典时，为了对数量繁多的汉字进行归类以便查检，编写者会选取一部分可以成批构字的偏旁作为类目，将含有同一偏旁的字归为一类。这些用作类目的偏旁就是部首，如“亻、阝、讠、艹、广、土、日、月、礻、皿”等部件都是部首。

部首的本义是“各部之首字”，这一概念源于东汉许慎的《说文解字》一书。该书的编排以字形为序，通过对造字法的分析，将9353个篆书汉字归纳为540部，同一部中的字含有同样的表意部件，它们的意义也存在联系。而在该书所分析的篆书系统中，这些表意部件基本都可以单独成字，在编写时，就将表意部件单独构成的字作为该部的第一个字，具有统摄整部的作用，因此称为“部首”。如“松、梅、李、案”等字，字形均含有表意部件“木”，因此均归入“木”部，“木”就是该部的部首。这样确定的部首就是文字学原则的部首。此后的古代字典在确定部首时，仍然大体沿用《说文解字》的原则，从构造理据出发确定。如清代的《康熙字典》分为 214 部，由于该书收录的是楷书字形，所以将“手”和“扌”、“水”和“氵”等隶变后发生分化的同源部件也归入同一部。但同时为了便于查检，《康熙字典》对部首的确定原则也进行了一定的调整，如《说文解字》中归入“男”部的“舅、甥”二字在《康熙字典》中分别归入“臼”部和“生”部，这一部首确定原则，已经不完全遵循文字学原则了。

显然，文字学原则的部首需要依靠文字学的专业知识来确定，不利于一般人据此查检字典。因此，现代的字典大多改用检字法原则的部首，即以字形本身为依据确定部首，将“手”和“扌”等现在形体看不出联系的同源部件视为不同的部首，“足”和“⻊”等形体差别较小的部件仍然视为同样的部首。在此原则下，一个字的部首不一定是该字中的表意部件。例如，“华、古”中的“十”均为符号部件，但为了检索的方便，也将“十”确定为这两个字的部首。有时，也允许同一个字归入多个部首。例如，“颖”和“腾”本是从禾顷声和从马朕声的形声字，在《现代汉语词典》（第 7 版）中，它们由字形本身出发，分别归入“页”部和“月”部，在从构形理据出发确定的部首“禾”部和“马”部中也能查到。而对于一些难以确定部首的汉字，为了字典查检的方便，也有特殊的处理办法，详见本书第十章。

与偏旁相比，部首的范围较窄。一般情况下，部首都是偏旁，但并非所有的偏旁都是部首。在典型的形声字中，充当部首的一般是形旁。如在“他、花、围”三个字中，“亻、也、艹、化、囗、韦”都是偏旁，但只有“亻、艹、囗”是部首。

部首中既包含非成字部件，也包含成字部件。对于非成字部件（或单独所成字罕用的成字部件）充当的部首，可以用上文表 3-1 中它们作为部件时的习惯名称称说；而对于成字部件，做部首时，在左侧或右侧的称为“某字旁”，在上方的称为“某字头”，在下方的称为“某字底”。例如，“眼、晨、想”的部首分别是“目字旁、日字头、心字底”。有的成字部件，作为部首可以出现在不同位置，此时需要按照所在的位置给以不同的称呼。如“杨、柳”中的“木”称为“木字旁”，“李、查”中的“木”称为“木字头”，“案、梨”中的“木”称为“木字底”。

虽然目前所使用的汉字部首服务于字典的查检，主要是以字形为标准确立的，已经不能完全反映汉字的构造理据，但在现代汉字系统中，部首仍然反映了构字能力较强的一部分表意部件。由同一个部首可以构造出一系列形声字和会意字，这些字在意义上大多与部首仍然存在联系。因此，掌握部首的表意功能对“据形索义”有着很大的帮助。

这里将常见的表意功能较为明显的部首列表如下，按笔画顺序排列，并将同一来源的不同部首排列在一起合并说明其构意理据。

表 4-3　常见部首字源、构意理据表

部首	字源	构意理据	例字
厂	古字“厂”（hàn，山崖）	与山石有关。	原厚
	异体字整理中由“广”变来	与房屋有关。	厕厨厦厢
匚	古字“匚”（fāng，器皿）	盛物的容器，或借指相关的人。	匣匠匡匝
	古字“匚”（xì，掩藏）	与掩藏有关。	区匿
刂	“刀”充当右偏旁时的变体	与刀相关的工具或动作。	剑利刺划
刀	“刀”		剪分切劈
亻	“人”充当左偏旁时的变体	与人有关。	你仕仁伐
冫	“冰”充当左偏旁时的变体	与冰、冷有关。	冷冻冰凝
	异体字整理中由“氵”变来	与水有关。	冲净决
冖	“幂”的古字	与蒙覆、遮盖有关。	冠冤幂冥
讠	“言”充当左偏旁时的简化形式	与语言有关。	语说计诗
言	“言”		誓警誉譬
阝（在左）	“阜”充当左偏旁时的变体	与山有关。	阴阳阶隘
阝（在右）	“邑”充当左偏旁时的变体	与城邑、国家有关，现常用于地名和姓氏。	都邦郭郑
力	“力”	与力量有关。	劝劲励助
又	古字“手”的变体	与手有关。	取受双
廴	“引”的古字	与动作的进行有关。	建延
土	“土”	与土地、建筑有关。	地场城墙

（续表）

部首	字源	构意理据	例字
艹	“艸”（“草”的古字）	与植物有关。	花草莲苹
廾	古字“廾”（gǒng，指双手）	与动作有关。	戒弄弃弈
扌	“手”充当左偏旁时的变体	与手或手部动作有关。	提拉推打
手	“手”		掰拜拿掌
口	“口”	与口部及口部动作、语言有关。	嘴吃吩叹
		用于拟声词、叹词、语气词。	咚啊吗吧
		用于外来音译词。	咖啡啤吨
囗	“围”的古字，像包围形	与疆界、围起来的区域等有关。	国圈围园
巾	“巾”	与巾、布制品等有关。	帽帐帆帜
山	“山”	与山峰有关。	峰岭岚崖
彳	“彳”（chì，小步行走）	与行走有关。	行征街往
犭	“犬”充当左偏旁时的变体	与动物有关。	狗狼狠狂
饣	“食”充当左偏旁时的简化形式	与饮食有关。	饮饭饼饿
广	古字“广”（yǎn，房屋）	与房屋、建筑有关。	库庙店庭
门	“门”	与门户、建筑有关。	闭间阁闯
	“鬥”（“斗”的繁体）的简化形式①	与争斗有关。	闹阋
氵	“水”充当左偏旁时的变体	与水有关。	河深清游
忄	“心”充当左偏旁时的变体	与心理活动、状态有关。	忆惜忧怕
⺗	“心”充当下方偏旁时的变体		恭慕忝
心	“心”		忘思急念
宀	古字“宀”（mián，像房屋形）	与房屋有关。	家宫宿宽

① “鬥”字单独成字时简化为“斗”，内部有部件时简化为“门”。

（续表）

部首	字源	构意理据	例字
辶	“辵”（chuò）充当左下偏旁时的变体	与行走有关。	进达返迎
尸	“尸”（古文像人形）	与身体有关。	尾展尿屈
		与建筑有关。	屏屋层屉
弓	“弓”	与射箭有关。	张引强弱
女	“女”	与女性有关。	妈妇姐妙
子	“子”	与子女有关。	孩孙孤孺
纟	“糸”（mì，细丝）充当左偏旁时的简化形式	与丝线、纺织有关，也包括部分颜色词。	线织结红
马	“马”	与马类、牲畜、驾驶、行动有关。	驹驴驶驻
王	“玉”充当左偏旁时的变体	与玉、珍宝有关。	珍珠瑞珊
木	“木”	与树木有关。	松柳杨李
歹	“歺”（è，剔解后的残骨）充当左偏旁时的变体	与死亡有关。	死殃殊残
车	“车”	与车辆、行动有关。	轮转轴辆
戈	“戈”	与兵器、战争有关。	戎战戳戮
瓦	“瓦”	与陶制器具有关。	瓶瓷瓮
止	“止”（古时指脚）	与行动有关。	步歧武
日	“日”	与太阳及其引申意义（光亮、时间）有关。	晴明时昨
贝	“贝”	与财物、交易有关，因古时以贝壳为货币。	购财货贸
见	“见”	与视觉有关。	观览觉规
牛	“牛”	与牛、动物有关。	牧物牲犊
毛	“毛”	与毛或毛制品有关。	毯毡毽氆
气	“气”	与空气、气体有关。	氛氤氢氧

（续表）

部首	字源	构意理据	例字
攵	“攴”（pū，击）的变体	本指鞭打，引申为多种动作。	放收改教
父	“父”	与父亲、亲属有关。	爸爹爷
月	“月”	与月亮、时间有关。	期朗朔朦
	“肉”充当左偏旁时的变体	与身体部位有关。	肚胳腿胸
火	“火”	与火、热有关。	烟烤烧灯
灬	“火”充当下方偏旁时的变体		烈热煎熟
礻	“示”充当左偏旁时的变体	与神明、宗教有关。	祈礼神祝
示	“示”（指神）		禁祭祟
石	“石”	与石器、矿物有关。	砖矿碰碗
目	“目”	与眼睛有关。	眼睁看睡
田	“田”	与田地有关。	界毗畔畦
罒	“网”充当上方偏旁时的变体	与网状物有关，引申为与法律有关。	罗罩罪罚
皿	“皿”	与器皿有关。	盏盅盆盂
钅	“金”充当左偏旁时的简化形式	与金属有关。	铜铁钢锅
禾	“禾”	与农作物有关。	种稻稼秧
鸟	“鸟”	与鸟类有关。	鸡鸭鹅鸽
疒	古字“疒”（nè，疾病）	与疾病有关。	病疼痛瘦
穴	“穴”	与空间有关。	空牢穿窖
衤	“衣”充当左偏旁时的变体	与服饰有关。	裤衫裙被
衣	“衣”		裳装裹袭
耳	“耳”	与耳朵、听觉有关。	聪聋聊聆
页	“页”（xié，指头）	与头部有关。	顶颈领颊
虫	“虫”	与虫类等动物有关。	蚁虾蝶蜂
⺮	“竹”充当上方偏旁时的变体	与竹、竹制品有关。	箱竿笼管

（续表）

部首	字源	构意理据	例字
舟	“舟”	与船舶、航行有关。	船航舵舰
米	“米”	与粮食有关。	粮料精籽
走	“走”	与行动有关。	起超越赶
酉	“酉”	与酒类或其他酿造品有关。	酿醉醋醇
𧾷	“足”充当左偏旁时的变体	与脚部活动、行走有关。	跑跨路踢
身	“身”	与身体有关。	躯躲躺躬
豸	“豸”（zhì，一种兽）	与兽类有关。	豹豺貂貉
⻗	“雨”充当上方偏旁时的变体	与天象有关。	雪霜雷震
齿	“齿”	与牙齿及其引申义有关。	龈龋龄龃
隹	“隹”（zhuī，短尾鸟）	与鸟类有关。	雀雕雌雄
鱼	“鱼”	与鱼类有关。	鳄鲍鲤鲸
革	“革”	与皮革制品有关。	靴靶鞋鞍
骨	“骨”	与骨头有关。	骼髓髌骷
鬼	“鬼”	与鬼怪有关。	魂魄魁魅
髟	古字“髟”（biāo，毛发垂披）	与毛发有关。	鬓髻鬈髦
鹿	“鹿”	与鹿类动物有关。	麋麈麒麟
黑	“黑”	与黑色、黑暗有关。	黯黝墨黛
鼠	“鼠”	与鼠类有关。	鼹鼢鼪鼬

【思考与练习四】

一、什么是部件？部件拆分的基本原则有哪些？

二、请将下列汉字逐层进行部件拆分。

盟　混　崮　酵　嗯

三、请分别指出下列汉字是独体字还是合体字。若是合体字，请指出结构类型。

川　引　囚　田　反　斤　串　患　爽　森　衷

四、汉字的部件可以从哪些角度进行划分？从这些角度分别可以将部件划分为哪些类别？

五、下列合体字都含有部件“文”，请按“文”的功能为它们归类。

斐 雯 刘 蚊 斓 这

“文”充当表意部件：

“文”充当表音部件：

“文”充当符号部件：

六、按照构字法为下列汉字归类。

不 木 鸡 鸣 运 动 球 珠 物 特 票 飘

独体表意：

独体符号：

表意 + 表意：

表意 + 表音：

表意 + 符号：

表音 + 符号：

符号 + 符号：

七、按照构字法划分的“表意 + 表意”和“表意 + 表音”两种类型的汉字，分别和上一章所讲述的会意字、形声字有哪些联系和区别？

八、分别写出下列汉字的偏旁和部首。

楼 花 问 麻 褪 树 渐

九、写出下列名称对应的部首，并各写出三个含该部首的汉字。

提手旁 两点水 三点水 走之旁

示字旁 衣字旁 反文旁 四字头

第五章 汉字的笔画

上一章介绍了汉字的部件，而部件之下还存在着更小的一级单位，即笔画。笔画是汉字最基础的组成单位，汉字的笔画系统有很强的规律性。写好笔画是写好汉字的基础。

第一节　笔画的形体和数目

一、笔画的形体

（一）笔画和笔形

书写汉字时，除了有限的几个单笔画字（即“一、乙、〇”）外，其他汉字都不是一笔写成的，而是经过多次落笔与起笔后写出的不同线条相互组合而构成的。在每一次落笔与起笔之间，书写工具都会在书写材料上留下直线、折线或曲线形的痕迹，这就是笔画。例如，“工”字含有“一、丨、一”三个笔画，“木”字含有“一、丨、㇒、㇏”四个笔画。

部件是由笔画组成的，因此笔画一般小于部件。但有时单笔画在整字的结构中也起着部件的作用，此时笔画就等于部件，如“旦”中的“一”、“礼”中的“乚”、“幻”中的“𠃌”。特别地，“一、乙、〇”三个由单一笔画构成的汉字，笔画等于部件，也等于整字。

不难发现，根据上述定义，任何一种书于纸面的文字都必然存在着“笔画”。“笔画”的概念在汉字中尤为重要，这是因为汉字发展到楷书阶段后，庞大的汉字系统中笔画的形体呈现出了极强的规律性，可以归纳为一系列固定的形状。**笔形**就是笔画的具体形状。

在楷书汉字中，笔形可以分为基本笔形和复合笔形两种。**基本笔形**是线条不包含转折的笔形，书写时只需向一个方向运笔，如“术”中的“一、丨、丿、㇏、丶”。基本笔形是汉字笔形系统的基础。

汉字的基本笔形包括横、竖、撇、捺、点、提六类。

横（一）是由左至右的线条，书写时大致沿水平方向运笔，并略微向右上抬起。

竖（丨）是由上至下的线条，书写时大致沿垂直方向直行运笔。

撇（丿）是由右上至左下的斜向线条。写撇时，运笔应先重后轻，末端快速提起（“撇”的本义就是“甩开”）。

为使字形匀称美观，在不同的汉字中、在不同的位置上，撇的倾斜程度会有所变化。除常规的撇（斜撇，如“人、八”的首笔）外，撇还有两种变体：平撇和竖撇。平撇走向平缓，常出现在部件的正上方，如“千、后、爱”的首笔。竖撇呈竖直形，常出现在部件的左侧，如“川、开、厂”中左侧的撇。

捺（㇏）是由左上至右下的斜向线条，近末端略有波折。写捺时，运笔应先轻后重，逐渐用力按下（“捺”的本义就是“按压”）。

与撇相似，捺的倾斜程度在不同的汉字中、在不同的位置上也存在变化。除常规的捺（斜捺，如“木、大”的最后一笔）外，还存在一种变体，即平捺。平捺走向平缓，主要出现于左下包围结构的汉字下方，如“这、建、处、题”等字中下方托起被包围部件的捺。

点（丶）是较短的斜向笔画。写点时应迅速顿笔，笔画整体呈水滴形，区别于捺或撇，但不能写成小圆点。

点主要有两种书写形式：由左上向右下书写的点称为右点，如“太”字下方的点、“主”字上方的点；由右上向左下书写的点称为左点，如“必”字左侧的点、“写”字左上角的点。

有些汉字中的点画是由成字部件中的捺画在整字中因与其他部件配合调整而来的，如“从、双、杉、精、知、颇”中左侧“人、又、木、米、矢、皮”的最后一笔。

提（㇀）也称“挑”，是由左至右、同时略微向上提起的较短线条。写提时应快速挑起，书写方向与撇相反。

提常出现于合体字左侧部件的末笔，如“打、红、汉”左下部的提笔。有些汉字中的提画则是由成字部件中的横画在整字中因与其他部件配合调整而来的，如“埋、玻、转、孔、驭、鱿”中左侧“土、王、车、子、马、鱼”的最后一笔。另外，“足”处于左右结构的字的左侧时，捺变为提，如“跟、趴、跳”。

复合笔形是线条包含转折的笔形，如“马”中的“㇆、㇉”。书写复合笔形时，需要向两个或两个以上的方向运笔，且需一笔写成，中间不能断开。复合笔形是由两种或两种以上的基本笔形结合折、弯、钩三种笔形构成的。

折是两种基本笔形之间有棱角的转折点，如“㇕、㇜”中的转折点。

弯是圆弧形的线条。笔形弯不独立，或者跟竖结合，形成竖弯（㇄）；或者跟钩结合，构成弯钩（㇁）、斜钩（㇂）、卧钩（㇃）三种笔形。

钩是在笔画末端改变运笔方向并快速提起形成的像钩形的极短线条。钩可以有不同的方向，如“㇖、亅、㇟、㇁、㇂、㇃”。

在通用规范汉字范围内，复合笔形共有 26 种。列举如下：

表 5-1　通用规范汉字复合笔形表①

折数	笔形	名称	例字
1 折	㇕	横折	口国片
	㇇	横撇	又水子
	㇖	横钩	买字学
	㇗	竖折	断山世
	亅	竖钩	小于提
	㇄	竖弯	西酉四
	㇙	竖提	衣铁饭
	㇜	撇折	经公车
	㇛	撇点	女巡巤
	㇁	弯钩	家遂独
	㇂	斜钩	我戈代
	㇃	卧钩	心忘必②

① 本表对笔形的分类和命名以中华人民共和国教育部、国家语言文字工作委员会 2001 年发布的《GB13000.1 字符集汉字折笔规范》为基础，结合教学实际的需要略做调整，删除了只能构成一个日本汉字的“〆”、在现行通用规范汉字中不存在的笔形“㇓”（撇钩），增加了专用于手写体的笔形“㇃”（卧钩）。另外，“亅”（竖钩）传统上归入竖笔，而不是折笔，但由于在字形上也是复合笔形，因此同时列入。

② 注意：这些楷体字中的卧钩（㇃），在宋体字中则是竖弯钩（㇟），即“心、必”。参见下文的说明。

（续表）

折数	笔形	名称	例字
2 折	㇅	横折折	凹
	㇍	横折弯	没船朵
	㇊	横折提	论鸠颓
	㇆	横折钩	门力幻
	⺄	横斜钩	飞风讯
	㇞	竖折折	鼎
	ㄣ	竖折撇	专
	㇟	竖弯钩	儿乱包
3 折	㇎	横折折折	凸
	㇋	横折折撇	及建道
	㇈	横折弯钩	九乙吃
	㇌	横撇弯钩	降邻帮
	㇉	竖折折钩	马鸟弓
4 折	㇡	横折折折钩	乃扔场

复合笔形的种类很多，它们一般都是用基本笔形的名称结合折、弯、钩命名的。只有卧钩和斜钩较为特殊，它们实际上与弯钩一样，均为弯和钩的组合，但其中弯的具体形状又有所不同，所以给以不同的名称以示区别。

注意，“〇”字由一个圆形笔画构成，无法纳入上述汉字的常规笔形系统中。在书写时，不要与阿拉伯数字“0”混淆。

汉字的笔形种类繁多，因此为了满足实际应用的需要，人们对其进行了归并整理。在汉字笔画系统中，横和提、竖和竖钩、捺和点有着紧密的关系，在特定的条件下，这些笔画之间可以作为变体互相转换（详见本章第二节）。因此，传统上常将提归入横，将竖钩归入竖，将捺归入点，并将除竖钩外的各种复合笔形统一归入折，从而将汉字的笔形系统归纳为“横、竖、撇、点、折”(或“横、竖、撇、捺、折”)5种。这种归纳在汉字的本体研究以及字典的排序检索、电子设备的笔画输入法中广泛使用。

以上是基于汉字本体研究所进行的笔形归纳，对于汉语作为第二语言的汉字教学来说，人们还在此基础上做了一些策略性的微调，以有利于汉字初学者对汉字笔画的准确感知。主要是从实际笔形出发，将横和提、竖和竖钩、捺和点分开处理；对于笔形繁杂的折笔，则将其分解为基本笔形的组合，如将横折折撇“㇋”分解后改称为“横撇横撇”，将横折折折钩“㇌”分解后改称为“横撇横竖钩”。在此基础上，将“横、竖、撇、点、捺、提、钩”7 种笔画确定为教学基本笔画。对此，本书第十二章第一节介绍汉字笔画的教学时将做详细说明。

需要注意的是，在现行规范汉字系统中，同一汉字各个笔画的笔形在各种字体风格中一般情况下是一致的，但在个别汉字或部件中也会出现某些笔画的印刷体（宋体）和手写体（楷体）笔形不一致的情况。例如，印刷体中没有卧钩（㇃）这一笔形，手写体（楷体）中的卧钩（㇃），如“心、必”的第二笔，在印刷体中均作竖弯钩（㇟），即写作“心、必”，由它们构成的字都是如此。又如，走之旁“辶”的第二笔，印刷体作横折（如“迈、邈”），手写体作横折折撇（如“迈、邈”）；雨字头“⻗”内部的四笔，印刷体作短横（如“雷、霖”），手写体作点（如“雷、霖”）。这些细微的差异是不同书写工具的特点所导致的。书写汉字时，这一部分细微的笔形差异也是需要留意的，书写应以楷体为准。

（二）笔向和复合笔形的书写规则

每一种笔形在书写时，运笔的方向都是固定的。**笔向**即书写汉字时的笔画走向。六种基本笔形的笔向分别如下：

横（一）：由左往右。

竖（丨）：由上往下。

撇（丿）：由右上往左下。

捺（㇏）：由左上往右下。

提（㇀）：由左下往右上。

点：分为右点和左点，右点（丶）的行笔方向是由上往右下，左点（㇓）的行笔方向是由上往左下。

复合笔形的每一段也都需要符合相应基本笔形的笔向。只有钩变化形式较多，行笔方向是随笔形而走并在末端顺势钩出。

笔向的规则是确定复合笔形起止的重要依据。虽然汉字笔形系统中存在着种类丰富的折笔，很多情况下存在转折的线条可以一笔写出，但由于笔向规则限制，并不是所有端点相接的线条都可以一笔写出，这一点是楷书汉字笔画不同于其他文字系统的特点之一，在学习中需要格外注意。例如，“己”字虽然整字的笔画线条相连，但如果作为折笔一笔写出，则必然使得中间的横笔由右向左运笔，违背了笔向的基本规则，因此必须分为“乛、一、乚”三笔书写。

实际上，在线条相接处笔画是连续还是断开，可以从相接处的形状进行判定。如果线条在左上角或右下角相接，转折处呈“┌”形或“┘”形，则无论从哪一端起笔，必定会有一段向左或向上书写，违反笔向规则，因此需要断开，分为两笔书写。例如，“厂、冖、冂、几、匚、口、又”等部件左上方的折角、“凵、口”等部件右下方的折角均需要断开分写。只有在右上角相接呈“┐”形或在左下角相接呈“└”形的转折处，构成的折笔才能保证各段均符合笔向规则，因此可以一笔写出。例如，“勹、马、冂、几、弓、司、口”等部件的右上角、“匚、凵、亡”等部件的左下角均为连贯的折笔。

至于封闭方框状的部件（如“口、日、四”），则需要先写左侧的竖笔，最后写底部的横笔进行“封口”，因此这些封闭结构的左下角也需要分为两笔。但部件“母、毋、毌（‘贯’的上半部分）”较为特殊，包围框应分为竖折和横折钩 / 横折两笔写成，左下角连写。

二、笔画的数目

在现行规范汉字系统中，由于每个字的字形以及笔画的起止都是确定的，因此每个字都可以计算出确切的笔画数目。例如，“天”有 4 画，“地”有 6 画。

笔画数的计算应以现行的规范字形为准，而不能使用被淘汰的旧字形。[①] 例如，“象”字在旧字形中作“象”，中间一撇断开，全字共 12 画，而新字形中间一撇连接，全字共 11 画。

通用规范汉字中，笔画数最少的字只有 1 画，包括“一、乙、〇”三个字[②]，最多的有 36 画，即“齉（nàng）”字。笔画数过少，会导致组合方式受到限制，难以区别不同的汉字；而笔画数过多，又会使书写繁难。因此，汉字的笔画数呈现出向 9—11 画的中等数目集中的趋势。根据统计，在《通用规范汉字表》所收的 8105 个字中，9 画字有 899 个，数量最多；其次是 10 画字，有 872 个，11 画字有 862 个。

---

① 关于新字形和旧字形，参见本书第九章第三节。

② 《通用规范汉字表》中未单独列出“〇”字，“零”字下注“与表数目的汉字‘一二三四五六七八九’连用时可用‘〇’替代”。

同时，汉字的笔画数与使用频率有着一定的相关性，随着使用频率的增加，笔画数有减少的倾向。这是因为越常用的字在发展过程中简化的需求就越强。

学习汉字时，笔画数的正确计算一定程度上可以反映出对正确字形和笔画断连规则的掌握。例如，知道了"及"字是3画，在书写时便不会将其中的第二笔横折折撇（㇋）错误地断开。另外，在使用部首查字法查字典时，也要用到笔画的数目。只有正确计算笔画数目才能顺利使用字典。

第二节　笔画的组配

一、笔画的组合关系

不同的笔画互相组合时会构成不同的位置关系。笔画间的位置关系可以分为相离、相接和相交三种。

1. **相离**：笔画之间互相分离，没有交叉点。例如：

二　八　川　刁　小　六

2. **相接**：笔画之间互相接触。有两种情况：

两个笔画共用一个端点互相连接。例如：

厂　几　弓　口　己　了

一个笔画的端点位于另一笔画中间。例如：

刀　人　丁　上　匕　工

3. **相交**：笔画之间互相交叉。例如：

七　十　又　丈　力　九

在较复杂的汉字中，不同的笔画之间，这三种位置关系常常是综合运用的。例如，楷体字"主"，上面的一横、下面的一横与竖是相接关系，中间的一横与竖是相交关系，而上方的点与下方的"王"整体是相离关系。

除了笔形的不同外，笔画组合时位置关系的不同也会造成汉字之间的区别。例如，"八、人、入、乂（yì）"同样由撇和捺两个笔画构成，通过以相离、相接（接点的不同）、相交的关系相区别；"田、甲、申、由"同样由相同的笔画组成，中间的竖笔与上方、下方的笔画分别构成相接和相交的不同关系，从而构成字音、字义完全不同的四个汉字。

有时，不同的汉字笔形与笔画位置关系均相同，需要依靠笔画之间相对长短的不同来区别。例如，“土”和“士”、“末”和“未”。

二、部件组合中笔形的变化

上一章曾提到，汉字的部件在互相组配时，为了使整字结构匀称，部件的宽窄、长短常会发生一定的变化。除此之外，在有些部件中，特定的笔画在组合成字时也会发生一些微小的变化。掌握这些书写的变化才能写出布局合理、结构紧凑的合体字。下面列出一些较为常见的笔形变化现象。

1. 横变为提

末笔为横的部件充当左右结构的左侧部件时，横变为提。例如：

王—玩　土—地　马—骑　工—功　子—孩　立—站

2. 竖变为竖钩

部件“木”在个别汉字中充当上下结构的下方部件时，中间的竖变为竖钩。同时，两侧的撇、捺也变为点。例如：

木—亲、杂、条、杀、茶、寨

需要注意的是，这一规则只适用于以上六个汉字和由它们构成的合体字（如“新、涤、刹、搽”），除此之外的其他汉字，“木”充当上下结构的下方部件时，竖、撇、捺的笔形均不发生变化，如“朵、呆、梨、案”。

3. 竖钩变为竖

部件“小、可”充当上下结构的上方部件时，其中的竖钩变为竖。例如：

小—尖　可—哥

这种笔形变化在手写体中一般不作严格要求。

4. 竖、竖钩变为撇

部件“半、辛、羊、手”充当左右结构的左侧部件时，中间的竖或竖钩变为撇。例如：

半—判　辛—辣　羊—翔　手—拜

“羊”和“手”充当半包围结构的上方部件时，中间的竖或竖钩变为撇。例如：

羊—羞　手—看

5. 撇变为竖

部件“月”充当上下结构的下方部件时，左侧的撇变为竖。例如：

月—青、肯、前

6. 捺变为点

末笔为捺的部件充当左右结构的左侧部件时，末笔的捺变为点。例如：

人—从　火—灯　木—杨　禾—和　又—对

米—糖　文—刘　矢—知　皮—颇　水—颍

此外，具有这样的笔形特征的部件被“口、门、辶、戋、几”等部件包围时，末笔的捺也变为点。例如：

人—囚、闪　木—困、闲　大—因、达　文—闵、这

米—迷　反—返　尺—迟　术—述　衣—裁　又—凤

充当上下结构的上方部件时，末笔的捺有时也变为点。例如：

米—类　火—炎　又—桑　大—奇

最后一类情况较为有限，主要用于出现“重捺”（即一个字中出现两个捺笔）的情况，如“类、炎、桑”等字。避开重捺是汉字结构中笔画配合的重要规则。多数情况下，末笔为捺的部件充当上下结构的上方部件时并不发生变化，如“夺、娄、查、全、齐”，因为这些字中没有重捺的情况。另外，“奇”字的上方部件“大”的末笔捺之所以改为点，是因为下方部件“可”的横画比较长，捺缩短为点是避让横画的需要。

7. 横折钩变为横折

部件“羽、甫”充当上下结构的上方部件时，有时横折钩变为横折。例如：

羽—翠、翼、翟

甫—博、膊、搏

这种笔形变化在手写体中一般不作严格要求。

8. 横折弯钩变为横折弯

部件“几”充当上下结构的上方部件时，横折弯钩变为横折弯。例如：

几—朵、躲、没、投、沿、船

这种笔形变化在手写体中一般不作严格要求。

9. 横折弯钩变为横折提

末笔为横折弯钩的部件充当左右结构的左侧部件时，横折弯钩变为横折提。例如：

九—鸠　秃—颓

10. 竖弯钩、竖折变为竖提

末笔为竖弯钩或竖折（也包括倒数第二笔为竖折的“山”）的部件充当左右结构的左侧部件时，竖弯钩或竖折变为竖提。例如：

七—切　屯—顿　光—辉　匕—比　先—赞　亡—氓　山—峰

其中，竖折变为竖提这种笔形变化在手写体中一般不作严格要求，而竖弯钩变为竖提则是强制要求，根本原因乃是其组字时笔画间相互配合、协调的需要。

由此可见，汉字部件组合中某些笔画的变形，主要是出于构字时整字形体协调、美观的要求。这些笔形变化是汉字结构中笔画之间相互配合的根本原则，掌握了这些原则，对哪些笔画在构字时必须变、哪些笔画在手写体中不作严格要求就基本清楚了。同时，这些笔形变化也是汉字形体结构系统性的体现，表面上复杂的规则实际上受大的原则的支配。这跟语音系统中某些音素在组合成音节时受其他音素的影响而发生变化的情况在原理层面是相通的。进一步说，汉字虽然有特殊性，但就人类结构化的认知加工而言，与汉语乃至一般语言有很多本质上的相通之处。

第三节　笔画的顺序

笔画是汉字最小的结构单位，由于书写者每次落笔到起笔之间只能书写一个笔画，因此同一个字中不同笔画的书写顺序必定有先有后。**笔顺**就是书写汉字时所遵循的笔画先后次序和方向。汉字的笔顺是多方面要求共同作用的结果，包括部件组合相互协调、运笔距离尽量缩短、整字结构合理匀称（通过先行笔画为后续笔画起定位作用）等。

1997 年国家语言文字工作委员会、中华人民共和国新闻出版署联合颁布的《现代汉语通用字笔顺规范》规定了 7000 个现代汉语通用字的跟随式笔顺（即一笔接一笔地写出整字）。在继承该笔顺规范的基础上，1999 年国家语言文字工作委员会颁布了《GB13000.1 字符集汉字笔顺规范》(GF3002—1999)，为 GB13000.1 字符集中的 20902 个汉字（包括通用汉字和通用汉字之外的繁体字、异体字、日韩汉字等）规定了笔顺，用序号“12345”分别代表“横竖撇点折”的方式呈现。以上两个文件是目前汉字教学、使用和信息处理所执行的笔顺规范。

一、笔顺的一般规则

一般而言，汉字的笔画都是按照部件的组合层次，大致沿从整字左上方到右下方的顺序依次写出的。由于汉字单一笔画的笔向一般是向右、向下，为了缩短运笔距离，笔画之间的书写顺序同样是向右、向下。具体包含以下规则：

（一）先左后右

对于横向排列的笔画，先写左侧笔画，后写右侧笔画。例如：

儿：丿　儿

川：丿　丿丨　川

州：丶　丿　丷　⺌　⺌　州

（二）先上后下

对于纵向排列的笔画，先写上方笔画，再写下方笔画。例如：

三：一　二　三

亡：丶　亠　亡

之：丶　㇇　之

“先左后右”和“先上后下”保证了笔画间的书写顺序和笔画内的运笔方向及部件组合的方向均相一致，缩短了运笔距离。

（三）先横后竖

横和竖构成相交关系时，一般先写横再写竖。例如：

十：一　十

千：一　二　千

艹：一　十　艹

由于汉字中横笔一般多于竖笔，整字的框架是由横笔确定的，因此“先横后竖”有利于横笔为竖笔确定框架。

但当竖笔在底部横笔处结束，构成相接关系时，应先写竖，再写底部的横。例如：

工：一　丅　工

土：一　十　土

王：一　二　干　王

“先横后竖”的这两种情况合起来就是：终点位置居下的笔画后写。因此，本质上与“先上后下”相一致。

（四）先撇后捺

撇和捺构成相接或相交关系时，一般先写撇后写捺。例如：

人：丿 人

大：一 ナ 大

乂：丿 乂

这在本质上与“先左后右”相一致，因为撇和捺照应出现时，总是撇在左，捺在右。

（五）先中间后两边

一部分汉字或部件需要先写中间的笔画，再依次写左侧和右侧的笔画。例如：

小：亅 小 小

水：亅 才 水 水

业：丨 ‖ 业 业 业

⺌[①]：丨 ⺌ ⺌

办：㇇ 力 办 办

赤：一 十 土 ナ 赤 赤 赤

亦：丶 亠 广 亣 亦 亦

变：丶 亠 亣 亣 亦 亦 亦 变

“先中间后两边”这一规则适用于中间高、两侧低且略呈对称的汉字形体，如上述几例，以及少数合体字中以左中右结构组合的部件，如“燕、率”的中间、“燮”的上部。先写出中间部分，可以使两侧比例匀称。也就是说，中间的笔画在构字或构造部件时具有定位作用，这样的笔顺书写时便于安排两侧笔画的大小和照应关系。而对于“川”等一般的独体字以及“湖、树、谢”等左中右结构的合体字，由于两侧的笔画或部件之间没有对称照应的需要，因此仍然要遵守更一般的“先左后右”规则，按照左中右的顺序书写。这两种书写顺序都能满足汉字结构中形体组配的审美需要。

（六）先外后内

含有包围框且开口朝下的汉字，先写外侧的包围框，再写包围框内的笔画。例如：

---

① 即“光、肖、尚、堂”等字的上部，与中间为点的“兴、学、觉”等字的上部不同。后者按左中右顺序书写。

月：丿　⺆　月　月

风：丿　几　凡　风

问：丶　丨　门　门　问　问

（七）先外后内再封口

对于含有封闭包围框的字，先写包围框的左、上、右侧，再写包围框内部的笔画，最后一笔是包围框下方的一横。例如：

日：丨　𠃍　月　日

四：丨　𠃍　四　四　四

园：丨　𠃍　冂　冃　冋　园　园

（八）其他规则

除了上述几条基本规则外，汉字的笔顺还存在其他一些较为特殊的规则。

1. 当点位于部件的右上方时，该点应作为整个部件的最后一笔。例如，“犬、书、戈、我”。

2. 含有“凵”的字，应先写被包围部分，再写左下方的“𠃊”，最后写右侧的“丨”。如“山、凶、函、画”的笔顺：

山：丨　屮　山

凶：丿　㐅　凶

函：乛　了　了　孑　孑　㞢　函　函

画：一　𠂉　冂　冋　亩　亩　画　画

3. 含有“匚”的字，应先写“匚”上部的横，再写被包围部分，最后写“𠃊”。例如，“区、匡、叵、匠、医、巨、臣”和“颐、熙、姬”等字中的“𦣞”。以“区”和“𦣞”为例，笔顺如下：

区：一　ㄡ　又　区

𦣞：一　丅　丅　丅　丅　丅　𦣞

4. 对于左下包围结构的合体字（或合成部件），分为两种情况：

当外侧为“辶、廴、𠃊（即‘断’的左侧）”时，先写内侧再写外侧。如“达”的笔顺：

达：一　ナ　大　丶大　讠大　达

而当外侧为“辶、廴、𠃊”之外的部件时，如“起、勉、题、爬、毯、魅”中的

“走、免、是、爪、毛、鬼”，则先写外侧再写内侧。如“起”的笔顺：

起：一 十 土 キ 丰 走 走 走 起 起

这是由于“辶、廴、乚”所占空间较小，便于根据剩余空间的大小灵活调整，因此后写，而其他部件所占空间较大，需要先写。

5. 另外，个别部件在合体字中充任偏旁时，笔顺与单独成字时不同。例如，“车、牛”独立成字时，末笔均为竖，但在合体字中作为左侧部件，写作“车、牜”时需以提为末笔（由横变化而来），竖为倒数第二笔。这是因为以提为末笔，可以在写完左侧部件后尽快向右上方运笔，开始写右侧部件。

三、特殊笔顺的汉字

以上的规则只是对汉字笔顺大致的概括。对于具体的汉字，笔顺常会受到多种复杂因素的影响，有时即使字形相近的汉字，笔顺也有所不同。例如，“乃”和“及”的前两笔相近，但“乃”先写横折折折钩再写撇，“及”则相反；“力”和“为”也一样，“力”先写横折钩后写撇，而“为”相反（两个点分别为第一笔和第四笔）。因此，笔顺的一般规则在面对具体汉字时，时常会遇到例外情况，有些字的笔顺在汉语母语者内部也存在分歧。在学习汉字的书写时，每个字的笔顺都需要以规范文本为准。

以下列出一部分较为特殊、难以直接按一般规则确定笔顺的汉字或部件，括号内的数字为笔画数。

七（2）：一 七

匕（2）：丿 匕

万（3）：一 丆 万

义（3）：丶 ㇇ 义

忄（3）：丶 忄 忄

女（3）：𡿨 女 女

瓦（4）：一 𠃋 瓦 瓦

长（4）：丿 𠂉 长 长

火（4）：丶 丷 火 火

为（4）：丶 ㇇ 为 为

心（4）：丶 心 心 心

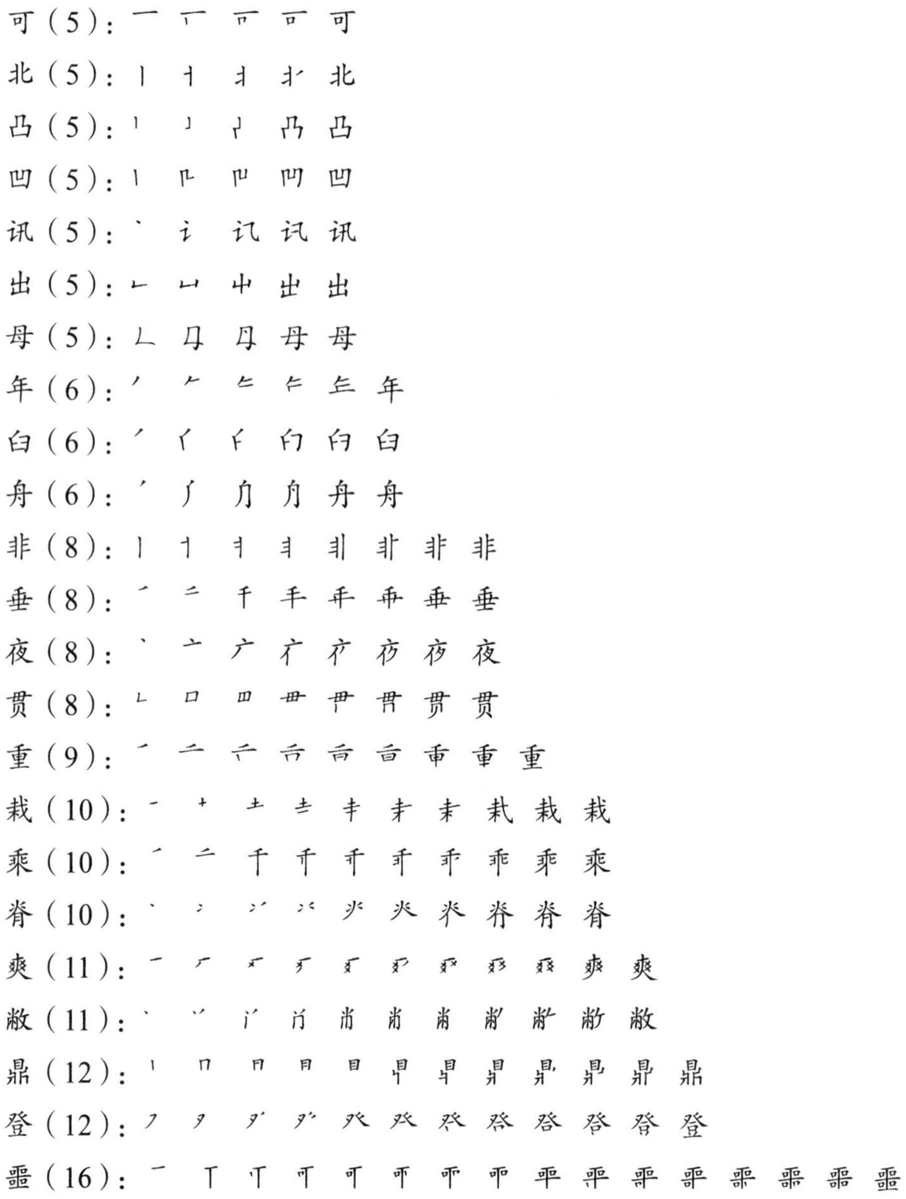

【思考与练习五】

一、什么是笔画？为什么“笔画”的概念在楷书汉字系统中特别重要？

二、写出汉字六种基本笔形的形体和名称。

三、分别写出下列汉字中相应次序的笔画形体和名称。

1.“东”的第 2 画　　2.“四”的第 4 画

3.“必”的第 2 画　　4.“方”的第 3 画

5.“及”的第2画　　6.“飞”的第1画
7.“专”的第3画　　8.“画”的第7画

四、计算出下列汉字的笔画数。

凹　长　出　鼎　哥　弓　卡　美　年　骨

五、指出下列汉字中，各个笔画之间存在哪些组合关系。

州　干　习　女　马　亡　书　义　丰　戈

六、指出在下列合体字中，部件组合时笔画出现的变形。

鸵　条　般　规　削　望　牵　尘　耀　羚

七、举例说明汉字笔顺的基本规则。

八、写出下列汉字的笔顺。

为　臣　西　转　乖　肃　函　贯　悔　燕

九、有人说，按照笔顺规则来写汉字是一种人为的规定，限制了汉字书写的灵活性，而且有的汉字先写哪一笔后写哪一笔并不影响汉字的美学效果，因此没有必要规定汉字的书写笔顺。对这种说法，谈谈你的看法。

第六章
汉字的读音

在第一章中，我们曾提到，汉字是形、音、义的统一体。一方面，汉字与人类使用的任何一种成熟的文字系统一样，都是通过文字形体与语音的关联实现信息传递功能的，因此每一个字形都记录着特定的语音片段；另一方面，汉字又独具特色，作为表意文字或者说语素—音节文字，它的形体与读音关联的方式与表音文字有着很大的不同，而且一部分汉字字形也与意义有直接的关联，这就导致字形、字音、字义间常常存在复杂的关系。因此，在学习和使用汉字的过程中，不仅需要熟悉字形，更重要的是在形、音、义之间建立正确的关联。

在介绍汉字字形的基础上，本章介绍汉字的读音，下一章介绍汉字的意义。

第一节　汉字读音的特点

汉字的读音与形体的关系既有间接相关的一面，也有直接联系的地方，这主要体现在字形对字音的提示方式和作用上。这些因素使得汉字读音呈现出下面几个方面的特点。

一、汉字的形体不直接反映读音

表音文字的字母是直接与读音相关联的，而汉字形体则不直接与具体的读音相关联。

虽然汉字中存在着大量的形声字，声旁具有提示字音的作用，但声旁的表音功能并不系统完备，存在着相当多的例外情况。即使是表音功能较强的声旁，它提示的也只是字音系统中此字与彼字的同音或近音关系，而不是具体的语音形式。这一点，与表音文字将具体读音拼写出来的表音方式完全不同。

形体不直接表示读音是汉字读音最明显的特征。正因为如此，汉字不依赖于特定的语音系统，具有超时空性，可以用同样的汉字形体记录不同时代、不同地域的语言，甚至还可以借用汉字书写日文、韩文中的词语。然而同样也是因为这一点，汉字无法做到见字知音，不便于学习、掌握字音。因此，在汉字本身之外，还需要另外设立一套记音符号系统来标示汉字的读音。历史上曾经使用过直音法、反切法、注音符号等方法来记音①。1958 年，中华人民共和国第一届全国人民大表大会第五次会议批准公布了《汉语拼音方案》。该方案采用国际通用的拉丁字母给汉字注音，使汉字的注音、普通话语音的拼写有了简明科学、便于国际交流的国家法定标准。这个标准也得到了国际社会的认可，汉语拼音也成为了中文罗马字母拼写法的国际标准（ISO7098）。

汉字的超时空性容易造成“字无定音”的现象，不利于语言的规范化，因此“定音”工作是汉字规范化的重要内容。普通话的字音规范一般以北京语音为准，对于北京话口语不使用的文言古语用字和方言用字，则按照古音或方音与北京语音的对应关系确定其普通话读音。例如，文言中指香气的“黁”音 nún、粤方言地名用字“圳”音 zhèn 都是基于古音或方音与北京语音系统的对应关系而审定的字音。一些特殊情况则需要考虑多种因素进行审订（如下文所述的异读字）。

二、每个汉字记录的是一个音节

在第一章中，我们已经提到，汉字作为语素—音节文字，与音节是一对一的关系。一段语音中有多少个音节就用多少个汉字来记录，记录儿化韵尾的“儿”字是唯一的例外。

汉语自古以来就以单音节语素为主，汉字很早就确立了一个字记录一个音节的特点。这一特点使汉语产生了特有的韵律结构，并产生了对联、格律诗等独具美感的文学体裁。

近代以来，曾经出现过一批用于计量单位的多音节汉字，如“呎（yīngchǐ）、吋（yīngcùn）、浬（hǎilǐ）、瓩（qiānwǎ）”等，这些汉字违背了字形与音节的一一

① 直音法用一个同音字给被注字注音，如“诞”注为“音但”，这种方法所受的限制较多，如有的字没有同音字，有的字的同音字全都过于生僻。反切法利用两个字的组合，取前一字的声母和后一字的韵母、声调，拼出被注字的读音，如“康”注为“苦冈切”。注音符号是 1918 年颁行的一套给汉字注音的字母，取自笔画简单的古汉字或部件，如“汉”注为“ㄏㄢ ˋ”。

对应关系，造成了不必要的混乱。1977 年，中国文字改革委员会、国家标准计量局颁布了《关于部分计量单位名称统一用字的通知》，明确废除了此类多音节汉字，如“呎、吋、浬、瓩”分别改为“英尺、英寸、海里、千瓦”。

三、字形和字音间的对应关系比较复杂

汉字作为表意文字，同一个读音对应的字形往往不止一个，不同的语素用不同的字形书写，即同音字，如“力、利、历”等汉字都读作 lì。而同一个字形有时也可以有不止一种读音，包括多音字和异读字两种情况。前者如“行”，在不同的情况下有 xíng 和 háng 两种读音；后者如“酵”，以前有 jiào、xiào 两个可以随意替换的读音。对此，下面做专门说明。

第二节　同音字、多音字和异读字

前面提到，汉字的字形与字音的对应关系是复杂的，往往不是一对一的关系。这种复杂关系主要表现为同音字、多音字和异读字三种情况。

一、同音字

所谓**同音字**，是指语音形式相同（即声母、韵母、声调均完全相同）而字形不同的汉字。例如，读音同为 yī 的字，《现代汉语词典》（第 7 版）收录有如下 22 个：

一　弌　伊　衣　医　依　祎　咿　洢　椅　铱

猗　揖　壹　椅　欹　嫛　漪　毉　噫　繄　黟

汉语中的不同语素一般书写为不同的字形。而普通话语音系统中，区分声调的不同音节数只有 1200 余个，汉语中单音节语素的数量远多于此，因此同音字不可避免。大多数音节都有同音字，只有少数音节所对应的汉字是唯一的，没有同音字。例如，《现代汉语词典》（第 7 版）中“北（běi）、给（gěi）、命（mìng）、森（sēn）”都没有同音字。这种情况在交际中带有偶然性。

同音字的产生有多方面的原因。首先，有些字从创造之始就是同音的。在任何时期，汉语的音节数量都是有限的，不可能给每个语素分别指派一个不同的语音形

式，因此偶然的同音便无法避免。例如，“保”与“宝”从先秦时代的上古汉语开始就是同音字。后来新出现的字，字音也要受现有的语音系统制约，因此也会与既有的汉字构成同音字。例如，近代为翻译英语“beer”所造的“啤”字一开始就与既有的“皮、疲、脾”等字同音。

另外，语素的引申、分化也会造成同音字。例如，“椅”字是由“倚”字分化出来的，由于这种坐具可以倚靠，因此最初写作“倚”，后来专门用“椅”记录；[①]“她”字是由“他”字分化出来的，原本第三人称不论性别均写作“他”，后来专门用“她”表示女性第三人称。这些同音字不仅字音相同，字义也存在联系。

同时，汉语的语音系统在历史上经历了大规模的简化，这种简化使得原本不同音的字也变得同音了。例如，在隋唐时期的汉语语音系统中，“焦”与“骄”声母不同，“兰”与“蓝”韵母不同，“希”与“锡”甚至声、韵、调都不同（现在某些方言中这些字还保留着区别）。经过历史上的语音系统演变，到普通话中这几组字都分别成为同音字了。

虽然同音字在汉语中广泛存在，但由于汉语中最小的独立运用的语法单位是词，而同音字分别组成词后，所形成的词语大多不再同音，再加上具体交际语境的制约，即便存在同音字，大体上也不影响口语交际的顺利进行。例如，“父”与“妇”同音，但普通话中一般说“父亲、妇女”，而很少单用，因此不会造成混淆。当然，有时同音字也会造成交际中的混淆，需要特别处理。例如，“癌”以前读作 yán，与“炎”同音，并组成“癌症—炎症、胃癌—胃炎”等同一领域的同音词。后来“癌”的读音被审定为 ái，就消除了同音混淆的情况。

同音字一般各有不同的意义和用法，不能互相替代，对于确定的读音，需要根据其意义选择正确的字形。如果误用同音字代替了本该用的字，便是写了“别字”。正确使用同音字，需要对字义进行辨析，并掌握该字在组合成词时体现出的语素义。

同音字也有着独特的修辞功能，借助同音字可以实现一语双关。例如，唐代刘禹锡的《竹枝词》中的“东边日出西边雨，道是无晴却有晴”，就是利用了“晴”与“情”的同音关系而实现了双关的修辞效果。一些歇后语也是利用同音字之间的双关关系构成的，如“外甥打灯笼——照旧（舅）、孔夫子搬家——尽是输（书）”。

---

① “椅”另有 yī 的读音，为植物名称（即山桐子），与读 yǐ 的“椅”是同形字。

二、多音字

所谓**多音字**，是指同一个字形对应两个或两个以上字音的字。例如，同一个“行”字，在“行走、通行”中读作 xíng，而在“行业、行列”中读作 háng。现代汉字中，有 10% 左右的字是多音字。

（一）多音字的特点

由于多音字有多个读音，因此只有在具体的词语或句子中才能确定读哪一个。

大多数多音字读不同的音时，表示的意义也不相同。例如，“中”读 zhōng 时指“中间”（如“其中、中间”），读 zhòng 时指“正对上、恰好合上”（如“中奖、打中”）；“看”读 kàn 时有“用眼睛看、看望”等意义，读 kān 时指“看守”或“看管”。这类多音字中，有些字不同的读音对应的是不同的词性。例如，“好”读作 hǎo 时一般用作形容词（如“好人、天气好”），而读作 hào 时一般是动词（如“好读书、好逸恶劳”）；“冠”读作 guān 时用作名词，指“帽子或像帽子的东西”（如“衣冠、怒发冲冠”），读作 guàn 时是动词，指“戴上帽子”及其引申义（如“冠名、沐猴而冠”）。这些多音字，意义、词性的差别较为明显，比较容易区分。

也有些多音字的不同读音表达的意义相近，只有语体风格的差别。例如，“谁”有 shéi 和 shuí 两个读音，意义相同，都是疑问代词，读 shuí 时具有正式色彩，而 shéi 多用于口语交流场景；“血”有 xuè 和 xiě 两个读音，均指“人和高等动物体内循环系统中的液体组织”，读 xuè 时具有正式色彩，如“血液、血气方刚、流血牺牲”，而读 xiě 时具有口语色彩，如“流了点儿血、血糊糊的”；“剥”有 bō 和 bāo 两个读音，均指“去掉外面的皮或壳”，读 bō 时具有书面正式色彩，一般用于合成词，如“剥夺、剥削、生吞活剥”，而读 bāo 时具有口语色彩，一般单用，如“剥皮、剥花生”。这种情况称为“文白异读”，下文中将具体说明。

（二）多音字的来源

汉字在初创时基本上是单音的，在发展过程中经过不同的途径增加读音就产生了多音字。多音字的产生主要有以下几种途径：

1. 来自字义的引申发展

在历史上，字义的引申很常见。在古代汉语中，意义的引申有时会伴有语音形式的改变。在此情况下，如果仍然用同一个汉字来记录，就形成了多音多义字。这是现代汉字中多音字产生的主要途径。例如，“饮”本义为“喝水”，读上声 yǐn[①]；表示使动用法时，变读为去声 yìn，指“把水给……喝”，如“酌而饮寡人”(《礼记·檀弓》)，在现代汉语中专指给牲畜喝水，如“饮马”。又如，“朝”最初指“早晨”，读为 zhāo；后由“早晨”又引申出“早晨臣子拜见君王”，这一引申义变读为 cháo，在此基础上进一步引申出的“朝廷、朝代、朝向”等意义也都读 cháo。由此，本义和引申义成为同形异音关系。这类多音字的不同读音一般是相近的，且各自对应的意义之间也存在着联系。

2. 来自文白异读

文白异读指方言中来历相同、意义相同而由于语体风格不同所产生的一字两读或多读的现象。其中，读书识字所使用的字音称为文读，又叫读书音；平时说话时所使用的字音称为白读，又叫说话音。可见，文读具有书面色彩，白读具有口语色彩。它是包括普通话的基础方言北京话在内的汉语各种方言中常见的一种语音演变现象，有些也存留于普通话交际中。如上面说的“谁、血、剥”这类情况均是文白异读的结果，又如“薄（bó：báo）、给（jǐ：gěi）、嚼（jué：jiáo）、壳（qiào：ké）、色（sè：shǎi）、塞（sè：sāi）、熟（shú：shóu）、削（xuē：xiāo）、爪（zhǎo：zhuǎ）”等，每字前一个读音是文读，后一个是白读。

3. 来自专有名词中保留的特殊读音

有些字在历史传承下来的人名、地名等专有名词中保留了特殊读音，和一般用法的读音不同。例如，“厦”字，一般用法读 shà（如“大厦”），但在福建地名“厦门”中读 xià；“单”字，一般用法读 dān，用作地名、姓氏时读 shàn（如“单县、单田芳”），在“单于”(汉代匈奴君主的称呼）一词中读 chán。

4. 来自汉字简化

在汉字的简化过程中使用的兼并代替和不同繁体字的统一简化等方法，均会造成同一个简化字对应多个繁体字的现象（详见第九章第一节）。如果这些繁体字原本是不同音的，相应的简化字就成了多音字。例如，“几”原本只有 jī 一个读音，用于“茶几、几乎”等，汉字简化后“几”兼并了近音的“幾（jǐ）”，就成了多音字；“髒（zāng）”与“臟（zàng）”原本是两个不同的字，统一简化为“脏”后，“脏”也成了多音字。

---

① 严格地说，应为“当时汉语语音系统中相当于普通话 yǐn 的读音”。为集中说明问题，文中权且采用这一简单的说法。本段所列出的其他汉语拼音也宜作此理解。

5. 来自同形字

汉字是一个数量繁多的开放系统，不同时代、不同地域的人为不同的语素创造汉字时难免会出现偶然同形的现象。同形字一般也是多音字。例如，古代本来有一个从女从老的会意字“姥”，指年老的妇女，读 mǔ；后来又创造了一个从女老声的形声字“姥”，读 lǎo，专用于记录近代产生的指外祖母的“姥姥”一词。“姥”就成为了多音字。

6. 来自方言读音

普通话吸收的方言词也可能造成多音字。例如，普通话中的“靓”字传统上只有 jìng 这个读音，20 世纪末普通话又吸收了来自粤方言的“靓”(liàng)，于是增加了一个新的读音。

7. 来自译音用字

有些字用作译音用字时也增加了读音。例如，古时“禅”原本只有相当于普通话 shàn 的读音，用于“禅让、封禅”等，后用作梵语佛教用语“dhyāna”的翻译，增加了 chán 一读，如“坐禅、禅杖”等；“耶”原本只有 yé 一读，为文言语气词，近代用于译音时增加了 yē 的读音，如“耶稣、耶鲁”等。

（三）多音字读音的减少

在历史演变中，除了单音字通过增加读音而形成多音字外，多音字也可能因读音的减少而变为单音字。常见的情况是，多音字不同读音的使用频率有显著差别，导致较罕用的读音被较常用的读音所兼并。例如，“呆”原本有 dāi 和 ái 两读，ái 音罕用，只用于“呆板”一词，因此在现实交际中，人们习惯将“呆板”中的“呆”也读作常见的 dāi 音。《普通话异读词审音表》也承认了这一变化，规定“呆”一律读作 dāi，成为了单音字。

三、异读字

所谓**异读字**，是指有两个或两个以上读音，但意义、用法相同的字。

普通话的字音是以北京话为基础确定的，而在北京话中，有一批字的读音本身就存在着分歧，因此造成了普通话中的异读字。存在异读字的词语就是异读词。

有时交际者由于使用习惯不同而对同一个字采用不同的读法。例如，“室”字有的人读作 shì，有的人读作 shǐ；“酵”字有的人读作 jiào，有的人读作 xiào；“亚”字有的人读作 yà，有的人读作 yǎ，这些字的异读在它们组成的所有词语中都存在。有的异读字只在特定的词语中存在异读，例如，“把”在“印把子”一词中原有 bà、bǎ 两种读法，而在其他情况下则无异读，如“把握、把手”中只读 bǎ，“茶壶把儿”中只读 bà。

异读字产生的原因较为复杂。有些来自北京话的特殊演变，例如，“帆”字在古代与“凡”同音，按照一般的语音发展规律，现在应读作 fán，但北京话中又出现了特殊演变的 fān 一读，与 fán 并存。有些是文白异读的影响，例如，“暴”字原来有文读音 pù，“暴露”一词中的“暴”就出现了 pù 和 bào 的异读。也有些是来自习惯性的误读，例如，“荨麻疹”一词中的“荨”字，以前的规范读音是 qián，一部分人受到声旁“寻”的影响读为 xún，这一读法虽然不合于当时的规范，但在社会上广为使用，因此该词中的“荨”也有了异读。

异读字不同于一般的多音字，多音字的各个读音之间在意义或用法上存在着明确的分工，具体的词语或句子中多音字的读音仍然是明确的；而异读字则不然，不同的读音可以随意换用，没有明确的标准。因此，异读字的存在不利于学习与交际，是汉字规范化中“定音”工作需要处理的问题。

为了解决这一问题，从 1956 年起，有关部门就着手开展了异读词的审音工作。1985 年 12 月，国家语言文字工作委员会、国家教育委员会、广播电视部联合公布了《普通话异读词审音表》，对普通话中有异读的词和有异读的作为语素的字进行了审订，共涉及 839 个异读字。其中，有 586 字采取了“统读”的做法，即无论用于什么场合，统一读为一个读音；其余的异读字则以词例的形式，对存在异读的不同情况逐一确定了规范读音，例如上述异读字“室、酵、亚、帆”分别统读为 shì、jiào、yà、fān，“印把子”中的“把”读为 bà，“暴露”中的“暴”读为 bào，“荨麻疹”中的“荨”读为 xún（但“荨麻”中的“荨”仍读 qián）。

2016 年，又发布了《普通话异读词审音表（修订稿）》征求意见稿，以对普通话中的异读现象做出进一步的整理。

第三节　形声字声旁的表音功能

对于现代汉字中占大多数的形声字，其声旁虽有一定的提示字音的作用，但并不总是如此。这有多方面原因。一方面，声旁反映的是造字时整字与声旁的同音或近音关系，而当时选取的声旁本就不一定与整字完全同音；另一方面，汉语的语音系统在历史上发生了很大的变化，声旁与整字字音的发展经常不完全同步。再者，选取什么声旁，也可能会受到造字者方言的影响。因此，在现代汉字中，不同的形声字声旁表音能力存在着很大的差别。总体而言，声旁表音的准确性是比较弱的，而且越是常用的汉字，声旁准确表音的比例就越低。

一、表音准确性较高的声旁

有些形声字的声旁可以准确表音，整字与声旁在声、韵、调上完全相同。例如，“占”与“站”都读 zhàn，“成”与“城”都读 chéng，“由”与“油”都读 yóu。它们可以见字知音，有着最高的表音理据性。这类汉字在现代通用汉字中占四分之一左右。

有的汉字在充当形声字的声旁时，总能准确表音。例如：

卞　代　段　府　豪　乎　奂　皇　竟　康　阑　历

厉　廉　卢　农　容　善　式　斯　唐　亭　析　庸

在现代通用汉字范围内，以上汉字充当声旁构成的形声字均与它们读音完全相同。例如，“代”构成的“袋、贷、黛、玳”等字都读 dài，“容”构成的“榕、熔、溶、蓉”等字都读 róng。

有些字的声旁与整字声母、韵母均相同，声调不同，如“斤”与“近”、“子”与“字”、“青”与“晴、情、请”等。这部分字也有着较高的表音理据性。

二、表音准确性较低的声旁

更多的情况是，声旁与整字的读音在声母、韵母方面不完全相同，不能直接提示整字的读音。此时声旁与整字的读音往往仍然有着一定的联系，只能部分提示整字的读音。

有些字的声旁与整字在声母和韵母方面只是相同或相近的关系。声母的相近一般表现为发音部位相同或相近，韵母的相近一般表现为韵母的组成部分（韵头、韵腹、韵尾）存在相同点。例如：

明—盟　黄—横　工—缸（声母相同，韵母相近）

包—炮　可—河　己—起（声母相近，韵母相同）

掌—撑　广—扩　果—踝（声母韵母均相近）

有些字的声旁甚至在声母、韵母中只有一方面与整字相同或相近，另一方面联系不明显。例如：

公—松　林—禁　告—造（仅韵母相同）

甬—通　监—蓝　每—海（仅韵母相近）

立—拉　不—杯　者—猪（仅声母相同）

合—给　皮—波　亥—刻（仅声母相近）

形声字的声旁是按照造字时期的同音、近音关系选定的。语音演变使得有些声旁和整字的读音在现代汉语中不那么相近了，但语音演变是有规律的，历史上读音相近的字在现代汉语中的读音仍然呈现出一定的规律性，在声母方面尤为明显。了解这些规律同样有助于记忆字形与字音。下面列出几组历史上同源、现今在声旁表音系统中关系密切的声母：

①唇齿音 f 与双唇音 b、p：

分—盆　非—辈　反—板　奉—棒

②舌尖后音 zh、ch、sh 与舌尖中音 d、t：

者—都　尚—躺　真—填　周—调

③舌面音 j、q、x 与舌根音 g、k、h 或舌尖前音 z、c、s：

工—江　害—瞎　仓—抢　且—粗

④舌尖中鼻音 n 与舌尖后浊擦音 r：

若—诺　乃—扔　女—汝　弱—溺

也有一部分形声字的声旁在现代汉语中已经和整字读音完全失去联系了，如“移（yí）”的声旁“多（duō）”、“地（dì/de）”的声旁“也（yě）”。这些声旁完全不能提示整字读音，同时也无法通过对同声旁字的归纳得出表音线索，因此就只能看作无理据的符号部件了。

声旁的表音作用还存在一种特殊情况，多音字在不同的形声字中充任形旁时，有可能提示的是它的不同读音。例如，“区”字有qū和ōu两读，在形声字“驱、岖、躯”中提示的是 qū 的读音，而在“欧、鸥、殴”中提示的是 ōu 的读音。

可见，声旁表音的可靠程度不高，且没有明显的规律性。因此，一般情况下，对于不熟悉的字，仅凭声旁断定读音，即“读半边”，往往容易误读。

三、利用声旁帮助辨正字音

虽然声旁的表音功能存在相当大的局限，但有些情况下，声旁仍然可以起到帮助辨正字音的作用。例如，前鼻音韵尾 n 和后鼻音韵尾 ng 在历史上是各自独立发展的，因此 n 韵尾的字充当声旁构成的形声字一般也是 n 韵尾，ng 韵尾亦然（有个别例外，如“邻、怜、进、宾、拼、拎、绽”）。对于难以分清前后鼻音的人也可以利用声旁区分。如只要记住了“今（jīn）”是 n 韵尾、“京（jīng）”是 ng 韵尾，则可以推知以“今”为声旁的“琴、吟、含、念、贪”等都是 n 韵尾，而以“京”为声旁的“惊、景、凉、谅、琼”等都是 ng 韵尾。同样，声母 n 与 l 也是分别独立发展的，在声旁系统中基本不相混（“娘、酿”例外），因此难以分清 n 与 l 的人也可以利用声旁区分二者。如以“宁（níng）”为声旁的“柠、拧、咛、狞、泞”等都是 n 声母，以“令（lìng）”为声旁的“领、龄、零、岭、冷”等都是 l 声母。

【思考与练习六】

一、简述汉字读音的特点。

二、20 世纪 20 年代，有人创造了一个汉字“圕”，读作 túshūguǎn，意为“图书馆”。请从汉字读音特点的角度分析为什么这个汉字很快就淘汰了，没有被社会广泛使用。

三、为什么会产生同音字？同音字对交际是否会产生影响？

四、多音字产生的原因有哪些？

五、给加点的多音字注音。

畜牧　提供　矿藏　处理　济南　影片　关卡
叶韵　冠冕堂皇　乳臭未干　量体裁衣　心广体胖

六、什么是异读字？为什么要对异读字进行规范？

七、下列加点的字历史上都存在异读，请按照现行规范为它们注音。

波浪　指甲　骨头　成绩　曝光　打击　铁骑　迫击炮
忍俊不禁　开花结果　屡见不鲜　叶公好龙　自作自受

八、举例说明形声字声旁和整字读音的关系。

九、给下列形声字注音，并说明其中哪些可以“读半边”，哪些不能。如果不能“读半边”，说明声旁对整字的读音起着怎样的提示作用。

扮 颜 傣 缔 酗 筹 悔 轼 滇 娃

十、目前，社会上有一种用同音字替换成语中的汉字作为广告语的现象，如“默默无蚊（蚊香广告）、食全食美（饭店广告）、百衣百顺（服装广告）”等。如何看待这种现象？

第七章
汉字的意义

作为表意文字，大多数汉字不仅记录特定的语音片段，还与一种或几种意义相关联。掌握字义才能正确使用汉字，才能准确理解词义、句义。

第一节　汉字的多义现象

作为语素—音节文字，绝大多数汉字都有意义，只有极少数汉字没有意义，如“葡、萄、蜻、蜓”等专门记录联绵词（即双音节单纯词）中单个音节的汉字和“迦、噶、啡、噻”等单纯的音译用字。在有意义的汉字中，有的汉字只有一个意义，有的汉字则可以兼表多种意义。对于兼表多种意义的汉字，各个不同的意义也可能有不同的产生途径。

一、单义字和多义字

根据表达概念的多少，有意义的汉字可以分为单义字和多义字两类。

单义字是只表达单一概念的字。例如，“煤”字只表示“一种可以燃烧的黑色固体”，没有其他含义。在现代汉字中，单义字所占的比例不高，主要包括以下几种类型：

①表达某些具体的事物名称或动作的字：

兔　蝎　筷　撕　踩

②姓氏、地名、民族名等专有名词用字：

刘　邓　沪　郴（chēn）　佤（wǎ）

③专门领域术语用字：

氢　酶　腺　砼（tóng）　焓（hán）

④一部分具有书面文言色彩、在口语中不活跃的字：

览　霖　皙　澈（chè）锲（qiè）

多义字是可以表达多种概念的字。例如，同一个“花”字，在不同的语境中，有“种子植物的有性繁殖器官、可供观赏的植物、形状像花朵的东西、烟火的一种、花纹、颜色或种类错杂的”等多种不同的意义，这些意义有相关性；除此之外，还有“花费”的意义，跟前面的意义不相关。从“字”的角度来看，只要是同一个字形，不管意义是否相关，都属于多义字。现代汉字多数是多义字，且越是常用的汉字，意义就越多样、越复杂。

多义字在最初产生时，一般也都是单义的，在语言使用的过程中，基于语义或语音的联系，既有的汉字可能发展出新的意义，与原有的意义并存，就成为了多义字。在具体的语境中，多义字的意义一般是明确的，基本不会影响交际的顺利进行。正是由于多义字的普遍存在，汉语才有可能用数量有限的字形记录语言中多样的意义，而不需为每个意义分别创造一个字形。

二、多义字意义的类型

在多义字意义的发展过程中，新意义的产生方式主要包括引申和假借两种。因此，可以从产生途径的角度将多义字的不同意义分为本义、引申义、假借义三种类型。

（一）本义

本义是一个字有据可查的最初意义，它往往也是汉字最初的构形理据所显示的意义。例如，“日”字的多个意义中，“太阳”义在历史文献中出现最早，是它的本义，在古文字中，“日”的形体“⊙”就是描摹太阳形状的象形字，“日”字的其他意义，如“天（时间单位）、白天”，都是由本义“太阳”派生出来的。

（二）引申义

引申义是由已有的意义派生演变而来的新意义。引申义产生的基础是新旧意义之间语义上的联系，主要包括概念之间的相似、相关、上下位等关系。例如，“道”字的本义是“路”，引申为“方法、道理、道德”，是因为这些抽象概念与“路”有一定的相似性，这一引申途径即隐喻（也作比喻）；“书”字的本义是“写字”，后来引申为“装订成册的著作”，是因为二者有着相关性，“装订成册的著作”是“写”这一动作的结果，这一引申途径即转喻（也作借代）；“汤”的本义是“热水”，“赴汤蹈火、金城汤池”中的“汤”即其本义，后来产生了专指“食物煮后所得的汁水”这一意义，是“汤”本义的下位概念。

字义的引申可以是连锁式的，由引申义出发可以再次引申出新的引申义，例如，“利”字的本义是“锋利”，由“锋利”引申出“顺利”义，由“顺利”又继续引申为“利益”；也可以是辐射式的，由一个意义出发，分别从不同的角度引申出不同的引申义。例如，“口”字的本义是“嘴”，在“瓶口、门口”中分别引申为“容器等器物通往外面的地方”和“出入通过的部位”，这是因它们与“嘴”的相似性而通过隐喻产生的；而在“人口”中，引申义是因“嘴”与“人”存在部分—整体关系而通过转喻产生的；在“一口京片子”中，引申义是因“嘴”与“话”存在工具—对象关系而通过转喻产生的。①

有时，字义的引申也伴有语音形式的改变，导致同一个字表示的不同意义之间语音形式也不同，这种情况就是多音多义字。关于此类情况，参见第六章第二节“多音字”。

（三）假借义

假借义是指由用字中的假借现象而产生的新意义。假借义产生的基础是不同概念之间语音形式相同或相近。第三章在介绍汉字的“六书”时已经提到，假借是借用已有的字形书写另一个意义无关的同音或近音概念，这一过程自然也会给相应的汉字增加新的意义。

有的假借义在造字之初就产生了。例如，作为第一人称代词的“我”这一概念，一开始就没有为它创造专门的字形，而是假借表示一种兵器的“我”字来代替。也有的假借义是在汉字使用的过程中由于不同字形之间的兼并代替产生的。例如，为了简化书写，表示“进食”的“喫”字在使用过程中，被本义为“口吃”的“吃”字代替，“吃”字就有了“进食”这一假借义。另外，记录外来音译词也会使汉字产生假借义。例如，“法”字原本有“法律、方法”等意义，后来作为音译词“法兰西”的省称，也就有了指“法国”的意义，这一意义是“法”的假借义。

假借义与引申义的本质区别在于假借义与本义之间没有任何联系，而引申义均是直接或间接从本义派生出来的，同一个字的本义和各个引申义之间存在着明显的联

---

① 关于字义的引申路径和分析策略，与词义基本一致。词义分析的具体内容参见本系列丛书中蔡淑美、施春宏所著《汉语基本知识（词汇篇）》(北京语言大学出版社，2020 年)。

系。因此，同一个字的本义与各个引申义一般视为同一个语素，而假借义与本义则是字形相同的不同语素。在《现代汉语词典》等辞书中，同音的情况下，引申义与本义列为同一条目的不同义项，假借义则与本义分别列为不同的条目。例如，以下是“花”字在《现代汉语词典》(第7版）中部分义项的释义：

花[1]：①种子植物的有性繁殖器官。
②可供观赏的植物。
③形状像花朵的东西。
④烟火的一种。
⑤花纹。
⑥颜色或种类错杂的。

花[2]：用；耗费。

三、多义字意义的潜隐

汉字在使用过程中，除了通过引申、假借两种途径产生新的意义外，已有的意义也可能因不再使用而潜隐下去，从而导致意义的减少。有些情况下，有的字义会完全从交际系统中退出。例如，前文提到的“我”在造字时的本义是指一种兵器，后来这种兵器退出了社会生活，交际中不再需要提及这个概念，“我”的本义也就废弃不用，只使用其假借义了。也有的情况下，一个汉字的某个意义消失，是因为使用者将这个意义改用另一个汉字记录了。例如，“益”的本义是“水漫出器皿”，后来引申为“增加、好处”。此时为了区别，使用者为本义另造了“溢”字来记录。这样一来，对于“益”字，“漫出器皿”的本义就潜隐不显了。又如，“张”字本来有“张开”的意思，由此引申出“帐篷”和“体积变大”的意义，后来这两个引申义分别改用“帐”和“胀”来记录。对于“张”字，“帐篷”和“体积变大”的意义也就潜隐不显了。

第二节 字义和词义的关系

一、语素义和词义

对于有意义的汉字来说，一个汉字一般对应一个语素，因此汉字的字义也就是它所记录的语素的语素义。

在现代汉语中，有些语素自身可以独立成词，此时字义既是语素义，也是词义。例如，“煤”是一个语素，同时也是一个单音节词，其字义“一种可以燃烧的黑色固体”同时也是词义。又如，“丢”字有“遗失、扔、搁置”三个意义，这三个意义也都是词义。

也有些语素不能独立构词，只能与其他语素结合，构成合成词或成语等固定表达。在这类情况中，字义就只具有语素义的身份。例如，以下是“民”字在《现代汉语词典》（第7版）中除姓氏义外4个义项的释义：

①人民。

②指某种人。

③民间的。

④非军人；非军事的。

这些意义在现代汉语系统里均只存在于复合词中，分别如“民意、农民、民歌、民航”，而不能独立成词，因此“民”的字义只是语素义而不是词义①。

对于多义字，最常见的情况是在多个意义中，只有部分意义是词义，另一部分意义只是语素义。例如，“书”字在《现代汉语词典》（第7版）中，除姓氏义外各义项释义如下：

①写字；记录；书写。

②字体。

③装订成册的著作。

④书信。

⑤文件。

其中，只有“装订成册的著作”这个意义才是词义，其他几个意义都是语素义。

由此可见，虽然汉字中大量存在多义字，但由于它们的意义并不都能作为词义自由使用，这使得同一汉字不同意义的使用环境得到了区分，因此一般不会导致歧义。例如，在“这里有书”中，单独成词的“书”只能理解为“装订成册的著作”，而不是“字体”“书信”或“文件”。

一个字不同意义之间词义与语素义的差别，常常是历史上词义发展过程的体现。

① “为民做主、民不告官不究”中的“民”似乎可以独立成词，但这些用法属于固定的习语，组成成分不能自由替换。习语往往沿袭了历史上的用法，属于特殊情况。

有不少多义字在发展过程中，在词这一层面上，新产生的引申义代替了旧义，发生了词义的演变，但作为复合词中的语素，则意义相对稳定，不易受词义演变波及。因此对于这些字而言，本义与引申义分别表现为语素义与词义。例如，“闻”本义是“听”，后引申为“嗅”，现代汉语中“闻”的词义只有“嗅”，而“听”作为语素义存在于“闻名、新闻、见闻、闻过则喜、闻所未闻”等复合词和“两耳不闻窗外事”等习语表达中；“快”本义是“高兴”，后引申为“迅速；锋利”，这些引申义在现代汉语中可以作为词义使用，而“高兴”的意义作为语素义存在于“快感、快乐、愉快、大快人心、拍手称快”等复合词中。

在学习字义的过程中，语素义与词义的区分也是需要注意的。如果将不能单用的语素义作为词义使用，就会产生病句。尤其是对于闽、粤等方言背景和日、韩等汉字文化圈语言背景的学习者，其方言或母语中存在着不少字义与普通话相近且可作词义使用，但在普通话中仅可作为语素义使用的情况。例如，粤方言“行”的“走”义、日语“颜”的“脸”义都可以作为词义，但这些字义在普通话中只能作为语素义（如“行人、笑颜”）。因此，这些方言或语言背景的学习者更需要注意普通话语素义与词义的区分。

二、合成词中字义和词义的关系

对于由单字构成的单纯词，字义、语素义、词义是一致的。而对于现代汉语中占多数的合成词，它们由语素以不同的方式组合而成[①]。在语素组合成词的过程中，字义会发生整合，导致词义与字义之间产生各种复杂的关系，这样就使得词义的透明度有很大差异。

字义和词义的关系，大体可以分为以下几类：

（一）字义组合直接表示词义

这种情况可以通过字义之间的结构关系直接推导出词义。例如：

日光　爱国　道路　地震　提高

此类情况中，语素组成词时的语义关系，和词与词组成词组时的关系基本是一致的。理解了字义和结构关系，就理解了词义。“日光”一词，通过“日”的意义和“光”的意义，加上作为偏正结构复合词的修饰限制这一语义关系，就可以推导出词

① 详见本系列丛书中施春宏所著《汉语基本知识（语法篇）》（北京语言大学出版社，2014 年）。

义“太阳发出的光”；“爱国”通过“爱”和“国”的意义以及述宾式复合词的支配关系，就可以推导出词义“热爱自己的国家”。

（二）字义组合表示部分词义

更多的情况是，词义不能直接从字义中完全推导出来，字义提示的只是词义的一部分内容。例如：

黑板　钢琴　飞机　守岁　谢幕

上面的词语由字义和结构关系出发，只能推导出词义的部分内容。如“黑板”一词，义为“用木头或玻璃等制成的可以在上面用粉笔写字的平板，一般为黑色”，不等于“黑的板”，而字义只提示了其中的“黑色”和“平板”两个要素。显然，词义不等于字义的直接组合。又如，“守岁”一词，指“在农历除夕晚上不睡觉，直到天亮”，字义只提示了其中的“守候”和“年岁”两个要素。由于这些词义包含了相对复杂的概念，难以用几个语素充分表达，因此在构词时，只有一部分特征对应字义，用少数几个字概括地表达整个词义。

对于这一类复合词，词义虽然不能直接按照字面意义来理解，但字义对词义仍然有相当程度的提示作用。

（三）字义组合和词义间存在隐喻或转喻的关系

字义也可以通过隐喻（也作比喻）或转喻（也作借代）的方式与词义相关联。

构成词语的字义可以整体隐喻词义，产生比喻义。例如：

风潮　城府　门路　模范　卵翼

也可以整体转喻词义，产生借代义。例如：

白领　裙钗　笔墨　口舌　印把子

这些词语的词义是在字义组合的基础上进行隐喻或转喻的结果。例如，“风潮”一词，比喻“很多人为达到某种目的而采取的有声势的集体行动”，这一意义是由字面意义“风浪潮水”基于“声势浩大”这一相似性隐喻而来；“白领”一词，指“从事脑力劳动的职员”，这一意义是由其字面意义“白色的衣领”基于这类人工作时多穿白色衬衫这一相关关系转喻而来。

（四）字义模糊或失落

有些复合词的部分或全部字义在词义中没有直接体现或完全没有体现。具体又可以分为三种情况：

1. 部分联合式复合词的词义只相当于其中一个字的字义，另外一个字的意义完全失落，这类词语一般称为“偏义复词”。例如：

国家　窗户　人物　忘记　睡觉

上面用着重号标记的字的语素义在词义中已经失落了。如“国家”仅指“国”，“家”的意义失落；“窗户”仅指“窗”，“户（指门）”的意义失落。

2. 有些词中，部分字作为构词语素并没有完全失落，但意义模糊，无法明确指出。例如：

斯文　奚落　江米　毛病　麻烦

上面用着重号标记的字的语素义在词义中意义模糊。如“斯文”指“文化或文人”，很难明确判断“斯”在其中指什么意义，与“斯”单用时的字义“这”也没有直接的联系；“奚落”指“讥讽嘲笑”，与“奚”字的字义“何”也没有直接的联系。

3. 有些合成词中，所有的字义都已经失落，如果不追溯词源，完全无法看出词义与字义的联系，类似单纯词。例如：

经济　麻将　感冒　大方　二百五

这类词由于来源特殊或流传过程中形、音、义发生了流变，现在所有的字义与词义都没有了直接关系，构词理据隐而不显了。例如，“经济”一词是“经世济民”的略语，本指“治理国家”(“经”义为治理，“济”义为救助)，后来借用这一词形翻译现代意义上的“经济”这个外来概念，指“社会物质生产和再生产的活动”，词义与“经、济”二字字义的联系就变得较为间接了；“麻将”一词最初由鸟名“麻雀”衍生而来，由于在吴语某些方言中儿化形式表现为增加鼻韵尾，“雀”儿化后与“将”近音，因此出现了“麻将”的写法并传播到其他地区[①]，其词义与“麻、将”的字义都没有联系。

第三节　形声字形旁的表意功能

前文已提到，现代汉字的形体已经失去了象形意味，且形声字占多数，因此现代汉字形体与意义的联系主要体现在形声字形旁提示字义的功能上。

① 据王莉宁《“麻将”的词源和传播》，《语言教学与研究》2016年第1期。

一、形旁表意功能的复杂情况

与声旁的表音功能相似，在不同的形声字中，形旁的表意功能也有很大差别，且规律性不强。可以分为几种情况：

1. 形旁直接提示整字意义

有的形声字形旁与整字意义相同或相近，形旁可以完全提示字义。这类字在形声字中只占很少一部分。例如：

爸　船　眼　到　站

这些汉字中，形旁与整字存在近义关系。如“父”和“爸”、“舟”和“船”所表达的概念基本相同，有着最强的表意理据性。

2. 形旁提示整字意义的类属

有的形声字形旁与整字是上下位意义的关系，形旁提示的是整字意义所属的类别。例如：

枫　鹅　荷　蚁　衫

这些汉字中，形旁表达的概念是整字的上位概念。如“枫”是一种树木，“鹅”是一种鸟。这类形声字的数量较多，它们也可以在很大程度上提示整字的意义。

3. 形旁提示与整字意义相关的事物，间接表意

更多的情况下，形旁的意义与整字的意义只存在一定的相关关系，而具体联系的类型相当复杂。由于形声字所记录的意义复杂多样，具体或抽象的事物、动作、性状都可以用形声字记录，而形旁的范围相对有限，因此从不同角度与字义存在联系的事物都可能充当形声字的形旁。尤其对于表示动作或性状的字，它们的意义比较抽象，因此需要通过某些方面的联想，借助与之相关的具体事物作为形旁。以下是一些典型的情况：

轮　根　袖　额　房（形旁与整字间存在部分—整体关系）

椅　锅　箱　泥　砖（形旁提示整字的构成材料）

晒　淋　抬　问　住（整字表达动作，形旁提示动作的主体或工具）

渡　娶　植　骑　猎（整字表达动作，形旁提示动作的对象）

清　硬　猛　暖　烫（整字表达性状，形旁提示具有此性状的典型主体）

形旁与整字之间存在的相关关系，有时需要结合造字时代的社会文化背景才能理解。例如，“婪、妒、佞”以“女”为形旁，是由于古代社会普遍歧视女性，认为女性是具有这些负面性状的典型主体；“红、绿”以“纟”为形旁，是由于古人对颜色

的认识来源于丝织品的染色，认为丝织品是具有这些性状的典型主体。

二、失去表意功能的形旁

有的形声字，形旁完全不能提示字义。有些是由于事物的发展，如“镜”字从金、“杯”字从木，是由于古时的镜子、杯子分别以金属、树木为材料，但现代的镜子已经改换了材料，杯子也基本不用木材制作了，如果不联系历史，这些形旁就不具有提示意义的功能了。有些则是由于字义的发展，本义消亡，引申义或假借义成为了主要意义，致使形旁失去表意功能。例如，“理”字本义为“治玉”，故从玉（王），后意义发生引申，对一切事物的治理都可以称为“理”，而“治玉”的意义基本不用了；“笨”字本指竹子的内层，假借义为“愚笨”，后本义被废弃，只使用假借义，这样一来，“理、笨”的形旁“王、⺮”就都失去了表意功能。

【思考与练习七】

一、按照意义的多少，为下列汉字归类。

户　镁　蝌　本　饺　打　偕　心　嘧　蒋

没有意义的字：

单义字：

多义字：

二、下面是汉字“安”的部分字义，请按本义、引申义和假借义为它们归类。

①使有合适的位置。　②电流单位安培的简称。

③安装、设立。　④安定。　⑤使安定。

本义：

引申义：

假借义：

三、下面是汉字“门”的部分字义，请分别判断是本义还是引申义。如果是引申义，请说明引申的途径。

①房屋、车船或用围墙、篱笆围起来的地方的出入口。

②装置在上述出入口，能开关的障碍物，多用木料或金属材料做成。

③器物可以开关的部分。

④形状或作用像门的东西。

四、字义什么时候是语素义，什么时候是词义？一个字的语素义、词义和本义、引申义有什么区别和联系？

五、下面是《现代汉语词典》（第7版）中汉字“毛”的部分字义，请指出哪些是词义，哪些只是语素义。

①动植物的皮上所生的丝状物；鸟类的羽毛。

②粗糙；还没有加工的。

③不纯净的。

④东西上长的霉。

⑤粗略。

六、请按字义提示词义的方式为下列复合词归类。

编者　马虎　电视　铁路　丹青　妻子　国营　蛙泳

战斗　白菜　行李　黑手　捣蛋　足球　陌生　录音机

七、举例说明形声字形旁在提示整字字义时存在哪些复杂情况？

八、说明下列形声字的形旁与字义间的关系。

桐　爹　狠　嫁　骗　睫　提　枕　韧　棋

第八章
汉字的文化特征

汉字作为世界上使用历史最悠久的文字，在数千年服务于汉语书面交际的过程中，承载了深厚的文化内涵，是汉民族文化的重要组成部分。

汉字所具有的文化内涵既体现在造字方面，又体现在用字方面。在造字文化方面，汉字是表意文字，且形体具有沟通古今的超时空性，古人对相关概念的理解得以沉淀在所造字形中，因此汉字蕴含着丰富的文化信息；而在用字文化方面，汉字集形、音、义于一体，其“一个字形·一个概念·一个音节”的特征，使汉字在使用过程中产生了丰富的文化艺术形式，如书法、篆刻、对联、灯谜等，具有独特的文艺特征和审美价值。在汉语作为第二语言的教学中，恰当地运用汉字的文化特征既能用有趣的方式帮助学习者识记汉字的形、音、义，也有助于加深学习者对中华文化的了解。

第一节　汉字的造字文化

汉字作为形体较为稳定的表意文字，其形体（尤其是古文字阶段的形体）有的是古人对事物形象、生活场景的直接描摹，有的体现了古人对相应事物、概念的认识。因此，一些字的字形可以向我们提供关于古人生活状况、思想观念或风俗习惯的信息。例如：

册：古文字作，描绘了串起来的竹简的形象，现字形仍能看出象形痕迹，显示了古人以竹简编成“册”用以记事的习惯。

监（監）：本义是镜子，古文字作，描摹了一个人睁大眼睛看向盛水器皿的画面，显示了古时以盛水器皿做镜子的生活习俗。

为（爲）：古文字作，从手从象，反映了中国古代曾利用大象进行劳作的历史。

弃（棄）：古文字作，描摹了两只手将装有婴儿的簸箕扔出去的画面，反映了古代的弃婴现象。

逐：从豕（猪）从辵，指追逐，描绘了古时打猎的场景。

取：从耳从又，“又”在古文字中指手（像手的形状），整体描摹了用手割耳的画面。古时战争中常割取敌人的耳朵作为计功的凭证。

婚：右侧的“昏”既表意又表音，因为古时婚礼常在黄昏举行。

男：从田从力，显示了农耕时代男子作为田间劳动力的角色。

妇（婦）：指已婚女子，从女从帚，表示女子手持扫帚进行扫除，显示了古时女子负责家务的角色。

姓：从女从生，显示了姓氏最初的起源来自母系社会，与女性有关。“姜、姚、姬”等姓氏用字从女也同理。

法（灋）：古人认为法律公平如水，并用一种传说中名为“廌”（zhì，也称“獬豸”）的能断是非的独角兽进行审判，它会触碰无理者使之离去。因此“灋”由“氵、廌、去”三部分会意而成。

笔：从竹从毛，简化字形体来自古代俗字，反映古时的“笔”是由竹、毛制成的毛笔。

同时，具体的汉字在特定时期的出现或发展变化，也体现着相应时期的事物或思想观念的特点。汉字的创造往往反映着新事物、新概念的产生。例如，玉器在古代汉民族的生活中有着很重要的地位，反映在汉字中，自古以来便有不少以“王（玉）”为偏旁（“玉”做左偏旁时一般写作“王”①）、反映各类玉器名称以及与加工玉石有关的汉字。例如：

珠　瑾　瑜　瑶　琼　琮　玦　珮　珣　珍　瑞　璜

环　玥　璟　琢　弄　理　玩　宝　珏　莹　玺　璧

又如，历史上随着各地区交往的加深，中原地区从西域输入葡萄、狮子等物品后，汉字系统便增加了“葡、萄、狮”这些字。近代国外科学技术、生活方式的传入也使汉字系统增加了不少新成员。例如：

腺　啤　锂　熵（shāng）　焓（hán）　砼（tóng）

氧　氛　氢　氕（piē）　氘（dāo）　氚（chuān）

---

① 注意：虽然大多数“王”旁字与玉石相关，但不能由此说“王”旁字都与玉石相关，如“现、望”等字都与玉石无关。

另外，记录同一个概念的汉字形体的演变，有时也可以体现相关事物和观念的变化。例如：

炮：古时写作“砲”(更早时作“礮”)，指抛石器。火药发明后出现了火炮，也随之出现从火旁的“炮”。

棉：最初写作“绵”，由于中国古代起初没有棉花，只有蚕丝制成的丝绵，因此先有从糸从帛的“绵”字。棉花出现后首先用“绵”字表示，后来分化出从木的“棉”字。

偷、懒：这两个贬义字在古代歧视女性的背景下，分别有从女的异体字“媮、嬾”，后来在男女平等观念的作用下，这两个异体字便不再使用了。

壮：“壮族”的“壮”在古籍中写作“獞”，反映了古时歧视少数民族的观念。中华人民共和国成立后，在民族平等的观念下废除“獞”使用“僮”。后又考虑到“僮”另有一个读音 tóng，指“未成年的仆人”，为了进一步体现对少数民族的尊重，1965 年将“僮”改为“壮”。

第二节　汉字的用字文化

汉字自身在音、形、义方面所具有的性质，使得它在使用过程中成为汉民族所特有的一系列文化现象产生的土壤。

一、书法和篆刻

书法和篆刻是依托于汉字形体的两种传统艺术形式。

书法是文字的书写艺术。虽然世界上的各种文字都有书写艺术，但汉字的书法格外发达。这是因为汉字在历史上产生过多种不同的字体，且汉字结构复杂多样，通过对笔画间、部件间乃至整字间结构关系的合理安排，可以体现出形体的美感，因此汉字的书法艺术独具特色。

传统上，汉字书法艺术使用的主要字体包括篆书、隶书、楷书、行书、草书五种（本书第二章附上的这五种字体的展示图即为书法作品），金文、甲骨文也有人使用。在这些字体的基础上，不同的书法家又创造出了各具特色的书体。

书法使用的工具为笔（毛笔）、墨（墨块或墨汁）、纸（宣纸）、砚，称为“文房四宝”。现代随着书写工具的发展，以钢笔为工具的硬笔书法成为了书法艺术的新形式。

篆刻是印章的镌刻艺术，是书法艺术与雕刻艺术的结合，与书法类似，同样是依托于汉字字形的艺术，但由于载体特殊，篆刻艺术有着独特的审美价值。

篆刻最初源于用以表明身份、行使职权的印章，后来逐渐发展出专供艺术欣赏的印章，形成了一种独立的艺术形式。篆刻使用的字体主要为篆书，且在篆书的基础上，形成了一些艺术化的变体。

篆刻艺术在自身作为独立艺术品的同时，也常与书法、绘画等艺术形式结合。传统的书画作品常盖有作者的印章，不少书画家同时也是优秀的篆刻艺术家。

图 7-1　陈豫钟篆刻“文章有神交有道”

图 7-2　齐白石篆刻“樵山渔水”

二、对联

对联是书写在纸张、木板上或镌刻在建筑、器物上的对偶语句，是汉语独有的艺术形式。它脱胎于诗文中的对偶句，逐渐形成了一种独具特色的文学艺术形式。对联由上联与下联组成，有时也包括横批。上下联需字数相等，结构一致，对应位置上的字一般应词性相同，意义相关，同时避免用字重复；在语音上追求平仄相对，一般要求上联末字为仄声、下联末字为平声，较严的对联要求上下联第二、四、六等偶数字均平仄相对。

汉字所具有的形、音、义一体的特征，使得对联中的上下联得以在文字形式、语音形式、意义三方面同时具有和谐匀称的美感。正因如此，对联也成为汉族人长久以来喜闻乐见的一种艺术形式。中国传统的建筑常在门楹上镌刻、悬挂对联，各种民俗活动中也常使用对联。

对联的内容往往可以体现使用场合的特点。例如：

天增岁月人增寿，春满乾坤福满门　（春联）

寿比南山松不老，福如东海水长流　（寿联）

一世良缘同地久，百年佳偶共天长　（婚联）

生意兴隆通四海，财源茂盛达三江　（商店联）

笔砚常存无限乐，书斋独坐有心人　（书房联）

但愿世间人无病，何惜架上药生尘　（药店联）

有些优秀的对联除了字面意义上做到严格对偶之外，还充分利用了汉字形、音等方面的特点构造丰富的修辞形式，增加对联的美感。一些名联正是因为这些修辞手法的独到运用而为人们所欣赏。例如：

烟锁池塘柳，炮镇海城楼

冻雨洒窗东二点西三点，切瓜分客横七刀竖八刀

海水朝朝朝朝朝朝朝落，浮云长长长长长长长消

第一联除字面意义相对外，上下联相应位置上每字的部首也分别相同，且包含了五行“金、木、水、火、土”。第二联使用拆字的手法，将“冻、洒、切、分”分别拆为“东两点、西三点、横七刀、竖八刀”，整字与拆分出现在上下联中的相应位置，同时也能构成连贯、对仗的字面义。第三联为山海关孟姜女庙对联，应读为“海水 cháo, zhāo zhāo cháo, zhāo cháo zhāo 落；浮云 zhǎng, cháng cháng zhǎng, cháng zhǎng cháng 消”，分别利用多音字“朝”和“长”的不同读音、不同意义，描绘海潮时涨时落、浮云时涨时消的景象。

对联的这些特点决定了它可以在短小的篇幅内充分发挥作者的文字素养，因此对联常作为古今文人雅士的文字游戏。

三、灯谜

灯谜是一种依托于汉字字形与字义的特殊谜语，因古时常在元宵夜悬于花灯上以供竞猜而得名。一条灯谜一般包括谜面、谜目、谜底三个部分。例如：

草上飞（打一字）——早

其中，“草上飞”是谜面，它是制谜者展示给猜谜者的提示性文字；“打一字”是谜目，它是制谜者提供给猜谜者的猜谜范围；“早”是谜底，是猜谜者猜测的目标。一则合格的灯谜，谜面与谜底之间不能有任何重复的字。

灯谜不同于一般的民间谜语，一般的谜语在各种不同的文化中都存在，主要依靠对具体事物特征的描述引导猜谜者猜出相应的事物。如“有头无颈，有眼无眉，有尾无毛，有翅难飞（打一动物）——鱼”，谜面通过描述“鱼”这一动物的具体特征，

引导猜谜者猜出“鱼”。灯谜则完全依靠谜面与谜底在文字本身层面的关联引导猜谜者猜出相应的字词，而与具体事物无关，是汉语独有的文化现象。例如：

山东一日游（打一字）——鱼

通过“山东”猜出“鲁”（山东的简称），再将“一日游”重新解释为“一个‘日’字游走（消失）了”从而猜出“鱼”字，猜谜人只要熟悉“鱼”这个字形，即使对“鱼”字所指的这种动物的特征所知无几，也可以猜出谜底，这是与一般谜语完全不同的。

一些灯谜是从字形结构出发，通过谜面的提示，对汉字字形中的笔画、部件进行拆分、增减或重组从而得出谜底文字的。此类灯谜多为以“打一字”为谜目的字谜，也可以用同样的方法猜更复杂的词语。这类灯谜的谜面本身有字面义，但需要对谜面进行非常规的解读（称为“别解”）从而得到对字形进行拆分、组合的线索，猜出谜底。例如：

树没了心（打一字）——村

加一半，减一半（打一字）——喊

不在北京在南京（打一字）——小

要有一点爱心（打一省会城市）——西安

第一则灯谜需解为“树”字没有了中间部件（心），得“村”字。第二则灯谜需解为“加”和“减”的字形各取一半，得“喊”字。第三则灯谜需解为该字不在“京”的上（北）部而在下（南）部，即“小”字。第四则灯谜则是将“要”（拆分为“西、女”）、“一点”（丶）和“爱心”（“爱”字的中间，即“冖”）重组为“西安”二字。

另一类灯谜中，谜面与谜底的关联着眼于文字的意义，通过字词的同义、近义关系由谜面猜出谜底。在此类灯谜中，谜面与谜底至少其中之一要发生别解从而实现关联。例如：

人约黄昏后（打一文艺名词）——晚会

司机要改行（打三字口语）——想不开

半圆巨厦（打一外国建筑）——五角大楼

第一则灯谜将谜底“晚会”别解为“夜晚相会”，与谜面“人约黄昏后”意义相关。第二则灯谜将谜底“想不开”中的“不开”别解为“不开车”，从而与谜面相关联。第三则灯谜是谜面与谜底同时发生别解，谜面中的“半圆”和谜底中的“五角”都重新解释为货币单位，此时“半圆”就等于“五角”，从而实现谜面与谜底的关联。

可见，在各种类型的灯谜中，依托汉字的多义性而造成的别解是体现灯谜趣味性的关键所在。如果没有别解，就不能称为灯谜而只是知识问答了。

四、民俗用字文化

除了书法、篆刻、对联、灯谜等艺术形式外，一些汉字本身也是汉民族民俗活动的重要组成部分。例如，春节时，汉族人常在大门上张贴“福”字，有的人还会倒过来贴，取义“福到（倒）了”。又如，婚庆场合会使用由两个“喜”字组成的“囍”作为装饰，取义“双喜”。

另外，对于一些吉祥词语，民间常通过共用部件、改变字形等方法，将其中的多个字写成类似一个字的样子，即民俗合体字。例如：

（招财进宝）

（黄金万两）

（日进斗金）

这些民俗合体字常张贴在建筑上或雕刻在工艺品上，表达人们的美好祈愿。

【思考与练习八】

一、填空题。

1. 书法创作中使用的“文房四宝”是________、________、________、________。

2. 传统上，汉字书法采用的字体包括________、________、________、________、________五种，篆刻采用的字体主要是________。

二、根据字形，并查阅相关资料，试阐释以下汉字的字形反映了古代社会的哪些文化信息。

卜　　寒　　出　　祭　　删

三、请分析下列对联是如何利用汉字的特点造成修辞效果的。

1. 财从才出，政自正来

2. 湛江港清波滚滚，渤海湾浊浪滔滔

3. 赤峰红叶浓叶红峰赤，青岛绿树稠树绿岛青

4. 年胜一年年胜年年年有剩年年盛，月新余月月新月月月纳薪月月欣

四、灯谜和一般谜语的区别是什么？为什么说灯谜是汉语独有的文化现象？

五、猜字谜。

1. 自小在一起，目前少联系
2. 还不走，车来了
3. 掐头去尾拿中间
4. 镜子里面照着人

六、举例说明在生活中，除了本章涉及的内容外，还有哪些文化现象与汉字相关？

第九章 汉字的规范

历代传承而来的汉字，在服务于汉语使用者书面交际的同时，也存在着一定的局限性，如有些字形过于繁复，有时同样的语素有不同的书写形式或不同的读音，且汉字作为一个庞大的、开放的字符系统，没有明确的数量范围和排列顺序。这些情况，在一定程度上给汉字的学习、使用带来了负担，妨碍了书面交际的顺利进行，也不利于现代社会生活中汉字的检索和信息处理。

为此，政府推行了一系列整理汉字的措施，对汉字进行规范化。汉字的规范化，要求对汉字进行“四定”，涉及字形、字音、字量、字序四个方面，即定形、定音、定量、定序。**定形**就是确定汉字的规范字形，具体工作包括汉字的简化、异体字的整理、印刷字形的规范、异形词的规范等，并在这些工作的基础上，以规范字表的形式为每个汉字确定字形标准。**定音**就是确定汉字的规范读音，主要体现为异读字读音的审订（详见第六章）。**定量**就是确定汉字的规范字量，主要体现为以字表的形式确定规范汉字的数量。**定序**就是确定汉字的规范排列顺序，主要包括音序法和形序法（详见第十章）。本章主要介绍汉字“定形”方面的内容。

第一节　汉字的简化

汉字在演变发展过程中，一直存在简化形体的现象，尤其是隶变过程中有大量部件被省并简化。即使在汉字字体固定在楷书阶段之后，出于快速书写的需要，民间也出现了一批减省笔画的俗体字，如将“盡”写作“尽”。

中华人民共和国成立后，为了扫除文盲、普及教育，政府开始着手进行系统的汉字整理、简化工作，经过一段时间的试用与调整，于 1964 年正式颁布了《简化字总表》。1986 年，对个别字进行微调后，重新颁布《简化字总表》，共涉及 2235 个汉字。

作为现行规范的《通用规范汉字表》（2013 年颁布）吸收了《简化字总表》的成果，附录中收入了简化字与繁体字的对应表。

汉字的简化只涉及汉字系统中的一部分字。在《简化字总表》中，被较简单形式代替的传统字形称为**繁体字**，如“學、習、漢、語”；相应地，用以替代繁体字的较简单的字形称为**简化字**，如“学、习、汉、语”。还有相当一部分汉字没有被《简化字总表》简化，目前使用的字形与《简化字总表》颁布前的传统字形一致，这部分汉字无所谓繁简，称为**传承字**，如“你、好、朋、友”，这部分字占大多数。

一、汉字简化的方法

简化字的来源主要是历史上使用已久的民间俗字、异体字、古字等，只有少数字是完全新创的。从简化字与繁体字形体的关系来看，简化字的简化方法可归纳为以下几种：

（一）部件省略

省略繁体字中的部分部件。根据省略部件位置的不同，主要有以下几种类型：

1. 省略半边：

務→务　條→条　雖→虽　畝→亩　競→竞

殺→杀　殼→壳　虧→亏　電→电　兒→儿

2. 省略内部：

廣→广　産→产　奪→夺　糞→粪　寧→宁

3. 省略外部：

開→开　術→术

4. 省略一角：

際→际　時→时　墾→垦　標→标　盤→盘

5. 省略大部，保留一角：

聲→声　醫→医　習→习

个别通过部件省略得到的简化字，在省略部件的同时，剩余部分的形体也有变化。例如：

爺→爷　縣→县　類→类　麗→丽　處→处

（二）保留轮廓

仅保留繁体字的大致轮廓特征，简省内部笔画。例如：

馬→马　鳥→鸟　來→来　見→见　門→门

傘→伞　齊→齐　韋→韦　壽→寿　肅→肃

（三）部件替换

将繁体字中形体繁难的部件替换为较简单的部件。主要有以下几种类型：

1. 用笔画较简的声旁替代繁体形声字中比较繁难的声旁，简化字仍然是形声字。例如：

億→亿　園→园　認→认　鄰→邻　斃→毙

糧→粮　樣→样　艦→舰　階→阶　鍾鐘→钟

2. 用简单表音部件或表意部件替代繁体字中理据不明显的某些部件。例如：

勝→胜　華→华　畢→毕　郵→邮　歷曆→历

報→报　執→执　隊→队

3. 用简单的记号（如“又、乂、云、文、不”等）替代繁体字中某些繁难的部件。例如：

對→对　鷄→鸡　漢→汉　風→风　趙→赵

動→动　層→层　這→这　劉→刘　壞→坏

（四）构造新字

用会意、形声的方式重新构造一个新字。

1. 构造会意字。例如：

竈→灶　滅→灭　雙→双　體→体　筆→笔

塵→尘　陰→阴　陽→阳　孫→孙

2. 构造形声字。例如：

護→护　膚→肤　驚→惊　響→响　憂→忧

（五）草书楷化

采用草书中较简单的形体，并将笔形改造为楷书的笔形。例如：

東→东　車→车　專→专　長→长　樂→乐

門→门　頭→头　書→书　爲→为　農→农

（六）兼并代替

利用一个形体简单的已有汉字，代替同音或近音的另一个笔画较繁的汉字。分为同音兼并和非同音兼并两种形式。

1. 同音兼并。例如：

丑 / 醜→丑　里 / 裏→里　面 / 麵→面　松 / 鬆→松

谷 / 穀→谷　后 / 後→后　家 / 傢→家

板 / 闆→板　胡 / 鬍→胡　秋 / 鞦→秋

2. 非同音兼并，多为近音。例如：

斗（dǒu）/ 鬥（dòu）→斗　卜（bǔ）/ 蔔（bo）→卜

几（jī）/ 幾（jǐ）→几　别（bié）/ 彆（biè）→别

叶（xié）/ 葉（yè）→叶　吁（xū，yū）/ 籲（yù）→吁

（七）启用古字

恢复字形较简的古本字，或启用字形较简的古异体字。例如：

氣→气　從→从　雲→云　網→网　無→无

禮→礼　爾→尔　萬→万　衆→众

其中的“气、从、云”等字，相应的繁体字“氣、從、雲”实际是历史上发生繁化后的写法，简化字回归了最初的形体。如果只着眼于现时繁体与简体形体的差别，也可以看作是部件的省略。

（八）类推简化

某个汉字（或偏旁）简化的同时，以之为部件的一批合体字也均按同一方式简化。例如：

龍→龙：隴瓏攏籠襲龔聾→陇珑拢笼袭龚聋

馬→马：騎馳騁碼媽瑪駕→骑驰骋码妈玛驾

車→车：軸軟輔軍輩庫連→轴软辅军辈库连

貝→贝：財賭贈貨負貢員→财赌赠货负贡员

在类推简化中，“言、食、糸、金”四个字较为特殊，它们在充当合体字的左偏旁时，需要分别类推简化为“讠、饣、纟、钅”。例如：

言→讠：語談訂話計設訓→语谈订话计设训

食→饣：飯餓館飽餅餃飾→饭饿馆饱饼饺饰

糸→纟[①]：紅維結級細約綿→红维结级细约绵

金→钅：銀銅鋁針錯銘欽→银铜铝针错铭钦

但它们独立成字或处在合体字的其他位置上时（如“信、餐、紫、鉴”）均不简化。

有些汉字含有不止一个可类推的部件，则对这些部件同时进行类推简化。例如，“闖”简化为“闯”，“門、馬”两个部件分别类推简化为“门、马”。需要注意的是，类推简化比较受限。如“臺”简化为“台”，但“薹”(tái，用于蔬菜名“蒜薹”）却不能类推简化为“苔”(用于“苔 tái 藓、舌苔 tāi”）。某个字被简化的同时，由其构成的其他合体字是否应当类推简化，需以《简化字总表》的规定为依据，只有收入该表第二表“可作简化偏旁用的简化字和简化偏旁”中的 132 个字和 14 个偏旁才可以用于类推简化。另外，如果包含可类推部件的合体字已经单独规定了简化方式，则不能再使用类推方法进行简化。例如，“買”在《简化字总表》中已经单独简化为“买”，因此不能类推简化为上“罒”下“贝”。

此外，还有一些复杂的简化情况。有些字的简化是多种简化方法的综合运用，如“鹼”简化为“硷”(jiǎn)，既改换了义符，又简化了声符；“關”简化为“关”，是利用古异体字“関”进行部件省略的结果。

个别简化字的来源较为特殊，难以归入上述简化方法中。例如：

義→义：借同音字“乂”表音，并加点以示区别。

棗→枣：用表示汉字重复的俗符号“⺀”替代重复的部件“朿”。

舊→旧：借用同音的“臼”字的一种异体。

二、汉字简化的意义

简化字是规范汉字系统的重要组成部分。汉字经简化后，笔画数有了明显的减少，更易认、易写。例如，繁体字“龜、龍、舋”笔画繁多，结构复杂，难写难认，简化为“龟、龙、衅”后，书写、记忆都更加方便。据统计，《简化字总表》范围内的 2235 个简化字[②]，平均每字 10.3 画，被代替的 2261 个繁体字，平均每字 16 画，简化后平均每字减少了 5.7 画。同时，汉字简化也使得部分汉字的部件更便于称说了，如“亂、鬱、竈、獻”不仅书写繁难，而且字形结构也很难用简单的语言描述清楚，

① 繁体字的“糸”充当左侧偏旁时，在不同的字体中有“糸”和“糹”两种写法，如“紅—紅”。

② 《简化字总表》(1986）收录的 2235 个简化字，不含附录中 39 个习惯上看作简化字的规范汉字。

简化为“乱、郁、灶、献”后则可以分解为常见的部件，容易称说。

同时，就现代汉字的字音、字义而言，有的简化字比起相应的繁体字，表音或表意功能更准确了。如繁体形声字“態、膠、戰、運”的声旁无法准确表音，而相应的简化字“态、胶、战、运”的声旁分别与整字读音完全相同或只有声调不同，可以较为准确地表音；“體、陰、衆”的理据现已难以直观看出，简化为会意字“体、阴、众”后形体具有了表意作用。又如，繁体字“膚、護”的所有部件现在都已经成为符号部件，简化为新创形声字“肤、护”后，在表音、表意两方面都具有了较强的理据性。

汉字的简化不仅简化了汉字的形体，还精简了汉字的数量。有的情况下，一些繁体字被其他字兼并代替，也有的情况下，多个繁体字统一简化为一个简化字，如“發”和“髮”统一简化为“发”。这两种情况综合来看，总共减少了 102 个字。

但另一方面，也有一些汉字因为简化而减弱甚至失去了原有的理据性。简化字中广泛存在的符号代替这一简化方式，使得原有的表意部件或表音部件完全变成了无理据的符号部件。如“鳳”中表意的“鳥”、“鄧”中表音的“登”，采用符号代替法简化为“凤、邓”后均成为了符号部件。同时，部件省略法也使一些部件原有的表意、表音功能遭到了破坏。例如，繁体字“際、爺”均为形声字，声旁“祭、耶”本可以较为准确地表音，但简化字“际、爷”省去了声旁内部的部件，导致剩余部分不能直观表音。

此外，兼并代替这一简化方法导致一些繁体字中有区别的字形在简化字里被合并，使得一个字形兼任多个语素，有时可能会造成混淆。例如，由于“乾（gān）”和“幹（gàn）”在简化字中合并为“干”，“干了”可以理解为“干燥了”（乾了），也可以理解为“做了”（幹了）；“面”和“麵”合并为“面”，“白面”可以理解为“白色的面粉或粉末”（白麵），也可以理解为“白色的脸”（白面，如“白面书生”）。当然，在实际的上下文中，一般情况下是不会发生混淆的，如“衣服干（gān）了”和“干（gàn）了一件大事”、“白面馒头”和“白面书生”。

总的来说，汉字简化工作符合汉字发展的总趋势，笔画的减少使汉字系统变得易学便用，阅读时的清晰度整体得到了提高。即便是汉字输入已经比较方便的今天，过繁的笔画也仍然会影响汉字的辨识和学习。简化字对汉语作为第二语言教学的影响更加明显。虽然个别字的简化理据性略显不足，但从整个简化字系统来看，汉字简化仍然具有充分的学理价值和实践意义。其实，无论是简体还是繁体，都有利有弊，而汉字简化的优点是主要的，几十年来，简化汉字应用的实践也证明了汉字的简化是成功的。至于书法作品中常使用繁体字，这更多地是受到临摹习字和艺术传播传统的影响。

三、繁简转换

当前，在中国内地（大陆）学习、使用汉字，应以规范汉字为准。同时，在阅读古籍、欣赏和创作书法作品时，也会用到繁体字。此外，有些在海外或港澳台地区学习过繁体字的学习者，在中国内地（大陆）学习汉语时，也需要掌握简体字。这样，就需要在繁简之间进行转换。

繁体与简体的转换应以《通用规范汉字表》或《简化字总表》为准。多数繁简有差别的字是一一对应的，进行转换并不困难。但有时，繁体与简体并非一对一的关系，这就是繁简转换的非对称现象，是繁简转换的难点所在。

繁简转换中的非对称现象，主要表现为一个简化字对应多个繁体字，有时也存在一个繁体字对应多个简化字的现象。

（一）兼并法简化过程中的繁简对应

使用兼并代替这一方法进行简化时，一般是在原本意义有别的甲乙两字中，形体较繁的甲字被形体较简的乙字代替。此时，汉字只有在记录原来甲字的意义上才有繁简之别，而原来乙字的意义则没有发生形体变化。常见的是同音兼并，例如：

才：①［纔］副词：～来。[①]
②［才］名词：～能、英～。
丑：①［醜］丑恶：～陋、出～。
②［丑］其他义项：～角、子～寅卯。
后：①［後］其他义项：前～、～门、～代。
②［后］君主的妻子：皇～。
里：①［裏］跟“外、表”相对或表处所：～边、这～。
②［里］其他义项：邻～、公～。

各例中表示第二个义项的字比表示第一个义项的字形体简单，兼并后选择形体简单的字。这样，只有在第一个义项上汉字形体才有繁简之别，在第二个义项上形体没变。这种类型的字有 50 组左右，除以上 4 组还有如（斜线前面的字是兼并后采用的字形）：

板/闆　表/錶　出/齣　党/黨　淀/澱　冬/鼕

① 汉字简化前，副词义上“纔”和“才”有时通用，现港澳台地区在副词义上也使用“才”。

范/範　丰/豐　谷/穀　刮/颳　合/閤[1]　胡/鬍

回/迴　伙/夥[2]　家/傢　姜/薑　借/藉[3]　克/剋[4]

夸/誇　困/睏　漓/灕　篱/籬　帘/簾　霉/黴

面/麵　蔑/衊　千/韆　秋/鞦　沈/瀋　松/鬆

涂/塗　咸/鹹　向/嚮　余/餘　郁/鬱　御/禦

愿/願　云/雲　芸/蕓　沄/澐　征/徵[5]　致/緻

制/製　朱/硃　筑/築　准/準

也有些情况，兼并字和被兼并字是近音关系（声、韵至少有一个方面相同），其中有些兼并字或被兼并字本身就是多音字。这类情况有30组左右。例如：

辟（bì，pì）/闢（pì）
卜（bǔ）/蔔（bo）
种（chóng）/種（zhǒng，zhòng）
担（dǎn）/擔（dān，dàn）
划（huá）/劃（huá，huà）
价（jiè）/價（jià，jie）
卷（juàn）/捲（juǎn）
了（le，liǎo）/瞭[6]（liǎo）
么（ma）/麽（me）
仆（pū）/僕（pú）
折（shé，zhē，zhé）/摺（zhé）
叶（xié）/葉（yè）
旋（xuán，xuàn）/鏇（xuàn）
与（yǔ）/與（yú，yǔ，yù）
术（zhú）/術（shù）
系（xì）/係（xì）、繫（jì，xì）
别（bié）/彆（biè）
冲（chōng）/衝（chōng，chòng）
仇（chóu，qiú）/讎（chóu）
斗（dǒu）/鬥（dòu）
几（jī）/幾（jī，jǐ）
据（jū）/據（jù）
蜡（zhà）/蠟（là）
累（lěi，lèi）/纍（léi，lěi）
朴（piáo，pō，pò）/樸（pǔ）
曲（qū，qǔ）/麯（qū）
舍（shè）/捨（shě）
吁（xū，yū）/籲（yù）
佣（yōng，yòng）/傭（yōng）
症（zhèng）/癥（zhēng）
干（gān）/乾[7]（gān）、幹（gàn）

① “閤”读gé时为“阁”的异体字，不简化为“合”。

② “夥”表示“多”义时不简化。

③ “藉”读jí时不简化。

④ “剋”读kēi时不简化。

⑤ “徵”读zhǐ时不简化。

⑥ “瞭”读liào时不简化。

⑦ “乾”读qián时不简化。

蒙（mēng，méng，měng）/ 矇（mēng，méng）、濛（méng）、懞（méng）

台（tāi，tái）/ 臺（tái）、檯（tái）、颱（tái）

另有极少数异音兼并的情况（声、韵、调完全不同），这种情况一般是使用其他方法得到的简化字与另一个较罕用的传承字恰好同形的结果。例如：

厂（ān）/ 廠（chǎng）　　广（ān）/ 廣（guǎng）

虫（huǐ）/ 蟲（chóng）　　柜（jǔ）/ 櫃（guì）

适（kuò）/ 適（shì）　　万（mò）/ 萬（wàn）

宁[①]（zhù）/ 寧（níng，nìng）　　腊（xī）/ 臘（là）

（二）统一简化时的繁简对应

汉字简化时，还存在统一简化的情况，即用一个简体字替代两个原本不同的繁体字，被统一简化的繁体字一般也是同音或近音的。例如：

发：① fà[髮]：头～。

② fā[發]：～展、一～子弹。

获：① huò[穫]：收～。

② huò[獲]：～得、捕～、猎～。

脏：① zàng[臟]：肝～、心～、五～六腑。

② zāng[髒]：肮～。

这种统一简化的字常见的有 20 多组，可分两种情况（箭头后面的字为简化字）：

1. 繁体字读音相同。例如：

壩—壩→坝　　擺—襬→摆　　複—復→复

彙—匯→汇　　飢—饑→饥　　歷—曆→历

鹵—滷→卤　　彌—瀰→弥　　簽—籤→签

蘇—囌→苏　　壇—罎→坛　　團—糰→团

須—鬚→须　　鐘—鍾[②]→钟

2. 繁体字读音不完全相同或完全不同（此时简化字为多音字）。例如：

當（dāng，dàng）—噹（dāng）→当

惡（ě，è，wù）—噁（ě）→恶

盡（jìn）—儘（jǐn）→尽

---

① “宁（zhù）”充当声旁时简化为“𫝀”。例如：貯→贮、佇→伫。

② “鍾”作为姓氏或名字时可以使用类推简化形式“锺”。

纤（qiàn）—纖（xiān）→纤

隻（zhī）—衹（zhǐ）→只

（三）部分用法简化时的繁简对应

以上两种现象都是简化后的一个字形对应简化前的两个或两个以上的字形。还有一些情况是，简化前的一个字形对应简化后的两个字形。这种情况一般是繁体字只在部分用法上简化，其他用法不简化，需要根据字音或字义选择相应的简化形式。例如：

乾→干（gān）、乾（qián）

夥→伙（同伴、人群）、夥（多，如“充夥”）

藉→借（jiè，利用，如“借口”）、藉（jiè，如“慰藉”；jí，如“狼藉”）

瞭→了（liǎo）、瞭（liào）

麽→么（me）、麽（mó）

徵→征（zhēng）、徵（zhǐ）

第二节　异体字的整理

所谓**异体字**，是指字音、字义都相同，但形体不同，可以互相替代的一组汉字。例如，“峰”和“峯”、“耻”和“恥”，它们音、义都分别相同，在被整理以前可以随意替换。

在历史上，汉字的创造并不是一时一地完成的，因此对于同一个概念，不同的人很可能根据不同的理据创造出形体不同的书写符号。例如，在古代，“鸡”字既可以写作从“鸟”的“鷄”，也可以写作从“隹”的“雞”；“泪”字既可以写作会意字“泪”，也可以写作形声字“淚”。有些字部件间的位置关系也没有彻底固定化，位置关系不同的写法并存，如“够”和“夠”、“群”和“羣”等。因此，汉字自古以来就存在着大量的异体字，清代《康熙字典》所收的 4 万多个字中，有不少字是异体字。东汉编的《说文解字》中也有不少异体字。

一、异体字的类型

异体字有单纯异体字、包孕异体字和交叉异体字三种类型。

单纯异体字，也称全等异体字，指在任何情况下都能互相代替的异体字。[①] 如上述的“鷄”和“雞”、“泪”和“淚”、“够”和“夠”、“群”和“羣”。

包孕异体字，指用法之间具有包含关系的异体字。这种情况中，甲字的意义包含了乙字，只有在乙字所具有的意义上二者才可以通用，乙字所不具有的意义上只能使用甲字。例如：

果：①果实。②结果。

菓：果实。

布：①布匹。②发布。

佈：发布。

“果”和“菓”只有在“果实”这个意义上才可以通用，“布”和“佈”只在“发布”这个意义上可以通用。

交叉异体字，指两个字形只在部分意义上构成异体关系而其他意义上各自独立的异体字。例如：

搜：①寻找。②搜查。

蒐（sōu）：①草名。②春天打猎。③寻找。

“搜”和“蒐”只有在“寻找”这一意义上才可以通用，如“搜集”也可以写作“蒐集”，但这两个字在其他意义上均不能互相代替。

二、异体字整理的方法

异体字的存在给汉字的学习、使用增添了不必要的负担与混乱。因此，异体字的整理也是汉字规范化工作的重要内容。

1955 年，中华人民共和国文化部、中国文字改革委员会发布了《第一批异体字整理表》，共收异体字 810 组，每组只保留一个字形，淘汰异体字 1025 个。此后，根据社会语言应用的实际需要，又陆续恢复了一些该表废除的异体字，如“阪（bǎn）、挫、䜣（xīn）、晔(yè)、翦（jiǎn）、邱”等。目前，异体字整理的最新规范体现在 2013 年发布的《通用规范汉字表》中，该表附件“规范字与繁体字、异体字对照表”，收录有 794 组共 1023 个异体字，并允许部分异体字在姓氏人名、科技术语等特

① 本小节中不同字形间的代替、通用关系均是就异体字整理实行前的情况而言。

殊场合使用。

异体字的整理主要包括取舍与分化两种方法。

取舍法是在具有异体关系的字组中选定一个字作为正字，其余的字则淘汰。单纯异体字常用这种方法进行整理。使用取舍法整理异体字的原则主要包括从俗、从简、方便书写三个方面。

从俗，即采用社会上更为通行的字形。例如（括号内是被淘汰的异体字）：

够（夠） 册（冊） 拖（拕） 耻（恥） 冰（氷）

从简，即采用笔画较少、更易于书写的字形。例如：

猫（貓） 猪（豬） 厦（廈） 吃（喫） 豆（荳）

方便书写，即对于由同样的部件构成、有左右结构和上下结构之别的异体字，优先选用左右结构的字形。由于现代汉字书写一般采用由左至右横排的行款格式，因此左右结构的字形内部书写顺序同字与字间的排列走向一致，书写时更便于运笔。例如：

峰（峯） 群（羣） 略（畧） 鹅（鵞）[①] 峨（峩）

但这类异体字也有几组特殊情况，由于上下结构的写法在社会上更为通行，便选用了上下结构的字形。例如：拿（拏）、蟹（蠏）。

分化法是对有异体关系的一组字进行分工，使它们分别记录不同的意义。包孕异体字和交叉异体字常使用分化法进行整理。如“粘”和“黏”：

粘 ① nián　像胶水或糨糊所具有的、能使一个物体附着在另一物体上的性质。

② zhān　黏的东西附着在物体上或者互相连接，用黏的东西使物件连接起来。

黏 nián　像胶水或糨糊所具有的、能使一个物体附着在另一物体上的性质。

“粘”只有读 nián 时才与“黏”互为异体字，读 zhān 时只能用“粘”，二者构成包孕异体字关系。通过整理，规定“粘”读 nián 时的意义由“黏”字记录，“粘”则专门记录读 zhān 时的意义，这样就实现了字形、字音与字义的整齐对应。又如上述的交叉异体字“搜”和“蒐”，规定“寻找”义只用“搜”记录，“蒐”则专门记录“草名”和“春天打猎”的意义。

① 选用字“鵝”在《简化字总表》中通过偏旁类推简化为现行规范字“鹅”。

值得注意的是，异体字的整理导致了部分部件的混同。一批字源上从“氵”的字选用了从“冫”的字形，如“冲、净、决”；一批字源上从“广”的字选用了从“厂”的字形，如“厦、厢”。这就使得现代规范汉字系统中的表意部件“冫”和“厂”具有多个来源，分别表示不同的意义。对此，在研究部件的表意功能时需要加以区分。

异体字的整理与汉字的简化有着密切的关系。有些异体字在整理时选用的是笔画较简的字形，这类情况与汉字简化时采用笔画较简的古异体字的简化方法是相通的，因此这类异体字中的选用字习惯上也被看作简化字。《简化字总表》附录中收录了39个此类汉字，全部列举如下（括号内为被废除的异体字）：

呆（獃騃）	布（佈）	痴（癡）	床（牀）	唇（脣）
雇（僱）	挂（掛）	哄（閧鬨）	迹（跡蹟）	秸（稭）
杰（傑）	巨（鉅）	昆（崑崐）	捆（綑）	泪（淚）
厘（釐）	麻（蔴）	脉（脈）	猫（貓）	栖（棲）
弃（棄）	升（陞昇）	笋（筍）	它（牠）	席（蓆）
凶（兇）	绣（繡）	锈（鏽）	岩（巖）	异（異）
涌（湧）	岳（嶽）	韵（韻）	灾（災）	札（剳劄）
扎（紮紥）	占（佔）	周（週）	注（註）	

另外，有些简化字是在异体字整理的基础上进行简化的。例如，《第一批异体字整理表》在“雞”和“鷄”这组异体字中，以“鷄”为选用字，在《简化字总表》中，又以选用字“鷄”为基础，运用符号替换及偏旁类推，简化为现行规范字“鸡”。

第三节　印刷字形的规范

在历史上，宋体作为汉字通行的印刷体，以手写楷书为基础发展而来，在发展过程中，又吸收了篆书和隶书的某些特征，因此有些字的印刷体与手写体在字形上存在分歧。例如，手写体的“青、户、真”，以前在印刷体中分别作“靑、戶、眞”。即使在同一字体内部，有时也存在笔形略有差异的不同字形并存的现象。这种分歧，同样给汉字的学习和使用带来了不必要的困扰。

为此，中华人民共和国文化部、中国文字改革委员会在1965年公布了《印刷通用汉字字形表》，收字6196个，统一了宋体字的字形。该表中确定的规范字形称为**新**

字形，被替代的此前使用的印刷字形称为**旧字形**。《现代汉语词典》等辞书附有《新旧字形对照表》，收录了部分常用部件新旧字形的对照，可供参考。

对印刷字形的规范同样遵循从俗、从简的原则，尽量选用易书写的字形，力求印刷体与手写体字形一致。如删除多余的笔画，将曲笔改为直笔，将断开的笔画改为连接的笔画，将部件“八”改为“丷”等。例如（括号内是被废除的旧字形）：

角（角）象（象）骨（骨）鬼（鬼）青（靑）户（戶）俞（兪）八（八）

直（直）真（眞）吕（呂）尚（尙）道（道）温（溫）吴（吳）黄（黃）

《印刷通用汉字字形表》在当时起到了规范字表的作用，该表对字形的规范也为后续的国家规范所继承。1988 年发布的《现代汉语通用字表》就采用了《印刷通用汉字字形表》确立的新字形。目前使用的《通用规范汉字表》又规定“本表的字形依据《现代汉语通用字表》确定”，即也以规范后的新字形为准。

第四节　异形词的整理

在汉字书写系统中，同音同义的语言单位具有不同书写形式的现象不仅出现在单字层面，也出现在词语层面。在普通话书面语中并存并用、同音同义而书写形式不同的词语称为**异形词**。如“唯一”和“惟一”、“喝彩”和“喝采”、“毕恭毕敬”和“必恭必敬”。和异体字类似，异形词的整理也是汉字规范化工作需要处理的问题。

2001 年，中华人民共和国教育部、国家语言文字工作委员会发布了《第一批异形词整理表》（GF1001-2001），收录 338 组异形词，每组分别确定一个形式作为推荐词形。例如，上述三组异形词分别选取“唯一、喝彩、毕恭毕敬”作为推荐词形。该表的性质是推荐性标准。目前在学习和应用中涉及这些异形词时，一般应使用该表中的推荐词形。

整理异形词的主要原则包括通用性原则、理据性原则和系统性原则。通用性原则指通过语料统计等手段，选取使用频率高的词形。理据性原则指选取符合词语发展的，理据性、语素义与词义吻合的词形。系统性原则指尽量使同一语素构成的系列词语用字一致。

另外，有些异形词的词形本身含有已简化的繁体字或已废除的异体字，如“傢具、水菓”，这些词形自然是需要淘汰的。《第一批异形词整理表》附录中收录了 44

组影响较大的此类含有非规范字的异形词，对其明确予以废除，全部列举如下（括号内为被废除的异形词，加星号的字为非规范字）：①

抵触（*牴触）	抵牾（*牴牾）	喋血（*啑血）
仿佛（彷*彿、*髣*髴）	飞扬（飞*颺）	氛围（*雰围）
构陷（*搆陷）	浩渺（浩*淼）	红果儿（红*菓儿）
胡同（*衚*衕）	糊口（*餬口）	蒺藜（蒺*蔾）
家伙（*傢伙）	家具（*傢具）	家什（*傢什）
侥幸（*儌*倖、徼*倖）	局促（*侷促、*跼促）	撅嘴（*噘嘴）
克期（*剋期）	空蒙（空*濛）	昆仑（*崑*崙）
劳动（劳*働）	绿豆（*菉豆）	马扎（马*劄）
蒙眬（*矇眬）	蒙蒙（*濛*濛）	弥漫（*瀰漫）
弥蒙（*瀰*濛）	迷蒙（迷*濛）	渺茫（*淼茫）
飘扬（飘*颺）	憔悴（*顦*顇）	轻扬（轻*颺）
水果（水*菓）	趟地（*蹚地）	趟浑水（*蹚浑水）
趟水（*蹚水）	纨绔（纨*袴）	丫杈（*椏杈）
丫枝（*椏枝）	殷勤（*慇*懃）	札记（*劄记）
枝丫（枝*椏）	跖骨（*蹠骨）	

第五节　规范字表的制定

在以上各项整理措施的基础上，有关部门着手制定了《通用规范汉字表》。该规范字表集中体现了整理后的标准字形，并对字量、字序也做出了规定，是社会一般领域的汉字使用标准。《通用规范汉字表》的制定是汉字规范化工作逐步发展和完善的成果。

1965 年发布的《印刷通用汉字字形表》，在当时曾起到了规范字表的作用。

1988 年，国家语言文字工作委员会、新闻出版署在《印刷通用汉字字形表》的基础上，制定了《现代汉语通用字表》作为社会用字的总体规范。该表收录汉字

① 该表制定时被废除的异体字“噘、蹚、淼、劄、菉、剋、颺、椏”在《通用规范汉字表》中已恢复为规范字（有的字使用条件有限制），其中“颺、椏”须分别类推简化为“飏、桠”。按照现行规范，“噘嘴、蹚地、蹚浑水、蹚水”是规范词形。

7000 个，按照笔画顺序排列，所收汉字均确定了规范字形。此外，“骼、黏”等在《第一批异体字整理表》中被淘汰的异体字在该表中得以恢复，同样取得了规范汉字的地位。

同年，国家语言文字工作委员会、国家教育委员会也发布了《现代汉语常用字表》，收字 3500 个，均包括在《现代汉语通用字表》内。该表所收汉字是利用字频统计等手段得出的使用频率较高的常用汉字。这些常用汉字分为常用字（2500 个）与次常用字（1000 个）两个等级。

2013 年，国务院同意并公布了中华人民共和国教育部、国家语言文字工作委员会组织制定的《通用规范汉字表》，同时原有相关字表停止使用。该表整合了此前的《第一批异体字整理表》《简化字总表》《现代汉语常用字表》《现代汉语通用字表》等相关字表，共收汉字 8105 个，通过语料统计等方法，按照使用频率的不同分为三级：一级字表收字 3500 个，二级字表收字 3000 个，一、二级字表主要满足出版印刷、辞书编纂和信息处理等方面的一般用字需要；三级字表收字 1605 个，包括姓氏人名、地名、科学技术术语和中小学语文教材中未进入一、二级字表的较通用的文言文用字，满足专门领域的用字需要。每级字表内按照笔画顺序排列。同时，根据社会用字的现实需要增收了“闫（yán）、轮（lún）、㛹（fǔ）”等 226 个广泛使用的、《简化字总表》《现代汉语通用字表》之外的类推简化字，并在以往相关文件对异体字调整的基础上，将“晳、喆（zhé）、淼、昇、邨（cūn）”等 45 个异体字调整为规范字。该表附录收有“规范字与繁体字、异体字对照表”，并对规范字与繁体字、异体字对应的特殊情况在附注中进行了说明。

《通用规范汉字表》代表了目前汉字使用的最新标准，符合该表的汉字是规范汉字。与之相对的是不规范汉字，主要包括已简化的繁体字、已淘汰的异体字、已废除的旧字形字以及错字等。[①] 在中国内地（大陆），规范汉字具有国家通用语言文字的法定地位，因此，学习、使用汉字均须以该表为准，不应滥用繁体字、异体字、旧字形字，更要纠正错别字。

---

① 注意：这里的“不规范汉字”指在当用规范汉字的场合而使用了已简化的繁体字、已淘汰的异体字、已废除的旧字形字以及错别字。其中，错字在任何场合下都是不规范字；繁体字、异体字、旧字形字在特定的场合下仍可使用（如古籍出版、书法创作），此时不属于不规范字（当然也需要使用正确的繁体字、异体字、旧字形字，以合乎特定条件下的使用规范）。也就是说，在规范用字时，需要区分“使用规范汉字”和“正确使用汉字”。参见施春宏《使用规范汉字和规范使用汉字》(《语文建设》2000 年第 7 期）。

第六节 纠正错别字

一、错字和别字

汉字数量繁多，结构复杂，在使用汉字的过程中，错误书写、不合规范的情况常常发生，这就是**错别字**。

错别字包含错字和别字两类。**错字**指写出来的字不成字，在汉字系统中不存在。例如，将“初”写成“初”、将“具”写成“具”等。**别字**指在应该写甲字的场合，误写了乙字。例如，将“刻苦”写成“克苦”、将“按部就班”写成“按步就班”等。

错字属于不规范汉字，别字属于不规范用字。纠正错别字，也是汉字规范化的重要内容。

二、产生错别字的原因

从汉字本身来看，错别字的产生主要有以下一些原因。了解了这些原因，就可以在使用中有意识地避免错别字。

（一）相似部件的混淆

汉字部件系统中有不少部件形体相近，差别较为细微，书写时如果记忆不清晰，就可能犯用此部件代替彼部件的错误。例如，示字旁“礻”和衣字旁“衤”只有一点的差别，有的人便将“初、补”误写为“礻”旁或将“社、祖”误写为“衤”旁；“尤”和“龙”也近似，因此“扰”和“拢”可能相混。又如，“己、已、巳”三字只有竖弯钩的起笔位置有微小差别，这三个字本身就比较容易混淆，当“己”和“巳”分别组成合体字“记、忌”和“祀、异”时，就更有可能出现相混的错误；“祭”上部的“⺼又”和“登”上部的“癶”也易混淆。

有时，整字中的罕用部件、非成字部件与另一个常用部件或成字部件形体相似，书写者就容易出现用后者代替前者的错误。例如，“摘、滴”右侧的部件“啇”在现代汉字中不能单独成字，且与另一个常用字“商”字形相似，因此在写“摘、滴”时便有可能将“啇”写作“商”；“尴、尬”的外包围部件“尢”现在同样不能单用，且与“旭”中的“九”有些相似，因此有的人就可能将这个部件误写为“九”。

（二）复杂结构中细节的失误

有些汉字部件间的组合比较复杂，其中某些细节可能被忽略。例如，“隆”字右侧“夂”和“生”之间的一横、“德”字右侧“四”和“心”之间的一横、“蒙”字中间“冖”和“豕”之间的一横。如果观察、记忆不细致，书写时就很容易遗漏。

又如，“隋、髓、惰”右侧的“𠂇”和“月”之间有部件“工”，而与它们相近的“随、椭、堕”没有。如果没有意识到这一细微的区别，很容易受后一组字的影响遗漏前一组字的“工”，或受前一组字的影响在后一组字中误增“工”。

（三）结构关系的失误

前文已指出，汉字的部件之间存在着多种不同的结构关系，如果写错结构关系，也会产生错别字。而对于合体字，笔画或部件结构的失当就可能会导致结构关系的失误。如将“辱”字左上方的一撇写得过长，包围了下方的“寸”，就会使整字由上下结构误变为左上包围结构。又如，将“处”字右下方的一捺写得过短，不能到达“卜”的下方，就会使整字由左下包围结构误变为左右结构，并有可能和“外”字混淆。

对于一些结构层次复杂的字，不同层次的结构更容易被混淆。例如，“满”和“薄”上方的“艹”和左侧的“氵”均是相同的，但“满”字是左右结构，而“薄”字是上下结构。如果对这一差异不够留意，便可能将“满”误写为上下结构的“𫟰”，或将“薄”误写为左右结构的“溥”。

（四）同音字的误代

汉字中存在着大量的同音字，在书写时，如果对同音字字义的区别不够了解，就容易写出同音别字。如将“再接再厉”误写成“再接再励”、将“披星戴月”误写成“披星带月”。

有些字不但读音相同，而且字形也相近，就更容易被混淆了。如“历”和“厉”、“竞”和“竟”。

同音别字更常见的一种情况是，在复合词或成语中，某个字的一个同音字与该词存在意义上的某种偶然关联，如果没有掌握词语中每个字的含义，就极容易受其误导而写错。例如，“无上”意为“没有更上一层的了”，即“最高”（如“无上光荣”），恰好和“高尚”的“尚”意义接近，因此常被误写为“无尚”；成语“班门弄斧”中的“班”本指人名“鲁班”，而汉语恰好另有“搬弄”一词，指“卖弄”时和“班门弄斧”意义有些相似，因此使用者容易受其误导，写成“搬门弄斧”。同样，“迫不及待”和“着急”语义上的相关性，也使得有的人将其误写为“迫不急待”。

有时，同音字的误代也与对句法关系的判断不准确有关。如“的、地、得”分别用于定中短语、状中短语和述补短语，如果不清楚使用场合前后成分之间的句法关系，就会发生混淆。

当今时代，在电子设备上使用拼音输入法输入汉字时，基本不会出现错字或形近致误的别字，但如果选择同音字时不认真辨别，就很容易出现同音误代所致的别字。

（五）形旁的类推

汉字中存在着不少由相同形旁的字构成的词语，如“伶俐、狡猾、灿烂”等。受此影响，有的人不自觉地形成思维定式，将同一词中原本形旁不同的两个字误用为同一形旁。例如，“炮”和“泡”原本字义相差甚远，单独使用时一般不会混淆，但当“泡”用于“灯泡”一词时，有些人便容易受“灯”字形旁的误导，将“灯泡”误写为“灯炮”。又如，在连绵词“犹豫”中，有些人会受“犹”字形旁“犭”的影响，将“豫”误写为“狳”；在“锻炼”一词中，有些人也会受“炼”字形旁“火”的影响，将“锻”误写为“煅”。

第七节　区域用字问题

汉字的通行地域除了中国内地（大陆）和港澳台地区外，也跨越国界，在日本、韩国、朝鲜、越南等国以及其他国家的华语社区使用，形成了汉字文化圈。除了朝鲜和越南20世纪中期后在其文字体系中废除使用汉字以外，其他国家和地区则分别进行了汉字的整理和规范化工作。中国内地（大陆）的用字规范以《通用规范汉字表》为准，马来西亚、新加坡等国家的华语社区也基本采用中国内地（大陆）的规范。港澳台地区及日本、韩国则另有其他的用字规范。

区域用字规范的不同，导致不同地区使用的汉字字形有同有异。例如，中国内地（大陆）的规范汉字“图”，在港澳台地区及韩国的规范字形为“圖”，而日本则以“図”为规范字形。因此，在不同汉字系统之间进行转换时，需要了解转换的条件和具体用字情况。

一、港澳台地区的繁体汉字

目前，香港、澳门地区的用字以香港地区有关部门制定的《常用字字形表》为准，台湾地区则制定了《常用国字标准字体表》作为用字标准。这两种繁体标准大体一致，只有个别异体字及笔形的处理略有不同。它们与中国内地（大陆）规范汉字的最大差异在于使用繁体字。此外，在异体字的取舍、新旧字形的处理上也与中国内地（大陆）规范汉字有一些差异。例如，中国内地（大陆）规范汉字“够、强”在港澳台地区的标准中分别使用异体字“夠、強”，中国内地（大陆）的新字形“黄、吕”在港澳台地区的规范中分别使用旧字形“黃、呂”。这一标准也影响了海外某些华语社区。由于中国内地（大陆）与港澳台地区的用字规范最主要的差异在于繁简体的不同，因此习惯上将前者统称为“简体”，后者统称为“繁体”。

港澳台地区与中国内地（大陆）用字标准间的转换，可参见本章第一节“繁简转换”部分。

二、日本汉字

作为汉字文化圈的成员，日本历史上很早就开始借用汉字记录日语。在引入中国汉字的同时，日本也自创了一些汉字，并借鉴汉字的形体创造了本民族的表音文字系统——假名。目前，日语的书写系统同时使用汉字和假名。

1946 年，日本颁布《当用汉字表》，收录汉字 1850 个。该表对一些汉字进行了简化，称为“新字体”，其中部分汉字的简化字形与中国的简化汉字或新字形一致（如“学、国、温”）。1981 年，颁布《常用汉字表》，2010 年进行了修订，共收汉字 2136 个。该表是目前日本一般社会生活领域的汉字使用标准。

中日各自进行的汉字简化有同有异，而且日本汉字沿用了某些旧字形特征，在异体字的选取上，与中国规范汉字也有不一致之处，这导致目前日本使用的汉字与中国的规范汉字在不少字形上存在差异。例如（斜杠前后分别为日本汉字和中国汉字）：

日本不简化，中国简化：開 / 开　馬 / 马　書 / 书　車 / 车

日本简化，中国不简化：渓 / 溪　蔵 / 藏　恵 / 惠　髄 / 髓

日中简化方式不同：対/对（對）　銭/钱（錢）　桜/樱（櫻）　伝/传（傳）

日本保留旧字形，中国使用新字形：値 / 值　呉 / 吴　呂 / 吕　別 / 别

日中异体字的选取不同：冊 / 册　勅 / 敕　雰 / 氛　氷 / 冰

为便于读者比较和学习，以下按照与中国规范汉字相同、与中国规范汉字不同、日本独用三类，分别列出日本《常用汉字表》中的全部汉字，排序按照《常用汉字表》原有的日语假名顺序。

表 8-1　日本常用汉字

1. 与中国规范汉字相同的日本汉字（1125 个）

哀	挨	握	扱	宛	安	案	暗	以	衣	位	医	依	委	威	畏	胃	尉	移	萎
椅	意	慰	域	育	一	芋	引	因	咽	姻	院	右	宇	羽	雨	浦	永	泳	英
映	影	易	益	液	悦	越	延	炎	怨	宴	媛	援	猿	演	王	凹	央	往	押
旺	欧	翁	奥	横	屋	臆	乙	俺	卸	音	恩	温	下	火	加	可	何	佳	果
河	苛	科	架	夏	荷	暇	寡	蚊	牙	瓦	我	介	回	会	快	戒	怪	界	皆
械	楷	崖	涯	街	垣	各	革	格	郭	学	岳	潟	括	活	葛	且	株	釜	刈
干	刊	甘	汗	完	肝	官	冠	看	患	寒	棺	款	感	管	憾	丸	岸	岩	玩
眼	企	伎	危	岐	希	忌	汽	奇	祈	季	起	基	寄	喜	期	棋	旗	技	宜
欺	疑	菊	吉	却	客	脚	逆	九	久	及	弓	丘	旧	休	吸	朽	臼	求	泣
急	救	球	嗅	牛	去	巨	居	拒	虚	距	御	凶	共	狂	京	享	供	峡	挟
狭	恐	恭	胸	教	境	仰	凝	曲	局	玉	巾	斤	近	金	菌	筋	禁	襟	区
句	苦	惧	愚	偶	遇	隅	串	屈	掘	熊	君	郡	群	兄	刑	形	型	敬	景
携	憬	稽	憩	迎	隙	激	桁	穴	血	月	犬	件	建	研	兼	健	嫌	献	遣
元	限	原	源	己	古	呼	固	孤	弧	故	枯	湖	鼓	五	互	午	悟	口	工
公	勾	孔	功	巧	甲	交	光	向	后	好	江	考	行	坑	孝	抗	攻	更	幸
拘	肯	侯	厚	恒	洪	皇	荒	郊	香	候	校	耕	高	康	梗	黄	喉	慌	硬
酵	稿	衡	乞	号	合	拷	傲	克	告	谷	国	酷	困	昆	恨	根	婚	混	痕
左	佐	座	挫	再	妻	采	宰	栽	彩	祭	菜	最	裁	催	塞	埼	在	材	崎
作	削	昨	策	札	刷	拶	察	撮	擦	皿	三	山	参	蚕	惨	散	算	士	子
支	止	氏	仕	史	司	矢	旨	死	至	伺	志	私	使	刺	始	枝	祉	肢	姿
思	指	施	脂	嗣	示	字	寺	次	耳	自	似	事	侍	治	持	辞	鹿	式	七
叱	失	室	疾	湿	嫉	漆	芝	社	者	射	赦	斜	煮	遮	蛇	尺	借	酌	爵
若	弱	寂	手	主	守	朱	取	狩	首	殊	珠	趣	寿	受	授	需	儒	囚	州
秀	周	宗	拾	秋	袖	就	集	愁	酬	蹴	十	汁	充	住	柔	重	叔	祝	宿
淑	塾	熟	出	旬	巡	盾	准	殉	循	初	庶	暑	署	女	如	助	序	叙	徐
除	小	升	召	匠	床	肖	尚	招	承	松	沼	昭	宵	消	症	祥	笑	唱	章
掌	晶	焦	硝	照	彰	障	憧	礁	上	丈	冗	状	城	常	情	蒸	色	拭	食
嘱	辱	尻	心	申	伸	臣	芯	身	辛	侵	津	神	娠	振	浸	森	寝	震	人
仁	尽	迅	水	吹	垂	炊	衰	推	遂	睡	随	枢	崇	数	据	杉	裾	寸	是

井	世	正	生	成	声	制	姓	征	性	青	政	星	牲	凄	逝	清	盛	婿	晴
精	静	整	醒	税	夕	斥	石	赤	昔	析	席	惜	戚	籍	折	拙	接	雪	舌
千	川	仙	占	先	宣	泉	洗	染	栓	旋	腺	潜	全	前	善	然	膳	狙	阻
祖	租	措	粗	塑	双	壮	早	争	走	相	草	送	桑	曹	爽	葬	装	想	遭
槽	踪	操	燥	霜	藻	造	即	束	足	促	息	捉	速	俗	族	属	卒	存	村
他	多	汰	打	妥	唾	堕	惰	太	体	耐	待	怠	胎	退	堆	袋	逮	替	戴
大	代	台	第	宅	拓	但	脱	棚	丹	旦	担	胆	淡	短	端	男	断	暖	地
池	知	致	痴	稚	竹	逐	秩	嫡	中	仲	虫	宙	忠	抽	注	昼	柱	衷	酎
著	丁	兆	町	挑	眺	朝	超	跳	潮	澄	珍	朕	追	椎	通	痛	坪	爪	呈
廷	弟	定	亭	帝	庭	停	堤	提	程	泥	的	笛	摘	滴	迭	哲	撤	天	典
店	点	展	田	斗	吐	徒	途	都	渡	土	奴	努	度	怒	刀	冬	灯	当	豆
到	逃	倒	桃	透	党	悼	盗	陶	塔	搭	痘	登	答	等	筒	踏	藤	同	洞
胴	堂	童	道	瞳	匿	特	得	督	独	栃	凸	届	那	奈	内	梨	南	二	尼
肉	虹	日	乳	尿	任	妊	年	粘	燃	能	把	波	破	婆	杯	背	肺	配	倍
培	陪	媒	白	伯	拍	泊	迫	麦	漠	爆	箱	肌	伐	半	犯	帆	伴	班	畔
斑	藩	番	比	皮	妃	否	批	彼	披	肥	疲	秘	被	避	尾	眉	美	膝	肘
匹	必	泌	百	表	俵	票	漂	苗	病	描	猫	品	瓶	不	夫	父	付	布	扶
府	怖	阜	附	赴	浮	符	富	普	腐	武	部	封	伏	服	副	幅	福	腹	覆
沸	物	粉	分	文	丙	平	兵	柄	陛	弊	米	壁	璧	癖	片	便	保	哺	捕
母	募	墓	慕	暮	方	芳	邦	宝	放	法	峰	崩	蜂	褒	亡	乏	忙	坊	妨
忘	防	肪	某	剖	望	傍	貌	暴	膨	北	木	朴	牧	勃	本	奔	翻	凡	盆
麻	摩	磨	妹	枚	昧	埋	幕	膜	枕	又	末	抹	万	慢	漫	未	味	岬	密
蜜	民	眠	矛	娘	名	命	明	迷	冥	盟	面	茂	模	毛	妄	盲	耗	猛	目
冶	夜	野	厄	由	油	愉	唯	友	有	悠	裕	雄	余	用	羊	妖	洋	要	容
庸	溶	腰	踊	抑	沃	浴	欲	翌	翼	拉	裸	来	雷	落	酪	辣	乱	卵	吏
利	里	理	痢	履	璃	立	律	略	柳	流	留	粒	硫	了	良	料	量	僚	寮
力	林	厘	礼	励	例	列	烈	裂	廉	路	露	老	弄	郎	朗	浪	廊	楼	漏
六	麓	和	惑	腕															

2. 与中国汉字不同的日本汉字（1002 个）

日	亜	愛	曖	悪	圧	嵐	囲	為	異	偉	彙	違	維	遺	緯	壱	逸	茨	印	員
中	亚	爱	暧	恶	压	岚	围	为	异	伟	汇	违	维	遗	纬	壹	逸	茨	印	员
日	淫	陰	飲	隠	韻	唄	鬱	畝	運	雲	栄	営	詠	鋭	衛	疫	駅	謁	閲	円
中	淫	阴	饮	隐	韵	呗	郁	亩	运	云	荣	营	咏	锐	卫	疫	驿	谒	阅	圆
日	沿	園	煙	遠	鉛	塩	縁	艶	汚	応	殴	桜	岡	億	憶	虞	穏	化	仮	花
中	沿	园	烟	远	铅	盐	缘	艳	污	应	殴	樱	冈	亿	忆	虞	稳	化	假	花
日	価	家	華	菓	貨	渦	過	嫁	禍	靴	歌	箇	稼	課	画	芽	賀	雅	餓	灰
中	价	家	华	果	货	涡	过	嫁	祸	靴	歌	个	稼	课	画	芽	贺	雅	饿	灰
日	改	拐	悔	海	絵	開	階	塊	解	潰	壊	懐	諧	貝	外	劾	害	慨	蓋	該
中	改	拐	悔	海	绘	开	阶	块	解	溃	坏	怀	谐	贝	外	劾	害	慨	盖	该
日	概	骸	柿	角	拡	核	殻	覚	較	隔	閣	確	獲	嚇	穫	楽	額	顎	掛	喝
中	概	骸	柿	角	扩	核	壳	觉	较	隔	阁	确	获	吓	获	乐	额	颚	挂	喝
日	渇	割	滑	褐	轄	鎌	缶[1]	巻	陥	乾	勘	貫	喚	堪	換	敢	間	閑	勧	寛
中	渴	割	滑	褐	辖	镰	罐	卷	陷	乾/干	勘	贯	唤	堪	换	敢	间	闲	劝	宽
日	幹	漢	慣	関	歓	監	緩	還	館	環	簡	観	韓	艦	鑑	含	頑	顔	願	机[2]
中	干	汉	惯	关	欢	监	缓	还	馆	环	简	观	韩	舰	鉴	含	顽	颜	愿	几
日	気	紀	軌	既	記	飢	鬼	帰	規	亀	幾	揮	貴	棄	毀	器	畿	輝	機	騎
中	气	纪	轨	既	记	饥	鬼	归	规	龟	几	挥	贵	弃	毁	器	畿	辉	机	骑
日	偽	義	儀	戯	擬	犠	議	喫	詰	虐	究	級	糾	宮	給	窮	拠	挙	許	魚
中	伪	义	仪	戏	拟	牺	议	吃	诘	虐	究	级	纠	宫	给	穷	据	举	许	鱼
日	漁	叫	協	況	脅	強	郷	橋	矯	鏡	競	響	驚	暁	業	極	均	勤	琴	僅
中	渔	叫	协	况	胁	强	乡	桥	矫	镜	竞	响	惊	晓	业	极	均	勤	琴	仅
日	緊	錦	謹	吟	銀	駆	具	空	窟	繰	訓	勲	薫	軍	系	径	茎	係	契	計
中	紧	锦	谨	吟	银	驱	具	空	窟	缲	训	勋	薰	军	系	径	茎	系	契	计
日	恵	啓	掲	渓	経	蛍	軽	傾	継	詣	慶	警	鶏	芸[1]	鯨	劇	撃	欠[2]	決	結
中	惠	启	揭	溪	经	萤	轻	倾	继	诣	庆	警	鸡	艺	鲸	剧	击	缺	决	结

① 与中国汉字“缶”同形，日本用作“罐”的简化字。

② 日本汉字“机”来自汉语“几案”之“几”的古异体，指桌子，与中国“機”的简化字“机”同形。

（续表）

日	傑	潔	見	券	肩	県	倹	剣	拳	軒	険	圏	堅	検	絹	権	憲	賢	謙	鍵
中	杰	洁	见	券	肩	县	俭	剑	拳	轩	险	圈	坚	检	绢	权	宪	贤	谦	键
日	繭	顕	験	懸	幻	玄	言	弦	現	舷	減	厳	戸	股	虎	個	庫	雇	誇	錮
中	茧	显	验	悬	幻	玄	言	弦	现	舷	减	严	户	股	虎	个	库	雇	夸	锢
日	顧	呉	後	娯	碁	語	誤	護	広	効	紅	航	貢	降	控	港	絞	項	溝	鉱
中	顾	吴	后	娱	棋	语	误	护	广	效	红	航	贡	降	控	港	绞	项	沟	矿
日	構	綱	興	鋼	講	購	剛	豪	刻	黒	穀	獄	骨	駒	頃	今	紺	魂	墾	懇
中	构	纲	兴	钢	讲	购	刚	豪	刻	黑	谷	狱	骨	驹	顷	今	绀	魂	垦	恳
日	沙	査	砂	唆	差	詐	鎖	才	災	砕	採	済	斎	細	債	歳	載	際	剤	財
中	沙	查	砂	唆	差	诈	锁	才	灾	碎	采	济	斋	细	债	岁	载	际	剂	财
日	罪	柵	索	酢	搾	錯	咲	冊	刹	殺	雑	桟	産	傘	酸	賛	残	斬	暫	市
中	罪	栅	索	醋	榨	错	笑	册	刹	杀	杂	栈	产	伞	酸	赞	残	斩	暂	市
日	四	糸	姉	師	恣	紙	視	紫	詞	歯	試	詩	資	飼	誌	雌	摯	賜	諮	児
中	四	丝	姊	师	恣	纸	视	紫	词	齿	试	诗	资	饲	志	雌	挚	赐	咨	儿
日	時	滋	慈	磁	餌	璽	識	軸	執	質	実	写	車	舎	捨	謝	邪	釈	酒	腫
中	时	滋	慈	磁	饵	玺	识	轴	执	质	实	写	车	舍	舍	谢	邪	释	酒	肿
日	種	呪	樹	収	舟	臭	修	終	羞	習	週	衆	醜	襲	従	渋	銃	獣	縦	粛
中	种	咒	树	收	舟	臭	修	终	羞	习	周	众	丑	袭	从	涩	铳	兽	纵	肃
日	縮	述	術	俊	春	瞬	純	順	準	潤	遵	処	所	書	緒	諸	少	抄	昇	将
中	缩	述	术	俊	春	瞬	纯	顺	准	润	遵	处	所	书	绪	诸	少	抄	升	将
日	称	商	渉	紹	訟	勝	焼	粧	詔	証	象	傷	奨	詳	衝	賞	償	鐘	条	乗
中	称	商	涉	绍	讼	胜	烧	妆	诏	证	象	伤	奖	详	冲	赏	偿	钟	条	乘
日	浄	剰	場	畳	縄	壌	嬢	錠	譲	醸	植	殖	飾	触	織	職	信	唇	真	針
中	净	剩	场	叠	绳	壤	娘	锭	让	酿	植	殖	饰	触	织	职	信	唇	真	针
日	深	紳	進	診	慎	新	審	薪	親	刃	甚	陣	尋	腎	須	図	帥	粋	酔	穂
中	深	绅	进	诊	慎	新	审	薪	亲	刃	甚	阵	寻	肾	须	图	帅	粹	醉	穗
日	髄	瀬	西	斉	省	勢	聖	誠	製	誓	請	脊	隻	責	跡	積	績	切	窃	設
中	髓	濑	西	齐	省	势	圣	诚	制	誓	请	脊	只	责	迹	积	绩	切	窃	设

① 与中国汉字“芸”同形，日本用作“艺”的简化字。

② 与中国汉字“欠”同形，日本用作“缺”的简化字。

（续表）

日	摂	節	説	絶	専	浅	扇	船	戦	煎	羨	詮	践	箋	銭	線	遷	選	薦	繊
中	摄	节	说	绝	专	浅	扇	船	战	煎	羡	诠	践	笺	钱	线	迁	选	荐	纤
日	鮮	禅	漸	繕	素	組	疎	訴	遡	礎	奏	荘	倉	捜	挿	巣	掃	曽	窓	創
中	鲜	禅	渐	缮	素	组	疏	诉	遡	础	奏	庄	仓	搜	插	巢	扫	曾	窗	创
日	喪	痩	僧	層	総	騒	像	増	憎	蔵	贈	臓	則	側	測	賊	続	率	孫	尊
中	丧	瘦	僧	层	总	骚	像	增	憎	藏	赠	脏	则	侧	测	贼	续	率	孙	尊
日	損	遜	駄	対	帯	泰	貸	隊	滞	態	題	滝	択	沢	卓	託	濯	諾	濁	達
中	损	逊	驮	对	带	泰	贷	队	滞	态	题	泷	择	泽	卓/桌	托	濯	诺	浊	达
日	奪	誰	単	炭	探	嘆	綻	誕	鍛	団	段	弾	談	壇	値	恥	遅	置	緻	畜
中	夺	谁	单	炭	探	叹	绽	诞	锻	团	段	弹	谈	坛	值	耻	迟	置	致	畜
日	蓄	築	窒	茶	着	沖	鋳	駐	貯	弔	庁	長	帳	張	彫	釣	頂	鳥	貼	腸
中	蓄	筑	窒	茶	着	冲	铸	驻	贮	吊	厅	长	帐/账	张	雕	钓	顶	鸟	贴	肠
日	徴	嘲	調	聴	懲	直	勅	捗	沈	陳	賃	鎮	墜	塚	漬	鶴	低	底	抵	邸
中	征	嘲	调	听	惩	直	敕	捗	沉	陈	赁	镇	坠	塚	渍	鹤	低	底	抵	邸
日	貞	訂	逓	偵	艇	締	諦	適	敵	溺	鉄	徹	添	転	塡	伝	殿	電	妬	塗
中	贞	订	递	侦	艇	缔	谛	适	敌	溺	铁	彻	添	转	填	传	殿	电	妒	涂
日	賭	投	東	凍	唐	島	討	棟	湯	統	稲	糖	頭	謄	闘	騰	動	銅	導	徳
中	赌	投	东	冻	唐	岛	讨	栋	汤	统	稻	糖	头	誊	斗	腾	动	铜	导	德
日	篤	毒	読	突	屯	豚	頓	貪	鈍	曇	謎	鍋	軟	難	弐	入	忍	認	寧	熱
中	笃	毒	读	突	屯	豚	顿	贪	钝	昙	谜	锅	软	难	贰	入	忍	认	宁	热
日	念	捻	悩	納	脳	農	濃	派	覇	馬	罵	拝	俳	排	敗	廃	輩	売	梅	買
中	念	捻	恼	纳	脑	农	浓	派	霸	马	骂	拜	俳	排	败	废	辈	卖	梅	买
日	賠	剝	舶	博	薄	縛	箸	八	鉢	発	髪	抜	罰	閥	反	氾	汎	判	坂	阪
中	赔	剥	舶	博	薄	缚	箸	八	钵	发	发	拔	罚	阀	反	泛	泛	判	坂	阪
日	板	版	般	販	飯	搬	煩	頒	範	繁	盤	晩	蛮	非	卑	飛	悲	扉	費	碑
中	板	版	般	贩	饭	搬	烦	颁	范	繁	盘	晚	蛮	非	卑	飞	悲	扉	费	碑
日	罷	備	微	鼻	筆	姫	氷	評	標	秒	浜	貧	賓	頻	敏	訃	負	婦	敷	膚
中	罢	备	微	鼻	笔	姬	冰	评	标	秒	滨	贫	宾	频	敏	讣	负	妇	敷	肤

（续表）

日	賦	譜	侮	舞	風	復	複	払	仏	紛	雰	噴	墳	憤	奮	聞	併	並	閉	幣
中	赋	谱	侮	舞	风	复	复	拂	佛	纷	氛	喷	坟	愤	奋	闻	并	并	闭	币
日	蔽	餅	別	蔑	辺	返	変	偏	遍	編	弁	勉	歩	補	舗	簿	包	奉	抱	泡
中	蔽	饼	别	蔑	边	返	变	偏	遍	编	辨/瓣/辩	勉	步	补	铺	簿	包	奉	抱	泡
日	胞	俸	倣	砲	訪	報	豊	飽	縫	房	冒	紡	帽	棒	貿	謀	頬	睦	僕	墨
中	胞	俸	仿	炮	访	报	丰	饱	缝	房	冒	纺	帽	棒	贸	谋	颊	睦	仆	墨
日	撲	没	魔	毎	満	魅	脈	妙	務	無	夢	霧	銘	鳴	滅	免	綿	麺	網	黙
中	扑	没	魔	每	满	魅	脉	妙	务	无	梦	雾	铭	鸣	灭	免	绵	面	网	默
日	門	紋	問	弥	役	約	訳	薬	躍	闇	喩	諭	輸	癒	勇	幽	郵	湧	猶	遊
中	门	纹	问	弥	役	约	译	药	跃	暗	喻	谕	输	愈	勇	幽	邮	涌	犹	游
日	誘	憂	融	優	与	誉	予	預	幼	揚	揺	葉	陽	様	瘍	窯	養	擁	謡	曜
中	诱	忧	融	优	与	誉	预	预	幼	扬	摇	叶	阳	样	疡	窑	养	拥	谣	曜
日	羅	頼	絡	覧	濫	藍	欄	裏	離	陸	慄	竜	隆	侶	旅	虜	慮	両	涼	猟
中	罗	赖	络	览	滥	蓝	栏	里	离	陆	栗	龙	隆	侣	旅	虏	虑	两	凉	猎
日	陵	領	療	瞭[①]	糧	緑	倫	輪	隣	臨	瑠	涙	累	塁	類	令	冷	戻	鈴	零
中	陵	领	疗	了	粮	绿	伦	轮	邻	临	琉	泪	累	垒	类	令	冷	戾	铃	零
日	霊	隷	齢	麗	暦	歴	劣	恋	連	練	錬	呂	炉	賂	労	籠	録	論	話	賄
中	灵	隶	龄	丽	历	历	劣	恋	连	练	炼	吕	炉	赂	劳	笼	录	论	话	贿
日	脇	湾																		
中	胁	湾																		

3. 日本独用的汉字（9个）

込、働、峠、丼、匂、畑、塀、堀、枠

三、韩国汉字

与日本相似，汉字在历史上也被韩国用于记录本民族语言。此后，韩国创造了本

① 繁体字的“瞭”读 liǎo 时简化为“了”；读 liào，用于“瞭望”时不简化。日本汉字中“瞭”的意义相当于汉语中 liǎo 一读。

民族的表音文字系统——谚文，与汉字夹用。

目前，韩文一般场合的书写主要使用谚文，在特殊场合仍然使用汉字。

1972 年，韩国公布了 1800 个教育用基础汉字，但实际使用的汉字不限于此。目前，韩国使用的汉字与港澳台地区使用的繁体汉字大致相同，但韩国汉字保留了更多的旧字形特征。

为便于读者比较和学习，以下按照与中国规范汉字相同、与中国规范汉字不同、韩国独用三类，分别列出韩国《教育用汉字表》中的全部汉字，排序按照《教育用汉字表》原有的韩语字母顺序。

表 8-2　韩国教育用汉字

1. 与中国规范汉字相同的韩国汉字（875 个）

佳	假	加	可	街	暇	架	各	脚	却	干	看	刊	肝	渴	感	甘	甲	江	康
皆	介	客	更	去	居	巨	拒	距	建	件	健	乞	格	激	犬	缺	京	庚	敬
景	耕	境	硬	竟	季	界	癸	戒	桂	械	古	告	固	故	考	苦	高	姑	孤
枯	稿	鼓	曲	谷	哭	困	坤	共	功	工	供	孔	恐	恭	攻	果	科	寡	郭
官	冠	管	光	狂	怪	交	校	巧	郊	久	九	口	句	救	求	丘	俱	具	拘
狗	球	苟	局	菊	君	郡	群	屈	弓	厥	菌	克	勤	根	斤	禁	金	禽	肯
其	基	己	技	期	起	企	器	奇	寄	忌	旗	期	吉	南	男	娘	乃	奈	耐
女	年	怒	努	奴	能	泥	多	丹	但	短	端	旦	檀	淡	答	踏	堂	唐	糖
代	大	待	德	刀	到	度	徒	倒	挑	桃	渡	跳	陶	督	敦	冬	同	洞	童
斗	豆	得	登	等	落	卵	浪	掠	略	良	量	梁	旅	力	列	烈	裂	例	老
路	露	鹿	弄	雷	料	了	僚	漏	柳	流	留	六	律	栗	率	隆	利	李	理
里	吏	履	梨	林	立	莫	幕	漠	晚	慢	漫	末	亡	忙	忘	望	妄	罔	茫
妹	每	埋	媒	梅	孟	猛	盟	盲	免	勉	眠	面	名	命	明	冥	暮	母	毛
侮	冒	募	慕	某	模	貌	木	目	牧	卯	墓	苗	戊	武	舞	茂	墨	默	文
勿	物	味	尾	未	米	美	眉	民	敏	密	蜜	朴	博	拍	泊	薄	班	放	方
防	傍	妨	芳	杯	倍	培	背	白	百	伯	番	伐	凡	犯	法	壁	碧	辨	丙
兵	病	保	普	伏	服	卜	腹	覆	本	封	蜂	否	夫	富	扶	部	付	副	府
符	簿	腐	赴	附	北	奔	不	佛	拂	朋	崩	比	卑	妃	婢	批	碑	肥	聘
事	仕	使	史	士	寺	巳	射	思	死	私	舍	似	司	斜	斯	蛇	朔	山	散
算	三	上	常	想	相	霜	床	桑	裳	塞	色	生	序	庶	徐	恕	夕	席	惜
昔	石	析	仙	先	善	宣	旋	舌	城	姓	性	成	星	盛	世	洗	小	所	笑

（续表）

召	昭	疏	蔬	俗	束	粟	刷	受	守	愁	手	授	水	秀	首	囚	垂	搜	殊
睡	需	叔	宿	淑	孰	熟	循	旬	殉	戍	崇	拾	乘	承	始	施	是	示	侍
矢	式	息	申	臣	身	辛	伸	晨	失	室	心	十	氏	我	岳	安	案	眼	岸
雁	暗	押	仰	央	殃	哀	涯	厄	也	夜	野	耶	若	洋	羊	壤	御	抑	焉
余	如	汝	予	亦	易	域	然	宴	延	演	燃	燕	炎	染	永	英	影	映	泳
五	午	吾	悟	傲	屋	玉	瓦	完	曰	往	王	畏	要	腰	欲	浴	辱	容	用
庸	于	又	友	右	宇	尤	牛	雨	偶	愚	云	雄	元	原	怨	源	院	月	越
位	危	威	委	慰	胃	唯	有	柔	油	由	儒	悠	惟	裕	肉	育	恩	乙	音
泣	邑	凝	依	意	矣	衣	宜	疑	二	以	已	移	而	耳	夷	人	仁	因	寅
引	忍	姻	一	日	壬	任	姊	子	字	自	刺	作	昨	章	掌	葬	藏	障	再
哉	在	材	栽	宰	裁	的	赤	寂	摘	滴	籍	典	前	展	田	折	店	占	接
蝶	丁	井	停	定	庭	政	正	亭	廷	征	整	帝	弟	祭	第	除	制	堤	提
兆	助	早	朝	操	潮	照	燥	租	族	足	存	卒	拙	宗	坐	左	佐	座	主
住	宙	朱	注	走	周	州	柱	株	洲	珠	竹	中	重	仲	症	蒸	之	只	地
志	持	指	支	枝	止	知	至	智	池	辰	振	珍	震	疾	秩	集	且	借	此
捉	察	唱	昌	菜	彩	策	妻	尺	戚	拓	斥	千	天	川	泉	哲	妾	替	初
招	草	超	促	寸	村	最	催	推	秋	抽	出	充	忠	取	吹	就	臭	趣	治
致	七	漆	枕	快	他	打	妥	卓	托	塔	太	怠	殆	宅	土	吐	痛	特	波
破	把	播	派	便	片	肺	布	抱	包	捕	浦	胞	暴	幅	爆	表	漂	票	品
彼	皮	疲	被	匹	必	下	何	夏	河	荷	恨	限	旱	汗	咸	合	恒	巷	抗
港	海	幸	行	向	香	享	革	血	兄	刑	形	亨	衡	惠	乎	呼	好	湖	互
毫	浩	胡	或	惑	婚	混	昏	忽	弘	洪	和	火	禾	患	丸	活	皇	荒	回
悔	孝	效	厚	侯	候	携	休	凶	胸	黑	吸	喜	希	稀					

2. 与中国规范汉字不同的韩国汉字（924 个）

韩	價	家	歌	角	刻	覺	閣	間	姦	幹	懇	簡	敢	減	監	鑑	強	講	降	剛
中	价	家	哥	角	刻	觉	阁	间	奸	干	恳	简	敢	减	监	鉴	强	讲	降	刚
韩	綱	鋼	個	改	開	慨	概	蓋	擧	車	據	乾	傑	儉	劍	檢	擊	隔	堅	見
中	纲	钢	个	改	开	慨	概	盖	举	车	据	乾/干	杰	俭	剑	检	击	隔	坚	见
韩	牽	絹	肩	遣	決	潔	結	兼	謙	慶	競	經	輕	驚	傾	卿	徑	警	鏡	頃
中	牵	绢	肩	遣	决	洁	结	兼	谦	庆	竞	经	轻	惊	倾	卿	径	警	镜	顷

（续表）

韩	溪	計	鷄	係	啓	契	系	繫	繼	階	庫	顧	穀	骨	公	空	貢	課	過	誇
中	溪	计	鸡	系	启	契	系	系	继	阶	库	顾	谷	骨	公	空	贡	课	过	夸
韩	觀	關	寬	慣	貫	館	廣	鑛	掛	塊	壞	愧	敎	橋	矯	較	究	舊	區	懼
中	观	关	宽	惯	贯	馆	广	矿	挂	块	坏	愧	教	桥	矫	较	究	旧	区	惧
韩	構	驅	龜	國	軍	宮	窮	勸	卷	權	劵	拳	軌	歸	貴	鬼	叫	糾	規	均
中	构	驱	龟	国	军	宫	穷	劝	卷	权	券	拳	轨	归	贵	鬼	叫	纠	规	均
韩	極	劇	近	僅	謹	今	琴	錦	及	急	給	級	幾	旣	氣	記	棄	機	畿	祈
中	极	剧	近	仅	谨	今	琴	锦	及	急	给	级	几	既	气	记	弃	机	畿	祈
韩	紀	豈	飢	騎	緊	那	諾	暖	難	納	內	念	寧	農	惱	腦	茶	單	團	壇
中	纪	岂	饥	骑	紧	那	诺	暖	难	纳	内	念	宁	农	恼	脑	茶	单	团	坛
韩	斷	段	達	談	擔	當	黨	對	帶	臺	貸	隊	圖	島	道	都	塗	導	盜	稻
中	断	段	达	谈	担	当	党	对	带	台	贷	队	图	岛	道	都	涂	导	盗	稻
韩	逃	途	獨	讀	毒	篤	豚	突	動	東	凍	銅	頭	屯	鈍	燈	騰	羅	樂	絡
中	逃	途	独	读	毒	笃	豚	突	动	东	冻	铜	头	屯	钝	灯	腾	罗	乐	络
韩	亂	欄	蘭	濫	覽	郎	廊	來	冷	兩	凉	糧	諒	勵	慮	麗	歷	曆	練	連
中	乱	栏	兰	滥	览	郎	廊	来	冷	两	凉	粮	谅	励	虑	丽	历	历	练	连
韩	憐	戀	聯	蓮	鍊	劣	廉	獵	令	領	嶺	零	靈	禮	隸	勞	爐	綠	祿	錄
中	怜	恋	联	莲	炼	劣	廉	猎	令	领	岭	零	灵	礼	隶	劳	炉	绿	禄	录
韩	論	賴	龍	屢	樓	淚	累	類	陸	倫	輪	陵	裏	離	鄰	臨	馬	磨	痲	滿
中	论	赖	龙	屡	楼	泪	累	类	陆	伦	轮	陵	里	离	邻	临	马	磨	麻	满
韩	萬	買	賣	麥	脈	綿	滅	鳴	銘	謀	睦	沒	夢	蒙	妙	廟	務	無	貿	霧
中	万	买	卖	麦	脉	绵	灭	鸣	铭	谋	睦	没	梦	蒙	妙	庙	务	无	贸	雾
韩	問	聞	門	微	迷	憫	迫	半	反	飯	伴	叛	盤	般	返	發	拔	髮	房	訪
中	问	闻	门	微	迷	悯	迫	半	反	饭	伴	叛	盘	般	返	发	拔	发	房	访
韩	倣	邦	拜	排	輩	配	煩	繁	飜	罰	範	變	辯	邊	別	屛	竝	報	步	寶
中	仿	邦	拜	排	辈	配	烦	繁	翻	罚	范	变	辩	边	别	屏	并	报	步	宝
韩	補	譜	復	福	複	奉	逢	峯	鳳	婦	浮	父	負	賦	分	墳	奮	憤	粉	紛
中	补	谱	复	福	复	奉	逢	峰	凤	妇	浮	父	负	赋	分	坟	奋	愤	粉	纷
韩	備	悲	非	飛	鼻	祕	費	貧	賓	頻	氷	四	師	絲	謝	寫	捨	査	沙	祀
中	备	悲	非	飞	鼻	秘	费	贫	宾	频	冰	四	师	丝	谢	写	舍	查	沙	祀

（续表）

韩	社	詐	詞	賜	辭	邪	削	產	殺	傷	商	喪	尙	賞	像	償	嘗	狀	祥	詳
中	社	诈	词	赐	辞	邪	削	产	杀	伤	商	丧	尚	赏	像	偿	尝	状	祥	详
韩	象	索	暑	書	西	敍	緖	署	誓	逝	釋	線	船	選	鮮	禪	設	說	雪	攝
中	象	索	暑	书	西	叙	绪	署	誓	逝	释	线	船	选	鲜	禅	设	说	雪	摄
韩	涉	省	聖	聲	誠	勢	歲	稅	細	少	消	素	掃	燒	蘇	訴	騷	續	速	屬
中	涉	省	圣	声	诚	势	岁	税	细	少	消	素	扫	烧	苏	诉	骚	续	速	属
韩	孫	損	松	送	訟	誦	頌	鎖	衰	修	壽	收	數	樹	誰	雖	須	帥	獸	輸
中	孙	损	松	送	讼	诵	颂	锁	衰	修	寿	收	数	树	谁	虽	须	帅	兽	输
韩	遂	隨	肅	純	順	巡	瞬	脣	術	述	習	濕	襲	勝	僧	昇	市	時	視	詩
中	遂	随	肃	纯	顺	巡	瞬	唇	术	述	习	湿	袭	胜	僧	升	市	时	视	诗
韩	試	植	識	食	飾	信	新	神	愼	實	深	甚	審	尋	雙	兒	亞	牙	芽	雅
中	试	植	识	食	饰	信	新	神	慎	实	深	甚	审	寻	双	儿	亚	牙	牙	雅
韩	餓	惡	顔	謁	巖	壓	愛	額	弱	約	藥	躍	揚	讓	陽	養	楊	樣	於	漁
中	饿	恶	颜	谒	岩	压	爱	额	弱	约	药	跃	扬	让	阳	养	杨	样	于	渔
韩	語	魚	億	憶	言	嚴	業	與	餘	輿	逆	役	疫	譯	驛	煙	硏	沿	緣	軟
中	语	鱼	亿	忆	言	严	业	与	余	舆	逆	役	疫	译	驿	烟	研	沿	缘	软
韩	鉛	悅	熱	閱	鹽	葉	榮	迎	營	詠	藝	譽	銳	豫	烏	誤	鳴	娛	汚	獄
中	铅	悦	热	阅	盐	叶	荣	迎	营	咏	艺	誉	锐	豫	乌	误	鸣	娱	污	狱
韩	溫	擁	翁	臥	緩	外	搖	謠	遙	慾	勇	憂	遇	優	羽	郵	運	雲	韻	圓
中	温	拥	翁	卧	缓	外	摇	谣	遥	欲	勇	忧	遇	优	羽	邮	运	云	韵	圆
韩	園	遠	願	員	援	偉	爲	僞	圍	緯	衛	謂	違	幼	猶	遊	遺	酉	乳	幽
中	园	远	愿	员	援	伟	为	伪	围	纬	卫	谓	违	幼	犹	游	遗	酉	乳	幽
韩	愈	維	誘	潤	閏	銀	隱	吟	陰	飮	淫	應	義	議	醫	儀	異	益	翼	印
中	愈	维	诱	润	闰	银	隐	吟	阴	饮	淫	应	义	议	医	仪	异	益	翼	印
韩	認	逸	賃	入	慈	者	姿	恣	紫	玆	資	爵	酌	殘	暫	潛	雜	場	壯	將
中	认	逸	赁	入	慈	者	姿	恣	紫	兹	资	爵	酌	残	暂	潜	杂	场	壮	将
韩	長	丈	墻	獎	帳	張	粧	腸	臟	莊	裝	才	財	災	載	爭	低	著	貯	底
中	长	丈	墙	奖	帐	张	妆	肠	脏	庄	装	才	财	灾	载	争	低	著	贮	底
韩	抵	敵	適	積	績	賊	跡	傳	全	戰	錢	電	專	殿	轉	節	絶	切	竊	漸
中	抵	敌	适	积	绩	贼	迹	传	全	战	钱	电	专	殿	转	节	绝	切	窃	渐

（续表）

韩	點	情	淨	精	貞	靜	頂	程	訂	製	諸	題	濟	際	齊	祖	調	造	鳥	弔
中	点	情	净	精	贞	静	顶	程	订	制	诸	题	济	际	齐	祖	调	造	鸟	吊
韩	條	組	尊	從	種	終	鐘	縱	罪	晝	酒	奏	舟	鑄	俊	準	遵	衆	卽	增
中	条	组	尊	从	种	终	钟	纵	罪	昼	酒	奏	舟	铸	俊	准	遵	众	即	增
韩	曾	證	憎	贈	紙	誌	遲	直	織	職	盡	眞	進	鎭	陣	陳	質	姪	執	徵
中	曾	证	憎	赠	纸	志	迟	直	织	职	尽	真	进	镇	阵	陈	质	侄	执	征
韩	懲	次	差	着	錯	讚	贊	參	慘	慙	窓	倉	創	暢	蒼	採	債	冊	責	處
中	惩	次	差	着	错	赞	赞	参	惨	惭	窗	仓	创	畅	苍	采	债	册	责	处
韩	淺	薦	賤	踐	遷	鐵	徹	尖	添	晴	淸	聽	請	靑	廳	體	滯	逮	遞	抄
中	浅	荐	贱	践	迁	铁	彻	尖	添	晴	清	听	请	青	厅	体	滞	逮	递	抄
韩	礎	秒	肖	燭	觸	總	聰	銃	追	醜	丑	祝	畜	築	縮	蓄	逐	春	蟲	衝
中	础	秒	肖	烛	触	总	聪	铳	追	丑	丑	祝	畜	筑	缩	蓄	逐	春	虫	冲
韩	醉	側	測	層	齒	値	恥	置	則	親	針	侵	寢	沈	浸	稱	墮	濁	濯	彈
中	醉	侧	测	层	齿	值	耻	置	则	亲	针	侵	寝	沈/沉	浸	称	堕	浊	濯	弹
韩	歎	炭	誕	脫	奪	探	貪	湯	泰	態	擇	澤	討	統	通	退	投	透	鬪	罷
中	叹	炭	诞	脱	夺	探	贪	汤	泰	态	择	泽	讨	统	通	退	投	透	斗	罢
韩	頗	判	板	版	販	八	敗	貝	篇	偏	編	遍	平	評	閉	幣	廢	弊	蔽	飽
中	颇	判	板	版	贩	八	败	贝	篇	偏	编	遍	平	评	闭	币	废	弊	蔽	饱
韩	標	豐	風	避	筆	畢	賀	學	鶴	寒	漢	閑	韓	割	含	陷	航	項	亥	害
中	标	丰	风	避	笔	毕	贺	学	鹤	寒	汉	闲	韩	割	含	陷	航	项	亥	害
韩	解	奚	該	核	鄕	響	虛	許	憲	獻	軒	險	驗	現	賢	懸	玄	絃	縣	顯
中	解	奚	该	核	乡	响	虚	许	宪	献	轩	险	验	现	贤	悬	玄	弦	县	显
韩	穴	嫌	協	脅	螢	兮	慧	戶	虎	號	護	豪	魂	紅	鴻	化	畫	花	華	話
中	穴	嫌	协	胁	萤	兮	慧	户	虎	号	护	豪	魂	红	鸿	化	画	花	华	话
韩	貨	禍	擴	確	穫	歡	換	環	還	黃	況	會	懷	劃	獲	橫	曉	後	訓	毁
中	货	祸	扩	确	获	欢	换	环	还	黄	况	会	怀	划	获	横	晓	后	训	毁
韩	揮	輝	興	戲																
中	挥	辉	兴	戏																

3. 韩国独用的汉字（1 个）

畓

【思考与练习九】

一、汉字规范化工作的“四定”分别指什么？

二、写出下列繁体字对应的简化字。

貝　烏　麥　會　風　嘗　聽　傳　樂　聖　華

撲　戰　陰　習　廟　憲　竄　齣　闊　纖　徽

三、改正下列词语中错误的繁体字。

見麵　鄰裏　錶格　山穀　復習　乾部　皇後　係統　日歷　論罎

心髒　禦花園　理發店　沈陽市　窗明幾淨　鬆柏長青　蕓蕓衆生

四、写出下列异体字对应的规范汉字。

覇　彫　妬　湊　湧　跡

五、写出下列异形词的规范词形。

录象　摹拟　禀承　帐本　污七八糟　秀外惠中

六、改正下列词语中的错字。

真实　　　　武术　　　　崇拜

躹躬　　　　步伐　　　　微小

荡漾　　　　土壤　　　　富裕

环绕　　　　莲花　　　　颐和园

七、改正下列词语中的别字。

按排　浪废　取销　时侯　竟赛　克苦　即然　瞻养　煤碳　编篡

对奕　渲泄　弛名　既使　撼卫　渡假　安祥　哈蜜瓜　入场卷

名信片　三步曲　谈笑风声　好高骛远　再接再励　鬼鬼崇崇

怄心沥血　烂竽充数　自做自受　黄粱美梦　金榜提名　老奸巨滑

一愁莫展　甘败下风　慢不经心　惹事生非　察颜观色　义气风发

病入膏盲　脍炙人口　穿流不息　饮鸠止渴　草管人命　出奇不意

八、除中国内地（大陆）的规范汉字外，在其他的国家和地区还存在哪些汉字的用字规范？举例说明它们与中国内地（大陆）的规范汉字有什么不同。

九、有人说，繁体字“親、愛”简化为“亲、爱”之后，就“亲不见、爱无心”了，可见只有繁体字才能传承汉字的文化内涵，因此应该抛弃简化字，恢复繁体字。你如何看待这种认识？

十、目前网络上出现了一种将所要表达的汉字用形近或音近的生僻字或其他符号代替的“火星文”，如将“每天爱你多一点”写成“烸兲嫒沵哆①點”。你如何看待这种现象？

第十章
汉字的查检

学习、使用任何一种语言，面对不理解的字词，查询辞书都是必不可少的。对于表音文字，由于其字母数量有限，而且存在着顺序确定的字母表，因此查检辞书十分简单，只需要按照字母表的顺序进行检索。而汉字的排序、查检则需要设计专门的方案。因此，学习汉字必须了解和掌握汉字的排序与查检规则。无论是现代汉语还是古代汉语，都有着丰富的辞书资源。不同的辞书各有其特点，根据不同的目的选择不同的辞书，有助于汉语学习。

第一节　汉字的检字法

编排汉语辞书时，面对数量繁多的汉字，需要依照某种统一的标准对汉字进行排序和索引，以便使用者检索。这种对汉字进行排序、索引的方法就是**检字法**。

汉字具有音、形、义三方面的属性，理论上这三方面的属性都可以用于检字法，但字义系统难以确定一个统一、明确、可操作的标准，因此现在的汉语辞书很少使用以字义为标准的检字法。在检字法中应用更多的是字音、字形两方面的标准，即音序与形序。

一、音序检字法

音序检字法即按照汉字的字音进行排序、索引的方法。目前中国内地（大陆）使用的音序检字法以《汉语拼音方案》为本。

由于汉字注音所使用的《汉语拼音方案》采用拉丁字母形式，并且按照国际通用的 26 个拉丁字母的顺序规定了字母表，因此可以按照汉字所对应的汉语拼音为汉字排序。音序法排序的规则与其他使用拉丁字母的文字相似，只需依次比较各个字母在字母表中的前后位置，对于声母、韵母均相同的汉字，按照“阴平、阳平、上声、去声、轻声”的顺序排列。[①]

注意，《汉语拼音方案》规定：“V只用来拼写外来语、少数民族语言和方言。”因此实际只利用了除V外的25个拉丁字母，但同时增加了两个带附加符号的元音字母：ü、ê（用于语气词“欸”）。在音序检字法中，ü在排序时首先视为u，在此基础上，当含u的音节与含ü的音节其他字母都相同时，ü排在u后，如：lu → lü → luan → lüe → lun。而字母ê只能自成音节，此时排在音节e之后，即e → ê → en。

音序法使用简便，对于读音已知的汉字，适合使用音序法查检。《新华字典》《现代汉语词典》等辞书的正文中，汉字均是按照音序法编排的，这些辞书附有音节检字表，可以根据音节直接查找出对应的页码。

但音序法的局限性也是明显的，对于不认识的汉字，无法确定读音，自然也无法按照音序法查找。同时，音序法只能排列不同的音节，对于同音字，还需要借助其他手段（即形序检字法）确定它们的顺序。

二、形序检字法

形序检字法即按照汉字的字形进行排序、索引的方法。它可以满足查检生字的需要。

针对汉字的字形可以从不同的角度提取出排序的标准，因此存在着部首法、笔画法、四角号码法等不同的形序检字法。

（一）部首检字法

部首检字法按照汉字的部首对汉字进行排序。前文中已提到，部首是汉字偏旁中具有字形归类作用的一部分，与表意部件关系密切。现代使用的部首法，以字形本身为主要依据。

中华人民共和国教育部、国家语言文字工作委员会2009年发布了《汉字部首表》（GF 0011-2009），规定了汉字的部首表及其使用规则，通过将来源相同或形体相近的部首进行归并，共规定主部首（指有不同写法的部首中具有代表性的书写形式）201个，附形部首（指附属于主部首的书写形式）100个。

① 在电脑和手机上利用拼音输入汉字时一般不考虑声调，需要根据输入后呈现的汉字来选择。

在《汉字部首表》基础上制定的《GB13000.1字符集汉字部首归部规范》(GF0012-2009)，对GB13000.1字符集中的20902个汉字逐一确定了部首。该规范提出了如下5条确定部首的规则：

1. 从汉字的左、上、外位置取部首。如果左和右、上和下、外和内都是部首，则只取左、上、外位置的部首。

示例：

彬（木） 旧（丨） 裹（亠） 暮（艹） 圆（囗） 闻（门）

2. 如果汉字的左、上不是部首，右、下是部首，则取右、下位置的部首；半包围结构的字，如果外不是部首，内是部首，则取内。

示例：

颖（页） 荆（刀） 弯（弓） 矍（又） 岛（山） 载（车）

3. 如果汉字的左和右、上和下都不是部首，则按照先左后右、先上后下的顺序，从偏旁的位置取部首。

示例：

蠲（皿） 嬲（田） 赜（贝） 蠢（虫） 氅（攴） 赢（月）

4. 如果由上述位置取不到部首的左右结构、上下结构、包围结构的字或其他字，则从起笔的位置取单笔部首。

示例：

逮（一） 畅（丨） 乖（一） 粤（丿） 举（丶） 彧（一）

三（一） 果（丨） 我（丿） 良（丶） 乖（丿） 承（乛）

5. 如果在取部位置上少笔与多笔几个部首出现叠合时，则取多笔部首，不取少笔部首。

示例：

赣，左旁的上头有“丶”“亠”“立”“音”等部首叠合，取“音”；

靡，外框有“丶”“广”“麻”等部首叠合，取“麻”；

戚，起笔处有“一”“戈”等部首叠合，取“戈”；

太，起笔处有“一”“大”等部首叠合，取“大”。

《新华字典》(第11版)、《现代汉语词典》(第7版)中部首的确定均遵循了上述原则。同时，为了查检的方便，这些辞书也允许同一个字归入多个部首。例如，《现代汉语词典》(第7版)中“泵”字按照上述规范应归入“石”部，但也可以在“水”部作为“非规定的归部”查到。

字典中的部首索引一般包括两部分：部首目录和部首检字表。在用部首法查字时，首先需要确定部首，在“部首目录”中按照部首的笔画数，查到该部首所对应的“部首检字表”页码，并在“部首检字表”相应的页码中找到该部首；然后，在该部首下，按照除部首外剩余的笔画数查到待查字对应的正文页码。

例如，在《现代汉语词典》(第 7 版) 中查找“诗”字时，由于它的部首为 2 画的“讠”，除部首外的剩余部分为 6 画的“寺”，查该字时，先在“部首目录”中“二画”下查到“讠”部在第 62 页，然后据此在“检字表”第 62 页找到“讠”部，在该部内的“六画”下即可查到“诗”字对应的正文页码 1178。

查找生字时，一般来说，部首法是最有效的一种方法，它要求正确判断部首，并正确计算笔画数。但它也存在一定的局限，如有些字的部首不容易确定，在不同的字典中处理也有不同。尤其是一些结构复杂的独体字，如“再、曳、农、弗、两、我”等，不易确定部首。为了方便查检，一般字典的“部首检字表”后都附有“难检字笔画索引”，收录这些不易确定部首的字并按笔画数排列。

（二）笔画检字法

笔画检字法按照汉字的笔画数和笔形对汉字进行排序。基本规则是：先按笔画数目排列，笔画数少的在前；如果笔画数相同，则依次比较各笔的笔形。最常使用的是“札”字法，即按照“横竖撇点折”(“札”字的笔顺) 的顺序排列。例如，同为三笔，“三”的笔画依次为横、横、横，“干”为横、横、竖，“上”为竖、横、横，因此“三”在“干”前，“干”又在“上”前。对于笔画数相同，且各笔笔形均相同的汉字，还有一些确定前后顺序的具体细则。除“札”字法外，也有使用“江天日月红”法（点横竖撇折，即“江天日月红”五个字的首笔）或“丙”字法（横竖折撇点，即“丙”字的笔顺）为汉字排序的情况。在查检时需要先了解工具书的排序规则。

笔画法可以用来为任意范围的通用汉字明确排序，因此常用于需要排序的场合，《通用规范汉字表》中的汉字就是按照“札”字法的笔画顺序排列的。一些名单也是按照笔画多少排序的，以显示不分先后的平等地位。

笔画法也存在着一定的局限。在一本辞书所收的汉字中，笔画数相同的字往往很多，按照笔画顺序来查找目标字并不容易。因此，一般字典中笔画法较少单独用于查检，而是作为其他检字法的辅助手段。在部首检字法中，同一部首下的不同汉字以及“难检字笔画索引”都是按照笔画顺序排列的。按音序排列的字典正文中，同音字一般也按照笔画顺序确定先后。

同时，有些字笔画繁多，笔画数的计算比较困难，如“衢（qú，24 画）、鬣（liè，25 画）、齉（nàng，36 画）”等；也有的字笔顺存在分歧，如“快”字的前三笔按照规范是点、点、竖，但有些人书写的顺序是点、竖、点。这都给使用笔画检字法带来了一定的困难。

（三）四角号码检字法

四角号码检字法是一种将汉字的不同笔形转化为数字代码，进而排序查检的方法。《新华字典》（第 11 版）除“部首检字表”“音序检字表”外，大字本还附有“四角号码检字表”。另有一些辞书正文也是按四角号码顺序编排的，如《四角号码新词典》。但由于四角号码法规则烦琐，且某些字的取码存在歧义，同码字较多，不如部首检字法容易掌握，因此现在使用范围较狭窄，汉语作为第二语言的汉字教学中并不使用。

第二节　汉字查检常用工具书和网络资源

下面介绍几种现代汉语和古代汉语的常用工具书以及常用的汉字查检网络资源。

一、现代汉语工具书

（一）《新华字典》

《新华字典》由中国社会科学院语言研究所编写，商务印书馆出版，2011 年出版第 11 版。这是国内目前最权威、最有影响的一部小型辞书，主要供中小学教师和学生使用，中等程度以上的读者也可参考。该字典采用音序检字法和部首检字法，大字本同时附有四角号码检字法。主要用来查检单字，共收单字 13000 多个（含繁体字、异体字），按照音序排列，同时收有 3300 多个带注解的复音词。

目前，《新华字典》也在 iOS 和 Android 平台上推出了 APP，除完整收录《新华字典》（第 11 版）纸质版的全部内容外，也提供字级、部首、笔画、结构等汉字的属性信息，并有语音朗读、规范笔顺展示（动态、静态两种模式）、易错字提示等功能。在检索时，也支持手写、摄像头取字和语音输入。

（二）《现代汉语词典》

《现代汉语词典》由中国社会科学院语言研究所词典编辑室编写，商务印书馆出版，2016 年出版第 7 版。这是一部以记录普通话语汇为主的中型词典，供中等以上文化程度的读者使用。该词典采用音序检字法和部首检字法，既可以用来查检单字，也可以查检复音词、熟语、成语等，共收单字 13000 余个，词条 69000 余条。

目前,《现代汉语词典》也在 iOS 和 Android 平台上推出了 APP，除完整收录《现代汉语词典》(第 7 版）纸质版的全部内容外，还依据《新华同义词词典》《新华写字字典》《通用规范汉字字典》等辞书提供反义词、同义词及同义词辨析、汉字动态标准笔顺、字级等内容，并提供语音朗读、同音字、同部首字、同音词、顺序词、居中词、倒序词、相关词。在检索时同样支持手写、摄像头取字和语音输入，且 APP 内支持全文任意字词“即点即查”。

（三）《现代汉语规范词典》

《现代汉语规范词典》由李行健主编，外语教学与研究出版社和语文出版社共同出版，2014 年出版第 3 版。这是一部面向中等文化程度读者的中型词典，严格遵照国家现行语言文字标准确定字形、读音、词形等。该词典采用音序检字法和部首检字法，共收单字 12000 余个，词条 72000 余条。对于容易混淆的多音字和近义词，专门设有辨析，便于学习。

（四）《辞海》

《辞海》由上海辞书出版社出版，2009 年出版第 6 版。这是一部大型的综合性百科辞书。该辞书采用音序检字法、部首检字法、笔画检字法和四角号码检字法，以“以字带词”的形式编排，收录有大量的百科条目，兼有字典、语文词典和百科词典的功能，共收单字 17914 个，词目 127200 余条。

二、古代汉语工具书

（一）《说文解字》

《说文解字》由东汉许慎编写，目前通行的版本由北宋徐铉等校定，主要收录篆书字形并解释意义，以“六书”为据解释构造理据，共收字 9353 个，另有重文（异体字）1163 个。这是中国第一部系统地分析字形并考究字源的字书。该书的编排严格遵循文字学意义的部首原则，共分 540 部，可以用来了解汉字本义和考证构造理据。但由于时代的局限性，该书对字源的解释并不完全正确，只能作为参考。

（二）《康熙字典》

《康熙字典》由清代张玉书、陈廷敬等于公元 1710 — 1716 年间编写，“字典”之名由此开始。这是一部大型的古汉语字典，据今人统计，收字 46964 个（原书所记为 47035 个），适用于在古典文献研究中查找其他字典不收的古字、僻字、异体字等。该字典按照部首和笔画顺序编排，共分 214 部，归部原则在《说文解字》的文字学原则基础上做了一些调整。注音使用反切法[①]，无法直接对应普通话的读音。现代出版的某些版本也加入了汉语拼音注音，可供参考。

（三）《汉语大字典》

《汉语大字典》由汉语大字典编辑委员会编，徐中舒主编，四川辞书出版社和湖北辞书出版社共同出版，2010 年出版第 2 版。这是以解释汉字的音、形、义为主要任务的大型语文工具书。该字典共收单字 60370 个，按改进的 200 个部首检排，并附有“笔画检字表”和“音序检字表”，是目前收字最多的汉语字典之一，古今文献资料中出现的单字基本都可以从该书中查到。

（四）《辞源》

《辞源》由商务印书馆出版，2015 年出版第 3 版。该辞书共收字头 14210 个，词条 92646 条，沿用《康熙字典》的部首系统，并附有“音序检字表”和“四角号码检字表”。这是一部兼收古汉语普通词语和百科词语的大型综合性词典。它以传世古典文献所用字作为阐释对象，注重考证字词的语源及其发展变化过程，并收有古代人名、地名、典章制度等百科条目，所收条目附有古典文献用例，是阅读古籍时查检词义、典故、名物的重要工具书。

《辞源》（第 3 版）除纸质版外，也同步推出了网络版和优盘版，便于快速查找，同时还可同步检看关联字词。

三、汉字查检的网络资源

在当今时代，网络也成为了查检汉字的重要手段。与传统纸质辞书相比，网络上的汉字查检资源内容更加丰富，使用更加便捷。利用网络查找汉字时，输入汉字即可直接查找到相应条目，省去了烦琐的检索过程。尤其是对于不认识的汉字，可以利用

---

① 关于反切法，参见第六章第一节脚注①。

电脑或手机的手写输入法直接输入，甚至可以采取手机扫描取字的方式来输入待查汉字（如前面介绍的《新华字典》和《现代汉语词典》APP）。这里介绍几种汉字查检网络资源，相信未来还会有更多的辞书 APP 和辞书网络资源出现。

“汉典”（www.zdic.net）是中国内地（大陆）内容最丰富的免费网络字典之一，收录汉字达 70000 余，大部分生僻字都可以在该网站上查到。“汉典”兼具现代汉语和古代汉语辞书的功能，既可以查询现代汉语字、词的释义，也可以查询它们在《说文解字》和《康熙字典》中的释义，同时还具有动态展示汉字笔顺的功能，包含字源字形、音韵方言等内容，适合一般汉语学习者查询汉字的古今意义。

台湾地区的“小学堂”（http://xiaoxue.iis.sinica.edu.tw/）是一个形、音、义综合的文字学资料库，详尽收录了各种古文字形体以及音韵、方言资料，并附有多种纸质辞书的页码索引，是了解汉字形体演变较好的一种网络字典。

“汉字全息资源应用系统”（http://qxk.bnu.edu.cn）是一个涵盖古今汉字多方面属性的数据库，主要包含汉字的形、音、义、用、码五大属性。字形包括现代汉字的各种信息和历代字形演变；字音包括汉语拼音、注音符号以及近代音、中古音、上古音；字义包括《通用规范汉字字典》释义和历代辞书释义；字用包括现代汉语和古代汉语的字频；编码包括多种计算机字符码以及四角号码、五笔输入法编码等。同时，该数据库还具有综合检索、专书检索、历代字形检索等功能，既适用于一般的学习者，也适用于专门的研究人员。

需要注意的是，网络辞书在使用方便的同时，也存在着内容有误的风险。在学习汉语的过程中不应完全依赖网络辞书，条件允许的情况下，仍应依靠权威的纸质辞书或以纸质辞书为基础建设的网络辞书。当然，随着网络辞书建设的专业化，一些网络辞书已经与纸本辞书具有同等的质量水准了，如上面介绍的这几种网络辞书资源。

【思考与练习十】

一、汉字查检主要有哪些检字法？这些方法的优点和缺点分别是什么？

二、假设你在阅读中遇到了一个不认识的字“猹”，需要在《新华字典》中查询其读音和意义，那么最适合使用哪种检字法？查这个字的大致流程是怎样的？

三、指出下列汉字的规范部首。

相 魂 奈 枣 堡 桌 习 闻 甥 愿

四、分别按照音序法和笔画法（“札”字法），对以下诗句中的10个汉字进行排序。

海　内　存　知　己　天　涯　若　比　邻

五、对比一部现代汉语工具书（如《新华字典》）和一部古代汉语工具书（如《康熙字典》），指出它们在正文编排顺序、检索方式、部首的确定上有哪些差别。

六、请在网络辞书“汉典”“小学堂”和“汉字全息资源应用系统”中分别查找“春、夏、秋、冬”这四个字，熟悉它们的检字方法和包含的内容。

第十一章
汉字教学的原则和方法

前面各章介绍了现代汉字系统的基本知识。我们已经知道，汉字作为一种独特的表意文字，与世界其他语言所使用的表音文字相比，在记录语言的方式上有着明显的差别。汉字数量繁多，而且呈二维结构的方块形，内部结构复杂，不少字之间只有极为细微的区别。同时，汉字形体中虽然广泛存在着起表音、表意作用的成分，但是表音、表意功能的系统性并不充分，通常情况下，仅凭字形难以准确读出字音、确切获知字义，因此每一个字的形、音、义都需要分别识记并建立联系。再加上存在大量的（同形）多音字、（异形）同音字、多义字，这就给汉字的辨析、识记带来了更大的困难。因此，总体而言，汉字在学习、记忆、书写、使用等方面都有一定的难度。对汉语学习者而言，如果需要了解和掌握书面知识，进行书面交际，那么汉字就需要作为一个独立的项目来学习。可以说，汉字学习需要贯穿汉语学习的始终。文字教学的这种复杂性，在其他语言的二语教学中是罕见的。

当然，汉字难学是问题的一个方面，与此同时，由于汉字系统存在着相当的规律性，因此学习汉字并非存在不能解决的困难。首先，汉字虽然字数繁多，但高频字呈现明显的集中趋势。掌握3000个左右的汉字的读音、常用意义及用法就可以基本满足阅读需要并能进行一般的书面交际。其次，组成汉字的笔画、部件以及它们之间的结构关系都是有限的，理解了汉字的内在结构，就可以大大提高学习汉字的效率。更重要的是，汉字虽然比表音文字难学，但汉字作为语素—音节文字的特点决定了大量复合词的意义可以从学习者所掌握的汉字字义中推测出来，因此掌握汉字能使汉语学习达到事半功倍的效果。这种以简驭繁的优点又是表音文字没有的。也就是说，汉字学习虽然开始有些“难”，但借助汉字学习汉语具有先难后易的特点。我们不能因为入门的一时不便就特别夸大汉字的难学难用。另外，在当今信息时代，很多场合下汉语的书面交际都是通过电脑、手机等电子设备进行的，使用智能拼音输入法输入汉字降低了对汉字书写的要求，这在一定程度上也减少了汉字难写对学习者用汉字进行交际的影响。

汉字教学既需要充分利用汉字的特点去安排教学，同时还可以运用科学的原则和方法去实施，以取得良好的效果。本章主要介绍汉字教学中一般性的原则和方法，下一章再针对笔画教学和部件教学两个方面具体说明。

第一节　汉字教学的基本原则

在长期的教学与研究过程中，汉字的教学逐渐形成了一些原则性的认识。当然，作为原则，主要是在宏观层面起指导作用，具体的汉字教学过程，尤其是针对不同学习阶段的汉字教学，需要采取“因字施教”的特定教学策略。原则的坚定性和策略的灵活性相结合是所有语言教学和研究的基本原则。

一、汉字书写的字形结构化原则

汉字的字形呈二维结构，对不熟悉汉字结构方式、以表音文字为背景的学习者而言，这种文字结构具有相当的特殊性，甚至在接触汉字初期，他们会将汉字视为由线条穿插组合而形成的特殊图画。因此，在汉字教学中，教师需要有意识地强调字形的结构化，尤其是强调字形在一定空间内可有效拆装的特性，明确汉字的字形和语音、语法、词汇一样，都是需要遵循一定的内在结构的。

既然汉字字形是可以进行有效拆装的，那么教汉字时就要让学习者明白汉字拆解和装配的基本原理和方式。教师通过部件拆分、笔画组合等手段，引导学习者写出字形合体、结构协调的汉字，从而形成汉字是个有机结构体的根本意识。字形的结构化在笔画、部件、整字三个层次都有体现。

笔画是汉字结构最基本的单位，因此字形的结构化首先要做到的是笔画书写的准确，即笔形、笔向都需要符合相应的规范。这种意识是很多表音文字背景的学习者所缺乏的。具体来说，横、竖需要做到横平竖直，而不能写得歪斜或弯曲；撇、捺需要符合相应的笔向，且弯曲处应自然，不能写成圆弧形曲线；点需要体现顿笔的特征，不能写成小圆点或短直线、短斜线；折笔除各段都需要满足相应基本笔形的要求外，还需要按照笔向规则正确断连，且以折或钩命名的转折处应棱角分明，而不能将折笔写成曲线，更不能将汉字中分几笔写成的结构用连续的曲线一笔写出。例如，将“同”写作“冋”，将“红”写作“ƐI”。另外需要注意的是，宋体字在笔形和笔画上有些特殊的地方，它不但与手写楷书的部分部件在笔形上存在差别（详见第五章），而且具有横细竖粗的特点，有的笔画末端还有装饰性的小三角，这些特点在手写体中都不存在。因此在练习汉字书写时，应当以楷体字为本。

笔画的书写在达到了“准确”的基本要求之后，应进一步向“美观”的更高水平发展。如横需要略微向上抬起且起笔处有顿笔；竖需要在起笔处略向右下顿笔；撇运笔时需要由重到轻，末端尖锐；捺运笔时需要由轻到重，且在近末端处转为向右水平行笔，呈现棱角状。

在笔画这一层次上正确地组合、装配，除了笔画本身形体准确之外，还需要做到笔际关系的准确。我们已经知道，汉字的笔画之间存在相离、相接、相交三种关系，如果笔画间的关系出现错误，写出的字就会不够规范，甚至写成另一个字（如“午—牛”）。而表音文字背景的学习者常常对笔画间的关系不够敏感，尤其是容易混淆相接关系与相交关系，对笔画是否“出头”记忆不准确，产生偏误。例如，将“曲”写作“曲”，将“很”写作“很”。

在部件这一层次，字形的结构化主要体现为同一个合体字内部的组成部件需要形成一定的间架结构。这就首先需要准确掌握合体字各个层次部件之间的结构关系类型，在此基础上，为了组配的美观、匀称，还需要对整字的方块空间进行合理的划分，将每个部件安排在合适的空间中。在空间划分时，各个部件所占比例的大小一般取决于部件本身笔画的多少。例如，笔画较少的非成字部件“亻、阝、冫、氵、扌、讠、饣、刂、艹、⺮、宀、灬”等在组成合体字时，所占空间都应比与之组配的另一个部件小一些，而不应机械地将各部分写成同等大小。另外，不同部件的笔画走向可能产生冲突时，需要对笔形进行一定的改变，以达到避让的目的。例如，第五章介绍的“木、火”等部件处在合体字左侧时，末笔的捺需要缩短为点，如“杉、树”和“灯、燃”。

在整字这一层次，字形的结构化体现为各字需要结构紧凑，大小相当。一个字无论部件、笔画多少，结构简单或复杂，都必须按照一定的结构层次紧密地排布在大小相等的方块中，不能将同一个字的各个部件写得过于分散，看起来不像是一个字，乃至混淆相邻汉字的界限，也不能将结构复杂的字写得较大或将结构简单的字写得较小。对于初学汉字的学习者，在练习书写时，应使用田字格或米字格、九宫格，以习惯将整字书写在大小相等的方块内，并利用方格内部的线条学会合理地划分空间。

总之，汉字教学需要始终重视字形的结构化。不管是笔画教学还是部件教学，都应该同时讲解组合时的结构规则，这是形成有效“字感”的基础（关于“字感”，见下文的说明）。

二、利用汉字形、音、义统一体的特点，字词教学相结合

前文已介绍，由于汉字与汉语之间存在的特殊关系，汉字不仅是书写单位，也是语言单位，在大多数情况下，一个汉字也对应着语音层面的一个音节、语法层面的一个语素，是字形、字音、字义的统一体。因此，汉字的教学过程同时也是在字形、字音、字义三者间建立联系的过程，与词汇教学有着密切的关系。学习者如果建立了这种联系，不仅容易读准、写准汉字，更重要的是，汉字所代表的语素意义可以使学习者更高效地掌握由它们构成的合成词，并拓展词汇量。

在很多时候，汉语教学采用的是与其他语言相似的“词本位”方法，即以语法系统中的“词”这一级单位为基本单位，分别学习词的形、音、义，而汉字主要是作为词语的书写形式及其读音来掌握，对“字”这一层级形、音、义之间的关系没有给予充分重视。这一方法会导致学习者一般只会将词语中的字形、字音整体识记，而不怎么主动地重视单字的形、音与固定意义之间的对应关系，从而影响了对词语的正确识解、使用，以及有效推断新词语意义和用法的能力。例如，将“学习”一词整体教给学习者后，有的学习者虽然掌握了这个词，但未能有意识地在“学”和 xué、“习”和 xí 之间建立起明确的关联。此后在“练习”一词中再见到“习”字时，只能模糊地回忆起“学习”这个整体，而不能从记忆中准确提取出“习”字的字形和字音，因而将“练习”误读为“练学”。又如，有的学习者虽然掌握了“鸡蛋、牛奶”，但由于教学中没有对这些汉字的意义分别讲解，只能将“鸡、蛋、牛、奶”都当作无意义的形体和音节机械地识记，当需要用汉语表达“鸡、牛”时仍然不知如何表达，导致在词汇量的积累上，可谓事倍功半。

基于汉字在汉语中的特殊地位以及二语教学中的特殊情况，有学者提出了“字本位”的教学理念，认为汉语结构的基本单位是形、音、义一体的字，由字出发，可以逐级生成词、句、篇等更大的语言单位，因此主张以字为起点、由字而词的学习方式。[①] 例如，在讲授“电话”一词时，将它分为“电”和“话”两个字，分别讲授它

① 关于“字本位”的内涵及其在二语教学中的运用，可参见吕必松《汉语语法新解》（北京语言大学出版社，2015版）等论著。这里不做展开陈述。需要说明的是，“字本位”中的“字”，不只是指字形，或者说本质上不是指字形，而是将字作为汉语（语法）系统的初始结构单位。所以，“字本位”本质上不是文字学意义上的字，而是语法学、词汇学意义上的一级单位。

们的形、音、义。学习者掌握了这两个字，除了理解“电话”本身外，也可以比较容易地理解由这两个字组成的“电灯、电视、电脑、对话、谈话”等词。

当然，也需要注意到，在实际运用中，词才是最小的、自由使用的单位，复合词的意义与字义之间的关系也较为复杂，由字到词的组成关系并不是完全可预测的。例如，“眼”和“目”的字义相近，但“眼光”和“目光”意义不同，“显眼、夺目”是汉语词汇系统中合法的词，而“显目、夺眼”不是。另外，与独立的汉字相比，汉字处在具体的词句中时更容易准确理解其用法。因此，重视“字”的作用，并不是在教学中完全用“字”代替“词”作为基本单位。从培养汉语交际能力的角度来说，在教学中，“词”这一级单位仍然有着重要的地位。与此同时，由于大多数汉字代表的都是语素，而由这些语素所构成的词语数量几倍于语素的数量，重视“字”这一级单位的作用，通过形、音、义的结合，将汉字教学与词汇教学相关联，对扩大词汇量、理解复合词的结构和意义，或能起到以简驭繁的作用，不失为一种相对有效的教学方法。因此，以“词”为本位的教学和以“字”为基础的教学需要两相结合，各自在特定侧面、特定阶段发挥作用。

三、由易到难，汉字教学和口语教学先分后合

任何一种知识或技能的学习都需要符合学习者基本的认知规律，遵循循序渐进的原则。

汉字必须以字为单位逐一学习，而不同的汉字个体之间，笔画的多少、结构的繁简有着相当大的差别。因此，汉字学习的顺序不能随意安排，而必须遵循其自身规律，由易到难。在汉字教学中，一般应先教笔画较少、结构较简单的独体字，尤其是自身常用程度较高、作为部件构字能力也较强的这部分独体字，如“一、二、三、人、口、手、目、日、月、大、小、又、女、土、王”等。这些汉字从造字法的角度看一般是象形字或指事字，具有一定的表意理据性。通过这些简单汉字的学习，学习者可以在一定程度上了解汉字表意的特点，并掌握一定数量的常见部件，在学习合体字时，就不会感到完全陌生了。在这一阶段，汉字的选择也应当尽量做到让基本笔画都出现，使学习者熟悉汉字的笔画系统。在教合体字时，一般也尽可能先安排理据相对清晰的典型会意字、形声字（如“明、林、妈、认”），以使学习者了解会意字、形声字构造理据的特点，为继续学习更为复杂的汉字打下一定的基础。

由易到难的客观要求使得汉字的学习与汉语口语的学习难以完全同步。口语词句

的学习顺序与汉字的难度顺序是不一致的。例如，在学习初期，出于交际的需要，首先学习的一般是“你好、再见、谢谢、你叫什么名字、到商场怎么走”等日常用语，但这些表达所对应的汉字很多都是形体相对复杂、理据性不强的字，没有汉字基础的学习者掌握起来有一定的难度。如果采用汉字与口语同步的策略，在教学初期就跟随口语教学学习这些汉字，显然违背了由易到难的原则，不利于学习者树立信心。为此，可以采取汉字教学与口语教学“先分后合”的策略，即在学习初期，汉字教学与口语教学分别独立进行。口语教学主要学习日常交际所需要的简单词句，这些内容可以用汉语拼音呈现；汉字教学则按照汉字本身的特点进行系统的教学，从基本笔画开始，学习者通过简单独体字的学习逐渐熟悉汉字的基本结构规律，并通过典型会意字、形声字的学习，对汉字形体的表音、表意功能建立起一定的认知。① 而当学习者经过一段时间的学习，掌握了汉字的基本结构规律之后，就应当将汉字的学习与具体的词句、课文相结合，即“字不离词，词不离句”，并注重利用汉字的表音、表意功能促进词语的学习。只有这样，才能从形、音、义三方面综合掌握汉字。②

四、认读和书写分别要求，少写多认

学习和使用表音文字的语言时，能够认读一个词，一般也就可以写出来。但由于汉字自身的复杂性，汉字认读与书写之间的难度存在着显著的差异。非汉字文化圈的学习者在学习书写汉字时，需要对一个字的每一个笔画以及它们之间的位置关系均有精确的记忆才能正确完成书写，因此记忆负担较大，掌握起来有着相当的难度。相比之下，认读一个汉字则只需要对字形的大致特征有大体的记忆，能够与其他汉字相区别即可，难度显然大大低于书写。即使是汉语母语者，大多也都无法做到会读的字完全会写，如有些日常生活中常见的笔画繁多的字（如“嚏、寡、嗽”），不少人书写也有困难，但认读时基本没有障碍。

可见，汉字的认读能力并不完全依赖于书写能力。鉴于此，汉字教学可以采取将认读和书写分别进行要求的策略（即“认写分流”），先认读后书写，认读的汉字量大于书写的汉字量。在学习的词语中，选出一部分字形相对简单、常用度较高的汉字要求书写，其他汉字则只要求认读。需要注意的是，对于易混淆的形近字，更适合要求

① 这里不考虑只想学习口语的情况。其实，如果只学汉语口语而不学汉字，至多只能进行一些一般的日常交际。

② 中国中小学语文教学中，有的地方开展过“注音识字，提前读写”的教学实验。也有教师将这种观念运用到汉语作为第二语言的教学中。综合考虑较长时期的教学效果，目前还没有比较一致的看法。

书写，这样有助于学习者通过书写加深对字形细节的记忆，从而更好地辨别形近字。

对于汉语初学者，采取“少写多认”的教学策略有助于分散难点，减轻负担。如果所有学到的汉字都要求读写同步，繁重的记忆负担、重复抄写的练习方式很容易使学习者失去学习的兴趣，识字量也会受限，反而造成学习效率的降低，在书写、认读两方面都难以达到较好的效果。而如果适度降低书写量的要求，利用省下的精力进行认读，则可以起到尽快扩大识字量的效果，从而可以尽早开始阅读，通过阅读，又可以进一步增加输入。学习者通过识字量的积累不断熟悉汉字的结构规律，提高书写能力，从而更高效地提高汉语水平。同时，“认写分流”的模式也与汉字教学和口语教学“先分后合”的策略相适应。相关研究表明，相比传统的“认写同步”策略，采用“认写分流”的策略更有助于学习者提高书写、认读两方面的能力。

五、重视“字感”的培养

在学习、使用语言的过程中，“语感”作为一种直觉性的理解、判断能力，对语言能力的发展有着重要的意义。目前，学界已开始认识到，在文字的学习过程中，也存在着类似的理解、判断能力，即“字感”。

“字感”主要体现为汉字的正字法意识，它是对汉字字形结构系统中所隐含的内在规律性的直觉感知，是在长期接触、观察汉字的过程中无意识地获得的一种感性知识。例如，瞬间区分出不同的形近字、正字与错字，在一段文本中快速找到一个字，以及看到一个字时快速判断出这个字由哪些部件、笔画组成，这些组成部分之间书写时的大致顺序如何，利用部件信息对字音、字义进行一定的推测等，这些能力都是“字感”的体现。

汉语母语者一般在开始正式学习汉字之前，就已经通过在生活环境中接触的大量汉字无意识地建立起了“字感”，因此汉字的学习并不困难。而对于非汉字文化圈的汉语学习者来说，在学习汉字的初期，常常缺乏这样的“字感”，因此会将汉字当作由点和线组成的图画，难以察知部件的结构层次，更没有笔形、笔顺的概念，对不同汉字间的细微差别（如“人”和“入”、“见”和“贝”）也不够敏感，造成汉字认读、书写的困难。因此，在汉字教学中，教师需要有意识地培养学习者的这种“字感”。

有关汉字结构规则的意识是“字感”的重要方面。汉字教学应当从一开始就重视笔画、部件作为汉字结构单位的作用，培养学生对汉字结构方式的感知能力，认识汉字结构的美学表征，并按照基本笔画、独体字、合体字的顺序循序渐进地进行学习。

在学习具体的汉字时，应当明确地指出它是由哪些笔画或部件按照什么样的关系组成的，这些笔画、部件的书写顺序如何，它们在构字过程中是如何协调配合的。如可以采用跟随式笔画分解法（即一笔一笔地写出整字）和部件分解重组法（即先将整字拆分为部件，再展示这些部件是如何组合成整字的）来指导汉字书写，以强化学习者的汉字结构意识。这样才能使学习者建立起部件意识和笔画意识，理解汉字可以拆分为更小的单位，这些单位间的组合也存在着相当程度的规律性。关于笔画教学和部件教学的具体策略，将在下一章介绍。

“字感”的形成是以对汉字（尤其是汉字内部笔画和部件之间的结构方式）的大量观察为基础的。因此，在汉字教学的初期，向学习者输入一定量的可懂范围内的汉字，引导学习者有意识地对汉字进行观察、认知，也是培养“字感”的重要路径。例如，可以设计一些练习，给出一些汉字（可以是学习者不认识的字），要求学生在这些字中迅速找出指定的一个字，或找出含有指定部件、笔画的字。尤其是对于汉字环境下的汉字教学，可以直接引导学生观察周围环境中无处不在的汉字。又如，可以提供一些由成字部件构成的合体字，让学习者指出哪些笔画在合体字中发生了变化、原因是什么。再如，可以同时呈现相同形旁或相同声旁的字，让学习者对汉字做出有效拆分，从而对形旁和声旁的位置、作用有所感知。

六、针对不同语言背景的学习者，采用不同的教学策略

在汉字教学的过程中，母语完全使用表音文字的非汉字文化圈学习者、母语使用一部分汉字的汉字文化圈（日本、韩国）学习者以及华裔学习者，受其语言背景影响，学习规律和学习中存在的障碍各有不同。因此，在教学中需要根据他们各自的特点，有侧重地进行教学。

非汉字文化圈的学习者往往缺少基本的“字感”。他们在书写中出现的偏误，常表现为因缺少笔画、部件的意识而造成随意连笔或部件异位，如将“口”写成“O”、将“知”字左右两部分颠倒；对字形记忆不准确，出现笔画误增、遗漏、混淆以及笔画位置放置不当、笔画间配合不协调的情况，如将“迎”写成“迎”、将“色”写成“色”、将“学”写成“学”、将“或”写成“或”、将“看”写成“看”等。因此，针对非汉字文化圈学习者进行的汉字教学，需要着重强调部件、笔画及结构规则的学习，以培养他们的“字感”，并通过反复练习的方式加深他们对字形的记忆和对汉字结构的感知。同时，在讲解汉字字形时，应尽可能利用汉字字形中的表音、表意线

索，引导学习者在形、音、义间建立正确的关联。

对于汉字文化圈的学习者，他们在学习汉语之前，对汉字的结构已经有了较为明确的认识，有了一定程度的“字感”。而且他们母语中的汉字与汉语交际中的汉字，有的有意义上的关联，因而更有利于他们对汉字音、形、义一体的感知。这样，在汉字教学环节，通常情况下不需要过多进行笔画和部件的操练，而更应侧重于汉字字形和音、义之间的联系，以尽快提高学习者用字组词、认读词句等方面的能力。

需要注意的是，日文、韩文中所使用的汉字与中国当前使用的规范汉字存在着一定的差别（参见本书第九章第七节），这会导致日韩学生在书写汉字时，常受到本国汉字的负迁移，不自觉地用本国汉字代替中国汉字。例如，有的日本学生会将“对”写作“对”、将“步”写作“步”，表面上似乎是对个别笔画记忆不准确，实则是因为没有注意到日本汉字和中国汉字间的微小差异，误写成了日本汉字。这种偏误存在着较强的规律性。为此，在面向日韩学习者的汉字教学中，教师在讲授时应该明确指出所学汉字与日韩汉字字形上存在的差异，尤其是差异较为细微的地方，进行对比辨析。另外，日文、韩文中存在着一些与汉语使用的汉字相同但意义不同的词语，在阅读或写作时可能会发生混淆。例如，日文、韩文中用汉字书写的“新聞”一词的意义并不是汉语的“新闻”，而是指“报纸”。这些“同形”异义的词语也是需要着重进行辨析的。此外，由于汉字传入日韩后，各自形成了一套不同于现代汉语的读音系统，因此日韩学习者在学习汉语时，头脑中已经形成了汉字与母语字音的关联，这对建立汉字与汉语字音的关联造成了一定的阻碍。尤其是在阅读中，面对汉语与母语形、义都相近的这部分字词时，他们很容易不自觉地通过汉字与母语字音的关联，绕开汉语字音理解意义。这一点使得日韩学习者对汉语字音的掌握程度有时反而低于非汉字文化圈的学习者，造成读写能力与听说能力发展的不平衡。因此，对日韩学习者的汉字教学需要特别注重字音的练习。

对于华裔学习者，一方面，他们主要使用的文字是所在国的表音文字，因此在学习过程中存在的问题和使用表音文字的非汉字文化圈学习者存在一定的共性；另一方面，他们中不少人具有汉语方言背景，有可能出现方言近音所致的别字，如将“担任”写作“当任”、将“因为”写作“应为”，对于这类情况，需要通过语音的辨正来预防别字。另外，受所在地华人社区用字习惯的影响，有些华裔学生会写出不合乎中国内地（大陆）现行规范的繁体字、异体字、旧字形字；在有意识地书写简化字时，他们有时还会因为对简化规则掌握不到位，写出同一个汉字内部部件繁简杂糅的错字。因此，对于这类学习者，可以着重讲解汉字简化的规则，并辨析中国内地（大陆）现行规范汉字与繁体字、异体字、旧字形字的区别。需注意的是，华裔学习者互相之间情况也很不一样，同样需要区别对待。

七、纸笔书写和键盘输入相结合

在当今时代，互联网的普及使得电脑、手机中的键盘输入文字逐渐代替了手写文字，成为书面交流的主要方式。而对于汉字而言，键盘输入不必像手写一样，需要对字形的全部细节做到精确记忆，而只需输入正确的汉语拼音并在屏幕上出现的一系列同音字或同音词中进行选择，或用手写输入法粗略地“写”出字形，因此只需要具备汉字的认读、区分能力。当前，日趋智能化的拼音输入法还可以依据上下文较为准确地自动选择所需的汉字。对于学习者，这无疑大大降低了用汉字进行书面表达的难度。同时，一般学习者学习汉语、汉字，最终的目的大多是为了在真实社会生活中进行交流，而使用汉字输入法的技能在社会生活中具有较强的实用性，如使用即时通信软件、电子邮件与汉语母语者交流，用汉语在电脑上撰写文稿等。因此，在当前的时代背景下，键盘输入的训练应当作为汉字教学内容的一部分。

然而，在汉字教学中引入键盘输入并不等于完全取代纸笔书写。汉字教学中，书写教学仍然有着重要的地位。正确地输入汉字是以大脑中存储着相应的字形为条件的，如果大脑中没有相对准确的字形记忆就会打出别字。而书写练习对于汉字字形记忆的巩固作用是键盘输入无法取代的。此外，汉字的结构规律、部件的表音表意特点、形近字的辨析等内容，学生只有通过一笔一画的书写练习，才能进行深加工，才能较好地掌握。利用汉字与语素的关联进行词汇学习，也是以学习者对字形有深刻的感知为基础的。另外，在日常生活中，纸笔书写的便捷性也使得它仍然无法完全被键盘输入取代。汉语水平测试通常也是非纸笔书写不可，汉字的书法艺术也要依托于纸笔书写。高水平的汉语学习和使用更需准确掌握大量汉字的音、形、义。

因此，教师需要将纸笔书写与键盘输入在教学中进行合理的结合，汉字的学习仍然需要以纸笔书写训练为主。与此同时，在“少写多认”的背景下，学习者会写的汉字有限时，可以利用电脑进行一定的写作训练，有利于突破学习者会写的汉字过少对表达能力的制约，尽早培养遣词造句的表达能力，也有利于将汉字的学习与使用相结合，提高学习者的学习兴趣。当学习者已经掌握了较多的汉字时，在教学中就应当更多采用纸笔书写，以促使学习者全面掌握汉字的音、形、义。

第二节　汉字教学的常用方法

准确习得汉字的音、形、义有较大的难度，需要持续的训练。为此，人们在汉字教学过程中总结了一些行之有效的方法，可以帮助学习者更高效地识记汉字。这里介绍几种主要与形、义教学相关的常用汉字教学法。

一、临摹法

临摹是汉字书写教学的一种传统方法，需要预先在田字格中展示规范的楷书字形（可以逐笔展示笔顺），然后要求学生在田字格或九宫格中进行模仿书写。这种方法不仅要求笔画准确，同时各个笔画的相对位置、笔画之间的配合情况、各个部件所占的比例也要求借助田字格的定位，与示例尽量一致。

在学习汉字的初期，临摹法是学习汉字最基础、最便捷的方法。临摹抄写有利于不断强化学习者对字形的记忆，也有利于培养学习者的汉字结构意识。

目前，由于电脑在教学中的广泛使用，教师进行汉字教学时，一般都通过投影的方式直接展示汉字的楷体字形。其实，即使是印刷体中接近手写体的楷体，和手写体也仍然存在着一些差异，直接临摹电脑中的楷体字，固然可以达到“写得正确”的目标，但难以进一步达到“写得美观”的目标。如电脑中楷体的横笔接近平直，而手写体往往左低右高，有种微弱向上的趋势。以“工”字为例，电脑中的楷体字为“工”，但手写楷书应写作“工”才能美观。又如，电脑打出来的每个字大小基本均等，同一字的笔形固定不变，而手写体根据汉字自身的结构和前后字的关联会有所调整。对于笔画的断连、笔向、笔顺，现场书写的方式也可以给学习者以直观的印象。笔画写法的轻重缓急更需要通过手写的方式才能展示出来。即写字是个“动”的过程，而这些是无法交给“静”的电脑的。因此，在使用临摹法时，建议教师进行必要的现场手写，让学习者更为直观地感受汉字的笔画、笔顺、笔势在书写时的动态性和部件组合方式的可调性。

二、回忆默写法

回忆默写法指在书写之前，首先引导学生观察需要书写的汉字，对汉字的结构进行分析并尽量记忆，然后在不看字的情况下，根据记忆进行默写。默写完成后，将所写的汉字与正确示例进行对比，找出书写有误或遗忘的部分，然后继续重复默写、对比，如此循环往复，直到默写出的汉字完全正确为止。

这一方法可以使学生在观察与书写的过程中更加有意识地关注字形结构，即时修正记忆的失误，从而达到较好的字形记忆效果。

三、字理法

在第三章中，我们介绍了汉字构造的理据，这种理据大多体现为字形对字义、字音的提示作用。现代汉字中仍然有相当一部分字在不同程度上保留了构造理据，这些理据对识记汉字有很大的帮助。例如，如果学习者知道了形旁“日、目”分别表示“太阳”和“眼睛”，就不会混淆“晴—睛”这一组形近字了。

具体来说，本书第三章介绍的象形、指事、会意、形声四种造字法是根据字形分析理据的基本依据，在汉字教学中，教师需要结合具体汉字来介绍这四种造字法的基本原理。对于现时理据明显的字可以从字理入手进行分析。例如，讲授象形字“网、伞”时，可以同时展示字形和实物图片，指出字形描摹实物的特点；讲授指事字“上、下”时，可以向学生指出此二字中的长横代表基准，竖和短横（或点）代表所指示的方向；讲授“安、休”等典型的会意字时，如果学习者已经熟悉了组成部分的意义，则可以用简单有趣的语言解释字义与组成部分的联系，如“家中有了女人，才能平安”“人靠在树上，就是在休息”；讲授“妈、清”等典型的形声字时，则应指出形旁和声旁各自的作用。

对于很多象形字和一部分会意字，现代汉字的形体和意义的联系并不是很明显，但古文字直接描摹了相应的事物，而且与现代汉字形体间有着明显的承继性，如“日、月、山、水、手、目、口、册、采、步、及”等。讲授这类汉字时，可以进行一定的溯源，将相应的古文字与现代字形一并展示，以起到沟通现代汉字与具体事物的作用，使学习者对现代字形的印象更加深刻。例如，学习“山”字时，展示“”这一古字形，同时展示山峰的图片。通过作为中介的“”，就可以达到在“山”字与现实中山峰的形象之间建立起关联的目的，学习者对“山”字的印象就会更加深刻。

需要明确的是，在汉字教学中追溯字源字理、使用古文字的目的，终究是为了帮助学生识记现代汉字，而不是向学习者讲授文字学知识，因此并不是所有情况都适合追溯字源。如果字源与现代汉字的字形、字义间不能建立直接、直观的联系，则不适合进行溯源。例如，“我、北、来”等假借字，形体与现代主要意义无关。又如，“龙、儿”原本都是象形字，但简化后形体变化较大，简化字已经看不出和古文字的关系了。这些情况下，追溯字源无法起到帮助识记现代汉字的作用，只会增加学习负担甚至产生误导。

对于一部分理据性不强的现代汉字，在教学中可以应用字面解析法对其进行“新解”。[①] 例如，“宿”字原本的构造理据是房屋中的人躺在席子上，但现代字形的“百”已经很难跟席子的形象建立联系了，这样的理据对初学者识记汉字的帮助并不明显，如果俗解为“房子里住了一百个人，就是宿舍”，就变得富有趣味性、容易接受了。学习者记住了这一有趣的“新解”，就不会犯将“宿”中的“百”误写为“白”的错误了。又如：

怕：害怕的时候，“心”里发“白”。

杯：杯子“不”是“木”头做的。

早：太阳（日）升到十字架上，就是早晨。

哭：像一个人，两个眼睛哭肿了，流出一滴泪水。

今：下半部分像它的声母“j”。

饿：“我”要“吃”(饣)，就是“饿”了。

买：“头”上的“乛”像帽子，代表买帽子。

卖：上面的“十”代表“多”，有很多帽子的人可以拿去“卖”。

在教学中，字面解析法的应用可以在一定程度上增加析字的趣味性，越是有趣、直观，记忆效果也就越好。从帮助学习者识记现代汉字字形的角度看，字面解析法有着积极的意义；但从文字学的角度来看，这些字面解释的结果显然不是合理的字源依据，不合乎文字学意义上的理据分析。因此，在应用字面解析法时，需要以合适的方式提醒学习者，这只是一种帮助记忆的策略，不能将其看作历史上真实的字源。另外，字面解析法的使用必须以符合现代规范字形为前提，不能为了追求趣味性而曲解字形。例如，有人将“福”字解析为“有衣穿，有一口田”，混淆了“礻（示）”和“衤（衣）”。这样的解析会对学习者造成误导，不宜在教学中采用。

四、对比法

对比法是在语言各要素的教学中都常用的一种方法。在学习一种新的语言时，学

① 有人将汉字教学中的这种字面解析法理解成“俗字源法”，我们觉得不太合适，这容易将这种直观的字形拆解当成一种字源分析（即便是基于通俗的理解）。其实，这主要是一种基于汉字书写、识记方便而采取的临时性教学策略。

习者最容易发生混淆的一般是这种语言中相似但不相同的两种或多种现象。对比法将这些现象集中归纳，着重辨析其差异，使学习者提高对差异的敏感性，从而避免使用中的混淆。

在汉字教学中，对比法常用于形近字的辨析。我们已经知道，汉字中存在着不少差别微小的形近字，只有个别笔画的走势或笔画间的组合关系、相对长度不同，如“干—千、毛—手、天—夫、犬—尤、末—未、己—已、士—土”。表音文字背景的学习者常常对这些形近字的微小差别缺乏敏感，因此使用时容易混淆，写出别字。有的是个别笔画有无的差别，如“宁—宇、洒—酒、准—淮、坏—环、晴—睛、折—拆”；有的则是部件上的局部差异，如“概—慨、扬—杨、没—设”。对此，教学中可以将形近字有意识地放在一起比较，重点突出它们字形间存在差异的部分（如用不同颜色的笔标出差异的笔画），并分别强调各自的字音、字义。

汉字中的同音字在学习中同样容易发生混淆，可以利用对比法将学过的同音字集中展示，并分别用它们组词或造句，对比它们用法的不同。

对比法也可以应用在不同文字系统之间。例如，母语使用拉丁字母的汉语学习者常会将汉字中的部件“口”写作拉丁字母“O”，对此可以通过现场书写的形式，对比“口”和“O”的书写过程，强调汉字除“〇”字外没有圆形的笔画，也不允许向左或向上运笔。又如，前文已指出，汉字文化圈的日韩学习者有时会犯用本国汉字替代中国汉字的错误，针对这一现象，可以将中国规范汉字与日韩汉字进行字形对比，这同样也是对比法的应用。

【思考与练习十一】

一、结合实例，说明汉字教学需要遵循哪些原则。

二、目前，汉语教学的“字本位”观念得到了广泛的关注。同时，也有人主张汉语教学仍然需要以“词本位”为主。如何看待“字本位”与“词本位”两种观念的差异？在实际教学中，应如何处理字与词的关系？

三、下面是一些学习者在学习汉字时出现的偏误，请写出正确的汉字并说明偏误产生的原因。

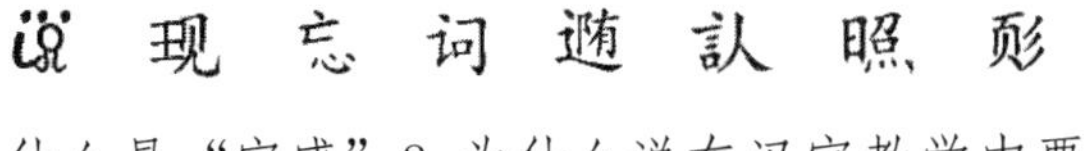

四、什么是“字感”？为什么说在汉字教学中要重视“字感”的培养？

五、由于当今汉字输入法已经高度智能化，社会生活中电脑输入也在很多领域代替了手写，有人主张汉语教学不需要教学生如何书写汉字，只需要正确地用电脑打出来就可以满足交际需要。如何看待这种观点?

六、请指出下列每组形似字的差别所在,分别为它们注上拼音并组词。(不认识的可以查字典)

1. 挂—桂　　2. 扰—拢　　3. 汉—汊　　4. 天—夭　　5. 搏—博

七、下面是一些汉字的字源字理,试分析这些字源字理是否适合用在教学中。如果不适合,应如何教这些汉字。

春:从艹从日,屯声,由“萅”省并部件而来。

笔:从竹从毛,分别指毛笔的竹制笔杆与毛制笔头。

很:从彳艮声,本义为违逆。

接:从扌妾声。

鲜:从鱼,羴省声。

八、对于汉字教学中的字面解析法,有人认为它增强了学习者的学习兴趣,有利于学习者形象地识记字形;也有人认为这种“俗字源”是对汉字真正字源的“戏说”,扰乱了真正的字源概念,不值得提倡。如何看待这两种观点?你认为在教学中应该如何使用字面解析法?

九、有的欧美学习者会把汉字中的“⺮”头写作“KK”,有的日本学习者会把“舍”字写作“舎”,这些偏误分别是什么原因导致的?对此,可以采取怎样的教学策略?

第十二章 汉字笔画和部件的教学

在汉字的书写、识记教学中，笔画和部件作为汉字字形的结构单位，有着重要的意义。学习者只有具有了笔画、部件的意识，才能自觉地将复杂的汉字形体还原为一定规则的有层次的组合，才能形成有效的笔画意识和部件意识。笔画意识和部件意识是学习者建立“字感”的基础。因此，在汉字字形的教学中，笔画教学与部件教学尤为重要。

第一节 汉字笔画的教学

一、二语教学中笔形系统的归纳

笔画是汉字最基本的构形单位。正确书写笔画是正确书写汉字的基础。而在笔画教学中，首先面临的问题就是汉字笔形系统的繁杂。因此，在汉语作为第二语言的教学中，需要寻找合适的方式对汉字的笔形系统进行归纳整理，以便于学习者准确感知，高效学习。

本书第五章已指出，在通用规范汉字范围内，汉字系统共包含“横、竖、撇、捺、点、提”6 种基本笔形和 26 种复合笔形，较为繁多。基于辞书字头检索需要的归纳通常将提归入横，将竖钩归入竖，将捺归入点，除竖钩外所有复合笔形归入折，从而归纳为“横、竖、撇、点、折”或“横、竖、撇、捺、折”5 种笔形。从检字的角度做出这样的归纳有合理、方便之处，但在具体的汉字中，横和提、竖和竖钩、捺和点之间存在着明显的差异，如果混用就会写出不规范的汉字，甚至写出错别字。例如，“理”字左侧的提如果用横代替，就会使整字结构缺少紧凑感；“于”字的竖钩如果用竖代替，就会成为另一个不同的汉字“干”。而折笔的情况更加复杂，对于各种具体的折笔，必须分别具体掌握才能写出正确的汉字。因此，汉字教学需要另寻方式对笔画进行归纳。

我们也注意到，汉字笔形虽然复杂，但存在着较强的规律性。如第五章所述，各类复合笔形均是在“横、竖、撇、捺、点、提”这6种基本笔形的基础上，结合折、弯、钩构成的。其中，折是两种基本笔形之间有棱角的转折点；而钩自身也是一种笔形，需要依附在其他笔形的末端出现；弯则可以与竖结合构成竖弯（ㄴ），或与钩结合构成弯钩（㇁）、斜钩（㇂）、卧钩（㇃）三种笔形，在此基础上，还可以再与其他笔形复合。

由此可以看出，复合笔形大多可以通过6种基本笔形加上钩生成。我们认为，在二语教学中，可以在6种基本笔形的基础上加上钩，以此作为教学用基本笔画，即：

横（一） 竖（丨） 撇（丿） 点（丶或㇀）

捺（㇏） 提（㇀） 钩（乛、亅、㇁、㇂、㇃）

通过以上7种基本笔画的组合，再加上一个笔形弯（包括斜、卧），就可以生成通用规范汉字范围内的全部笔形。因此，在汉字教学中，对笔形系统的归纳可以不采用本体研究或辞书检索中“横、竖、撇、点、折”的处理方式，而是以这7种基本笔画为基础进行归纳。对于由基本笔画构成的复合笔画，则可以通过分解为基本笔画的方式进行称说与识记。例如,“㇕”由横折改称为“横竖”,“㇋”由横折折撇改称为“横撇横撇”，“㇌”由横折折折钩改称为“横撇横竖钩”等。这样，就可以建立一个有层次的教学笔画系统，大大简化称说系统的复杂度，尽可能做到“见形明名”。经过重新整理，教学用复合笔形及其名称如下表：

表12-1 教学用复合笔形名称表

折数	笔形	一般名称	教学用名称	例字
1折	㇕	横折	横竖	口日国
	㇇	横撇	横撇	又子今
	㇖	横钩	横钩	买字学
	㇗	竖折	竖横	断山世
	亅	竖钩	竖钩	小于提
	㇄	竖弯	竖弯	西酉四
	㇙	竖提	竖提	衣铁饭
	㇜	撇折	撇横 / 撇提	经车公

（续表）

折数	笔形	一般名称	教学用名称	例字
1 折	㇛	撇点	撇点	女巡
	㇁	弯钩	弯钩	家独狗
	㇂	斜钩	斜钩	我戈代
	㇃	卧钩	卧钩	心忘必
2 折	㇅	横折折	横竖横	凹
	㇍	横折弯	横竖弯	没船朵
	㇊	横折提	横竖提	说鸩颓
	㇆	横折钩	横竖钩	门习幻
	㇈	横斜钩	横斜钩	飞风讯
	㇄	竖折折	竖横竖	鼎
	㇜	竖折撇	竖横撇	专传转
	㇟	竖弯钩	竖卧钩	乱儿包
3 折	㇎	横折折折	横竖横竖	凸
	㇋	横折折撇	横撇横撇	及建道
	㇠	横折弯钩	横撇卧钩	乙九吃
	㇌	横撇弯钩	横撇弯钩	降邻帮
	㇉	竖折折钩	竖横竖钩	马鸟弓
4 折	㇡	横折折折钩	横撇横竖钩	乃扔场

由此出发，在汉字教学初期可以集中学习 7 种基本笔画，对于种类繁多的复合笔画，则可以随具体汉字而学习。有的复合笔形出现的环境较为有限，如在通用规范汉字范围内，笔形“㇅、㇄、㇎”分别只出现在汉字“凹、鼎、凸”中，“㇜”只出现在部件“专”中，“㇌”只出现在部件“阝”中，“㇊”除在“颓、鸩”等个别合体字中作为“乙”的变体而出现外，一般出现在部件“讠”中。这些复合笔形的教学应当与相应汉字或部件的教学相结合。

需要注意的是，笔画名称中所使用的“横、竖、撇、捺、钩、卧”等汉字较为复杂，且不属于为了交际需要应最先学习的汉字，因此在教学初期可以用汉语拼音展示笔画的具体名称。

二、笔向、笔形的教学

引导学习者掌握汉字的笔向、笔形，是汉字笔画教学中的重要内容。

由于非汉字文化圈的表音文字的笔画系统与汉字存在着系统性的差别，因此这些语言背景的学习者在书写汉字时常缺乏笔向、笔形的意识。例如，拉丁字母、西里尔字母、阿拉伯字母等表音文字的手写体都是以曲线为主，书写时没有笔向的概念，只要是线条相连处均可以连笔，运笔可以迂回成弧或成环（如拉丁字母“*c*、*o*”），甚至为了一笔写出还可以走回头路（如拉丁字母“*h*、*m*”）。因此，母语使用这些表音文字的学习者书写汉字时常会将有棱角的折画写成曲线，且不按照笔向规则正确断连，如把“了”写成“*3*”、把“阝”写成“*B*”等。又如，很多表音文字中都有小圆点这一笔形，如拉丁字母 *i*、西里尔字母 *ë*，而没有汉字中顿笔的点画，因此母语使用这些表音文字的学习者常会用小圆点代替汉字中的点。再如，大写拉丁字母中有一些斜线形笔画，如“*A*、*X*、*Y*”，因此母语使用拉丁字母的学习者常会用斜线代替汉字中的撇和捺，而没有注意到撇、捺中存在的微小弧度和运笔力度、倾斜程度的变化，导致写出的汉字不美观。

对此，需要在教基本笔画时就重视基本笔形的操练，通过对比展示基本笔形的正确写法。同时，明确指出汉字笔画的书写方向都是固定的，只能从左到右或从上到下而不能相反。教师可以反复示范书写，使学习者熟悉这些基本规则。在此基础上教复合笔画时需要强调：同一复合笔画内线条不能断开，不能构成复合笔画的线条连接处必须断开，笔画间不能走回头路。为此，除了演示正确的写法外，还可以设计一些计算笔画数的练习，检验学习者是否掌握了正确的断连规则。

此外，表音文字一般没有界限清晰的笔形概念，如拉丁字母“*t*、*f*”的手写体中间的横笔写成水平直线或向上倾斜一些都可以。而汉字则不然，笔形偏离正确的写法超过一定的限度就会成为另一种笔形，导致写出错别字。因此，表音文字背景的汉字学习者对于汉字中差别较小的笔形常常不够敏感，如横（一）和平撇（㇒）、提（㇀）和左点（丶）、竖钩（亅）和竖提（𠄌）等。对此，需要在具体的汉字教学中进行集中的对比辨析。有的笔画出现的位置相对固定，也可以作为辨析的依据。例如，提一般出现在左右结构汉字中左侧部件的最后一笔处，而不会出现在汉字的上方，如果将这一特点告诉学习者，在大多数情况下就不会与左点相混淆了。

三、笔顺的教学

笔顺是汉字书写规则的重要组成部分。虽然作为书写动态过程的参与者，笔顺在用于交际的书写成品中不能直接体现，但学习者掌握正确的笔顺，有利于理解笔画之间的配合协调关系，使写出的整字更加美观，并能提高书写速度。因此，有必要在汉字教学中强调笔顺的基本规则，每教一个新的汉字时，尽可能展示其规范笔顺。可以用“书空”（即用手指在空中一笔一笔地模拟书写）的形式进行练习，每写一笔的同时说出笔画的名称，在此基础上再进行抄写。应避免在没有讲授笔顺规则的情况下直接让学习者临摹整字，以防学习者形成错误的书写习惯。

另外，有些汉字的笔顺规则较为特殊，如“万、火、为、快、脊”等字，即使是汉语母语者也未必按规范笔顺书写，且这些字常见的非规范笔顺（如“万”字先写撇再写横折钩、“快”字中的“忄”按点、竖、点的顺序书写）仍然没有违背笔顺的基本规则，这样书写并不会影响到整字的美观程度和书写速度，这与不了解汉字笔顺基本规则随意书写导致的非规范笔顺性质不同。因此，在实际教学中，从减轻学习者负担的角度出发，对这些特殊笔顺的汉字，无需严格要求，只需不违背“先左后右、先上后下、先横后竖”等基本规则，写出的整字笔形正确即可。但教师在课堂上进行示范时，必须按照规范笔顺来书写。教师从严和学生从宽，是不同层面的教学要求。

第二节　汉字部件的教学

一、部件教学的意义

部件是汉字结构中笔画与整字之间的中介单位。

虽然就整字这一层级而言，汉字数量繁多，结构复杂，但构成汉字的基础部件数量是相对有限的，一些常用部件（如“人、口、土”）更是在很多不同的汉字中重复使用，部件之间的位置关系也限于固定的几种，从它们出发，就可以生成大量的合体字，也就是说部件起到了“模块”的作用。因此，部件教学具有以简驭繁的功能。对于在现代汉字中占大多数的合体字，充分利用部件作为“模块”的特点，重视部件和部件之间的组合关系，可以在很大程度上简化汉字的学习。例如，学习“解”字时，如果利用部件知识，则可以轻易地将“解”字还原为“角、刀、牛”三个部件并明确它们之间的组合关系（第一层为左右结构、第二层为上下结构）；记住了这些部件，还可以利用它们组配其他的汉字，如“确、分、件”等。如果不借助部件，将“解”字作为一个整体进行记忆，则需要逐一记忆 13 个笔画的笔形以及这些笔画之间的位置关系，显然很不经济，而且容易出错，笔画组合起来也很难协调。

同时，对部件及其结构关系的正确掌握也有利于学习者在书写汉字时按照部件的结构层次排布笔画，写出正确、美观的汉字。例如，学习者如果理解了“归”字是由“刂”和“彐”两个部件组成的，书写时就会意识到“刂”中的一撇应当靠近左侧同一部件内的竖，而与右侧部件“彐”保持一定的距离，这就不会与“旧”字混淆了。

二、部件形体、结构关系的教学

我们已经知道，组成一个汉字的部件是在同一个方块之内呈二维排布的，这与大多数表音文字字母的线性组合方式有着本质的区别。非汉字文化圈的学习者在开始接触汉字时，面对整字，不容易感知到部件及其组合层次。因此，在具体字的讲解中，教师要引导学习者建立部件意识，使学习者在以后的学习中可以自觉地进行部件分析。

由此出发，在教学中，应尽量先教独体字，尤其是那些能充当部件、构字能力较强的独体字，在此基础上再进行合体字教学。讲授合体字时，应说明整字是由哪些部件按照何种结构方式组合而成的；在展示合体字的字形时，可以用不同的颜色书写其中的不同部件，以加深学习者的印象。

随着学习者识字量的增多，在所学合体字中，相同的部件会不断复现，此时就需要进行以部件为线索的系联。在学习新字时，教师可以启发学习者回忆学过的具有相同部件的字，例如学习“扫”字时，如果学习者先前学过“打、雪”等含有相同部件的字，在讲解“扌”和“彐”两个部件的同时，就可以通过提问“什么字还有这个部件”引导学习者回忆这些字；也可以将已学过的含有某一相同部件的汉字全部列出，进行归纳总结。通过这样的系联，学习者就会发现新接触的汉字不是完全陌生的，从而可以逐渐树立系统化的用部件分析汉字的意识，增强汉字的记忆效果。

在教学过程中，教师还可以设计丰富多彩的练习形式以增强学习者对部件的感知和掌握。可以给出整字要求学习者拆分出部件，或给出部件要求学习者组合成整字；也可以给出一系列合体字，要求学习者找出共同的部件。例如，给出“晚、星、意、间”，要求学习者找出共同部件“日”，同时还可提示学习者部件“日”在各个字中的形体大小和宽窄变化。

形近部件的对比辨析也是部件教学的重要内容。汉字中有些部件形体近似，如果混淆，就会带来一系列整字的混淆，如“冫—氵、亻—彳、力—刀、卩—阝、冖—宀、廴—辶、艹—廾、尢—兀、夂—攵、彐—扌、纟—幺、礻—衤、癶—夗、差—羊、隹—佳”等，这类部件可以通过分别组字的方式进行辨析。

除了部件自身的形体外，部件之间的空间位置关系也是决定整字书写正误的重要因素。部件位置关系的错误也是学习者常犯的错误之一。有的学习者会将一个字中两个部件的位置颠倒，也有的学习者会混淆不同层次的结构关系，尤其是在部件组合层次不止一层的汉字中。例如，将“楼”写成上下结构的“𣏾”或“𡢃”，将“药”写成左右结构的“约”。较长的斜向笔画也可能干扰学习者对结构关系的正确判断。例如，上下结构的“多、名”，有的学习者会受上方“夕”中横撇的后半段干扰，在书写时误写成左右结构。

对此，在教授合体字时，应逐一强调每个字的结构关系，可以利用示意图直观地呈现部件间的位置关系。例如，展示“多”字时，一并呈现示意图；展示“楼”字时，一并呈现示意图。在此基础上，也可以设计练习，给出汉字，要求学习者画出结构示意图，或给出一些不同结构的合体字，要求学习者按照结构关系进行归类。

同时，有些部件自身具有位置信息，即该部件在合体字中的位置是固定的。例如，“亻、氵、扌”一般出现在合体字左侧，“刂、攵、欠”一般在右侧，“艹、耂、宀”一般在上方，“灬、皿、廾”一般在下方。这些汉语母语者习以为常的部件位置规律，对二语学习者正确记忆部件位置关系也有很大的帮助。有时位置信息还可以起到帮助学习者分辨形近部件的作用。例如，部件“攵”和“夂”形体很接近，容易混淆，但“攵”一般位于左右结构合体字的右侧（如“政、数、改、教”），“夂”一般位于上下结构合体字的上方或下方（如“条、冬、夏、复”）而不会出现在左右结构合体字的右侧，只要了解它们位置的不同就不会发生混淆了。因此，在讲授这一类部件时，应当明确地将它们的位置规律告知学习者，同时也应该让学习者从这些部件的笔画形体中感知和思考：为什么有这样的位置要求？

三、部件表意、表音功能的教学

在汉字教学初期，为了使学习者正确掌握汉字字形内部的结构关系，规范书写汉字，部件拆分可以一直拆分到基础部件。[①] 而当学习者积累了一定量的汉字后，就应当更多地使用偏旁、部首这一层级的部件。这是因为在现代汉字的合体字中，形声字和会意字占了很大的比例，而偏旁、部首这一层级的部件，大多不仅仅是书写单位，同时也具有表音或表意的功能。因此，偏旁、部首这一层级的部件教学很大程度上也就是字理教学。

在充当部首的部件中，有不少是典型的表意部件，如“亻、扌、氵、木、土、艹”等。它们可以构成一大批形声字或会意字，这些字的部首作为表意部件，多起到提示整字意义类属的作用，系统性较强。因此，应该让学习者着重掌握这些部首的概括性意义。在教学中，可以结合具体的合体字讲解常见部首所表示的意义类属，并以相同的部首为线索进行汉字的系联、扩展。另外，在部首中，有相当一部分是独体字充当部件时的变体形式，如“人—亻、水—氵、刀—刂、心—忄”等，独体字与变体部首的对应关系在教学时也需要加以归纳说明。

表音部件的情况则稍微复杂一些。前文已经提到，受语音演变的影响，形声字的声旁常常不能准确表音，但它们的表音功能仍然存在着一定的规律，可以在教学中利用。

最理想的情况是表音部件是学习者熟悉的字，且表音较为准确，整字与表音部件读音完全相同或只有声调不同。例如，在学过“马”的情况下学习“码、妈”，在学过“方”的情况下学习“芳、房”。这类情况下，学习合体字时就可以直接说明声旁的表音作用。当然，受所学汉字的等级限制，这种情况并不多见。

更多情况下，表音部件与整字读音不全相同，且同一表音部件组成的不同形声字读音也不同。即便如此，在很多情况下表音部件的表音功能仍然存在一定的规律性，可以在教学中进行归纳。例如，如果学习者学习了含有声旁“工”的“红、江、空、缸、项”，通过归纳可发现这些字的韵母均有 ng 韵尾，且声母是舌根音或舌面音。这样的规律如果运用得当，对掌握汉字音、形也会有一定的帮助。

有的表音部件自身不常用或不能成字，但有着明显的示音作用。对于这类情况，可以不必强调声旁本身的读音，而是通过“以旧带新”的方法在同声旁字间建立联系。例如，“低、底、抵”的声旁“氐（dī）”可以比较准确地提示读音“di”，但

① 初阶阶段的汉字往往字形比较简单，合体字的结构并不复杂，因此部件拆分时也往往层次较少。

“氐”字本身较为生僻，学习者一般不会单独学习这个字。这样，如果先学“低”再学“底”的话，学“低”时可以只强调两个部件的形体，等到学“底”字时，就可以引导学习者回忆“低”中与之相同的部分“氐”，并比较“低”和“底”的读音，启发学习者归纳出“氐”的表音作用。这也是在利用声旁的表音性质以达到记忆字形的目的。

如果部件的表音、表意功能不尽直观或没有可类推性，教学时就需要视情况灵活处理。例如，在左侧的“阝”旁为“阜”的变体，指山石，但用它做部首的常用字“阳、除、队、陪”的常见意义均与山石无关或只有间接的关系。在学习这些汉字时，就不需解释“阝”的意义，只需记忆其形体。又如，在“照”字中，“昭”作为表音部件表音较为准确，但对于汉语学习者而言，“昭”并不是很常用，且除“照”外也没有其他常用字以“昭”为声旁，不能起到类推作用。因此，强调“昭”的表音作用意义不大，但可以着重强调二级部件“召”的表音作用，因为“召”可以构成“招、超、绍”等读音相近的常用字，类推功能明显。

在充分利用汉字表意部件、表音部件的特点的同时也应注意到，汉字终究是约定俗成的，表音、表意功能存在着一定的限度，尤其在现代汉字系统中，不少汉字的部件失去了音、义上的理据。教学时需要避免因过度强调部件表意或表音功能而对学习者造成误导，致使学习者将汉字部件的表音、表意功能过度泛化，写出错别字。例如，有的学习者认为“偷”和“打、抢”一样与手部动作有关，所以将“偷”写成“揄”；有的学习者认为“玩”和“完”同音，所以将“玩”写成“琓”。

【思考与练习十二】

一、汉字教学用的7种基本笔画分别是哪些？为什么要进行这样的归纳？

二、写出下列笔画的教学用名称。

乚　乛　㇅　㇋　㇉　㇜　乙　㇌

三、有人认为，二语教学中汉字教学的目的是培养学习者使用汉字进行书面交际的能力，因此只需要关注学习者写出的整字是否正确，而不需对笔顺进行严格要求。也有人认为，正确的笔顺对规范书写汉字很重要，因此要从一开始就引导学生按照规范笔顺书写，并设计专门的练习检验学习者对规范笔顺的掌握。如何看待这两种观点？在汉字教学中应当如何进行笔顺的教学？

四、为什么说部件教学在汉字教学中有着重要的意义？

五、在部件教学的过程中，是否应该将汉字逐级拆分至基础部件？为什么？

六、以下是一些学习者出现的汉字偏误，从笔画教学和部件教学的角度，应该如何辨析和预防？

1. 将“环”字写成“坏”。
2. 将“题”字写成左右结构。
3. 将“小”字的“亅”写成“𠄌”。
4. 将“弓”字写成“ʒ”。
5. 将“福”字写成“福”。
6. 将“满”字写成上下结构。

七、形声字“形、邢、刑”都读作 xíng，且字形中均有“开（kāi）”，对于这一组字应该如何进行教学？

八、结合实例，说明如何在部件教学中以部件为线索进行汉字的系联、扩展。

主要参考文献

白剑波、刘艳妮（2006）试论非汉字文化圈学生的字感培养与获得，《现代语文》第5期。

白乐桑、张朋朋（2009）《汉语语言文字启蒙》，华语教学出版社。

北京大学中文系现代汉语教研室编（2012）《现代汉语》（增订本），商务印书馆。

曹先擢（2015）《汉语汉字文化常谈》，商务印书馆国际有限公司。

陈传俊（2011）越南学生汉字偏误分析及教学策略，中央民族大学硕士学位论文。

程　棠（2008）《对外汉语教学目的、原则、方法》（第二版），北京语言大学出版社。

崔永华主编（1997）《词汇、文字研究与对外汉语教学》，北京语言文化大学出版社。

崔有镇（2015）中韩常用汉字比较研究，中国社会科学院研究生院硕士学位论文。

董　琨（2018）《中国汉字源流》，商务印书馆国际有限公司。

杜同惠（1993）留学生汉字书写差错规律试析，《世界汉语教学》第1期。

冯胜利、刘乐宁、朱永平、阎玲（2018）《汉语教师专业技能指导手册》，北京语言大学出版社。

傅永和（1993）《汉字七题》，河南教育出版社。

高更生（1999）《汉字研究》，山东教育出版社。

高家莺、范可育、费锦昌（1993）《现代汉字学》，高等教育出版社。

顾安达、江新、万业馨主编（2007）《汉字的认知与教学：西方学习者汉字认知国际研讨会论文集》，北京语言大学出版社。

郭圣林（2008）汉字的笔画特点与外国学生汉字笔画偏误，《暨南大学华文学院学报》第4期。

国家语言文字工作委员会（1999）《GB13000.1字符集汉字笔顺规范》，上海教育出版社。

国家语言文字工作委员会标准化工作委员会编（1997）《现代汉语通用字笔顺规范》，语文出版社。

郝美玲（2007）留学生汉字正字法意识的萌芽与发展，《世界汉语教学》第1期。

何九盈（2000）《汉字文化学》，辽宁人民出版社。
胡　勇（2013）留学生汉字书写偏误与原因分析，《语文建设》第 30 期。
胡文华（2008）《汉字与对外汉字教学》，学林出版社。
胡晓萍（2015）《汉字的结构和演变》，东北师范大学出版社。
胡裕树主编（2011）《现代汉语》（重订本），上海教育出版社。
黄伯荣、廖序东主编（2017）《现代汉语》（增订六版），高等教育出版社。
黄德宽（2011）《开启中华文明的管钥——汉字的释读与探索》，北京师范大学出版社。
黄德宽（2017）《书同文字——汉字与中国文化》，江苏人民出版社。
江　新（2017）键盘时代的汉字教学，《国际汉语教学研究》第 2 期。
江　新、柳燕梅（2004）拼音文字背景的外国学生汉字书写错误研究，《世界汉语教学》第 1 期。
李大遂（2002）简论偏旁和偏旁教学，《暨南大学华文学院学报》第 1 期。
李大遂（2008）《简明实用汉字学》（第三版），北京大学出版社。
李禄兴（2012）《现代汉字及其对外教学研究》，中央编译出版社。
李　泉（2017）汉语教学：本位观与“字本位”，《国际汉语教学研究》第 3 期。
李　蕊（2014）《外国人汉字习得与教学》，中山大学出版社。
李运富（2012）《汉字学新论》，北京师范大学出版社。
李运富（2014）汉字的特点与对外汉字教学，《世界汉语教学》第 3 期。
刘　姝（2013）初级阶段非汉字文化圈学生“字感”的培养及汉字教学，《长江学术》第 1 期。
刘　珣（2000）《对外汉语教育学引论》，北京语言文化大学出版社。
柳燕梅、江　新（2003）欧美学生汉字学习方法的实验研究——回忆默写法与重复抄写法的比较，《世界汉语教学》第 1 期。
陆俭明、马　真（2016）《汉语教师应有的素质与基本功》，外语教学与研究出版社。
罗常培（1950）《语言与文化》，语文出版社。
吕必松（2015）《汉语语法新解》，北京语言大学出版社。
牛晓莉（2014）对外汉字教材中笔画内容的设计及其教学研究，安徽大学硕士学位论文。
彭万勇（2009）关于对外汉字教学研究的思考和探索——兼论“字源理论”在对外汉字教学中的应用，《现代教育论丛》第 2 期。
彭志平（2011）汉字读写教学构想与实践——《汉语阅读教程》（修订版第一、二册）

的编写理念及课堂教学，载北京语言大学汉字研究所、北京语言大学对外汉语研究中心合编《汉字教学与研究》(第一辑)，北京大学出版社。
裘锡圭（2013）《文字学概要》(修订本)，商务印书馆。
仁井玉瑛（2006）日本常用汉字与中国汉字对比研究，山东师范大学硕士学位论文。
邵敬敏主编（2016）《现代汉语通论》(第三版)，上海教育出版社。
沈　阳、郭锐主编（2014）《现代汉语》，高等教育出版社。
施春宏（2000）使用规范汉字和规范使用汉字，《语文建设》第7期。
施春宏（2001）试论语义关系对异体词显隐和使用的制约，《语言文字应用》第1期。
施春宏（2005）《语言在交际中规范》，中国经济出版社。
施春宏（2009）《作为第二语言的汉语概说》，北京大学出版社。
施春宏（2012）对外汉语教学本位观的理论蕴涵及其现实问题，《世界汉语教学》第3期。
施春宏（2018）《汉语纲要》，北京语言大学出版社。
施正宇（2000）外国留学生字形书写偏误分析，《汉语学习》第2期。
施正宇（2008）词·语素·汉字教学初探，《世界汉语教学》第2期。
施正宇（2018）关于对外汉字教学一些问题的思考，《国际汉语教育（中英文）》第3期。
史定国主编（2004）《简化字研究》，商务印书馆。
苏培成（2014）《现代汉字学纲要》(第三版)，商务印书馆。
苏英霞主编（2015）《国际汉语教学汉字教学方法与技巧》，北京语言大学出版社。
孙德金主编（2006）《对外汉字教学研究》，商务印书馆。
谭　宏（2010）汉字教学中非汉字文化圈学生的字感研究，重庆师范大学硕士学位论文。
万业馨（1999）汉字字符分工与部件教学，《语言教学与研究》第4期。
万业馨（2000）略论形声字声旁与对外汉语教学，《世界汉语教学》第1期。
万业馨（2001）文字学视野中的部件教学，《语言教学与研究》第1期。
万业馨（2005）《应用汉字学概要》，安徽大学出版社。
万业馨（2009）略论汉语教学的总体设计，《语言教学与研究》第5期。
王汉卫、苏印霞（2012）论对外汉语教学的笔画，《世界汉语教学》第2期。
王汉卫、苏印霞（2015）《基于定量分析的对外汉字学》，清华大学出版社。
王汉卫、苏印霞（2015）现代汉字笔画系统的简化、排序及命名，《语言文字应用》

第 1 期。
王鸿滨（2018）《对外汉字教学研究》，北京师范大学出版社。
王玲娟、朱金姝（2011）内隐与外显——越南华裔汉字学习缺陷与教学应对策略，《重庆师范大学学报（哲学社会科学版）》第 5 期，
王　宁（2002）《汉字构形学讲座》，上海教育出版社。
王　宁（2015）《汉字构形学导论》，商务印书馆。
王　宁（2018）《汉字与中华文化十讲》，三联书店。
王　宁主编（2001）《汉字学概要》，北京师范大学出版社。
王　宁主编，李宇明、王铁琨审定（2013）《〈通用规范汉字表〉解读》，商务印书馆。
王　攀（2013）现代汉字笔画规范与教学应用，西南大学硕士学位论文。
王秀荣（2013）《国际汉语汉字与汉字教学》，高等教育出版社。
王秀荣（2017）《国际汉语教师汉字教学手册》，高等教育出版社。
王　妍（2015）民俗合体字研究，《语文学刊》第 14 期。
尉万传、毕艳霞（2007）东南亚华裔留学生汉字偏误考察报告，《云南师范大学学报（对外汉语教学与研究版）》第 6 期。
邢红兵（2007）《现代汉语特征分析与计算研究》，商务印书馆。
徐彩华（2010）《汉字认知与汉字学习心理研究》，知识产权出版社。
徐通锵（2005）《汉语结构的基本原理：字本位和语言研究》，中国海洋大学出版社。
严　彦（2011）非汉字文化圈零起点学习者的汉字意识培养及教学策略，载北京语言大学汉字研究所、北京语言大学对外汉语研究中心合编《汉字教学与研究》（第一辑），北京大学出版社。
叶斌杰（2014）以部件为核心的对外汉字教学方案设计，浙江大学硕士学位论文。
叶蜚声、徐通锵著，王洪君、李娟修订（2010）《语言学纲要》（修订版），北京大学出版社。
尹斌庸、苏培成选编（1994）《科学地评价汉语汉字》，华语教学出版社。
于根元（2008）《应用语言学教程》，华语教学出版社。
于根元主编（1999）《实用语文规范知识小词典》，语文出版社。
喻遂生（2014）《文字学教程》，北京大学出版社。
原新梅（2003）非汉字文化圈留学生汉字偏误“镜像错位”析，《河南社会科学》第 6 期。
詹绪左、朱良志（2014）《汉字与中国文化教程》，安徽师范大学出版社。
张静贤（1992）《现代汉字教程》，现代出版社。

张朋朋（1992）词本位教学法和字本位教学法的比较，《世界汉语教学》第3期。
张朋朋（1997）《汉字书写入门》，北京大学出版社。
张瑞朋（2015）上下文语境对留学生汉字书写偏误的影响因素分析，《语言教学与研究》第5期。
张旺熹（1990）从汉字部件到汉字结构——谈对外汉字教学，《世界汉语教学》第2期。
张谊生主编（2013）《现代汉语》，中国人民大学出版社。
赵金铭主编（2004）《对外汉语教学概论》，商务印书馆。
赵元任（1980）《语言问题》，商务印书馆。
中华人民共和国教育部、国家语言文字工作委员会（2001）《GB13000.1字符集汉字折笔规范》，语文出版社。
中华人民共和国教育部、国家语言文字工作委员会（2009）《汉字部件表》，语文出版社。
中华人民共和国教育部、国家语言文字工作委员会（2009）《现代常用独体字规范》，语文出版社。
中华人民共和国教育部、国家语言文字工作委员会（2009）《GB13000.1字符集汉字部首归部规范》，语文出版社。
中华人民共和国教育部、国家语言文字工作委员会（2009）《现代常用字部件及部件名称规范》，语文出版社。
中华人民共和国教育部、国家语言文字工作委员会（2010）《汉语国际教育用音节汉字词汇等级划分》，北京语言大学出版社。
周会丽（2013）对外汉字教学中部件教学与偏旁教学之比较，天津师范大学硕士学位论文。
周　健（2007）《汉字教学理论与方法》，北京大学出版社。
周有光（2000）《汉字和文化问题》，辽宁人民出版社。

附　录

附录 1　容易读错的字

此附录包括三部分：（一）常见的误读字；（二）容易读错的姓；（三）容易读错的地名。

（一）常见的误读字

本表按例字的音序排列，下面加着重号的字是容易读错的字。

示例	应读	误读
A		
腌臜	āza	yānzàn
白雪皑皑	ái	kǎi
狭隘	ài	yì
凹陷	āo	wā
B		
洋泾浜	bāng	bīn
傍晚	bàng	páng
同胞	bāo	pāo
悖论	bèi	bó
烘焙	bèi	péi
迸裂	bèng	bìng
麻痹大意	bì	pì
刚愎自用	bì	fù
大有裨益	bì	pì
复辟	bì	pì
包庇	bì	pì
针砭	biān	fán
濒临绝境	bīn	pín
波浪	bō	pō
剥削	bōxuē	bāoxiāo
哺育	bǔ	pǔ
C		
矿藏	cáng	zàng
参差不齐	cēncī	cāncā
刹那	chà	shà
金钗	chāi	chā
单于	chán	dán/shàn
忏悔	chàn	qiàn
为虎作伥	chāng	zhāng

示例	应读	误读
风驰电掣	chè	zhì
嗔怪	chēn	zhēn
对称	chèn	chèng
趁便	chèn	chèng
瞠目结舌	chēng	tāng
惩罚	chéng	chěng
乘客	chéng	chèng
驰骋	chěng	pìn
天秤座	chèng	píng
鞭笞	chī	dā/tái
魑魅	chīmèi	líwèi
豆豉	chǐ	zhī
炽热	chì	zhí
整饬	chì	shí
憧憬	chōng	tóng
处理	chǔ	chù
怵目惊心	chù	shù
相形见绌	chù	zhuō
罢黜	chù	chuò
创伤	chuāng	chuàng
怆然	chuàng	cāng
辍学	chuò	zhuì
阔绰	chuò	zhuó
祠堂	cí	sī

示例	应读	误读
淙淙	cóng	zōng
一蹴而就	cù	zù
簇拥	cù	zú
皴裂	cūn	jūn
切磋	cuō	chā

D

示例	应读	误读
傣族	dǎi	tài
消失殆尽	dài	tái
逮捕	dài	dǎi
忌惮	dàn	tán
档案	dàng	dǎng
悼念	dào	diào
大堤	dī	tī
提防	dī	tí
缔造	dì	tì
白洋淀	diàn	dìng
玷污	diàn	zhàn
靛蓝	diàn	dìng
侗族	dòng	tóng
句读	dòu	dú
咄咄逼人	duō	chū
踱来踱去	duó	dù

E

示例	应读	误读
阿谀奉承	ē	ā

示例	应读	误读
遏制	è	jié
F		
珐琅	fà	fǎ
帆布	fān	fán
牌坊	fāng	fáng
绯闻	fēi	fěi
斐然	fěi	fēi
沸腾	fèi	fú
氛围	fēn	fèn
血脉偾张	fèn	pēn
符合	fú	fǔ
抚恤	fǔ	wú
复杂	fù	fǔ
束缚	fù	fó
G		
咖喱	gā	jiā
言简意赅	gāi	hāi
尴尬	gāngà	jiānjiè
力能扛鼎	gāng	káng
供应	gōng	gòng
觥筹交错	gōng	guāng
金箍棒	gū	kū/zā
商贾	gǔ	jiǎ
桎梏	gù	gào

示例	应读	误读
冠心病	guān	guàn
粗犷	guǎng	kuàng
皈依	guī	fǎn
鳜鱼	guì	jué
刽子手	guì	kuài
H		
哈达	hǎ	hā
引吭高歌	háng	kēng
巷道	hàng	xiàng
一气呵成	hē	ā
干涸	hé	gù
一丘之貉	hé	háo
恫吓	hè	xià
负荷	hè	hé
沟壑	hè	huò
怙恶不悛	hù,quān	gù,jùn
华山	huà	huá
徘徊	huái	huí
浣纱	huàn	wán
病入膏肓	huāng	máng
J		
畸形	jī	qí
汲取	jí	xī
佶屈聱牙	jí	jié

示例	应读	误读
嫉妒	jí	jì
棘手	jí	là
补给	jǐ	gěi
觊觎	jì	qí
雪茄	jiā	qié
便笺	jiān	qiān
缄默	jiān	zhēn
歼灭	jiān	qiān
草菅人命	jiān	guǎn
眼睑	jiǎn	liǎn
围剿	jiǎo	chāo
校对	jiào	xiào
发酵	jiào	xiào
菁华	jīng	qīng
兢兢业业	jīng	jìng
粳米	jīng	gēng
苍劲	jìng	jìn
抓阄	jiū	guī
内疚	jiù	jiū
狙击	jū	zǔ
沮丧	jǔ	zǔ
龃龉	jǔyǔ	zǔwǔ
咀嚼	jué	jiáo
角逐	jué	jiǎo

示例	应读	误读
龟裂	jūn	guī
K		
同仇敌忾	kài	qì
俯瞰	kàn	gǎn
可汗	kèhán	kěhàn
恪守	kè	gé
铿锵	kēngqiāng	jiānjiàng
脍炙人口	kuài	huì
窥探	kuī	guī
喟叹	kuì	wèi
L		
邋遢	lā	liè
丢三落四	là	luò
奶酪	lào	luò
羸弱	léi	yíng
莅临	lì	wèi
量体裁衣	liàng	liáng
踉跄	liàngqiàng	lángcāng
劣质	liè	lüè
转捩点	liè	lì
贿赂	lù	luò
花蕾	lěi	léi
弄堂	lòng	nòng
摞起	luò	lěi

示例	应读	误读
绿林好汉	lù	lǜ
裸体	luǒ	guǒ

M

示例	应读	误读
埋怨	mán	mái
联袂	mèi	jué
愤懑	mèn	mǎn
靡靡之音	mǐ	fèi
分娩	miǎn	wǎn
谬论	miù	niù
脉脉含情	mò	mài
模样	mú	mó

N

示例	应读	误读
泥淖	nào	zhào
口讷	nè	nà
气馁	něi	nuǐ
拈轻怕重	niān	zhān
酝酿	niàng	rǎng
玩弄	nòng	lòng
鼻衄	nǜ	xù
虐待	nüè	yuè
怯懦	nuò	rú

P

示例	应读	误读
奇葩	pā	bā
琵琶	pa	ba
迫击炮	pǎi	pò
澎湃	pài	bài
一爿	pán	bàn
蹒跚	pán	mǎn
河畔	pàn	bàn
心广体胖	pán	pàng
炮制	páo	pào
抨击	pēng	píng
土坯	pī	pēi
一匹马	pǐ	pī
否极泰来	pǐ	fǒu
媲美	pì	bǐ
一叶扁舟	piān	biǎn
剽悍	piāo	biāo
嘌呤	piàolìng	piāolíng
骈文	pián	bìng
胼胝	piánzhī	bìngdì
暴虎冯河	píng	féng
血泊	pō	bō
解剖	pōu	pāo
瀑布	pù	bào

Q

示例	应读	误读
沏茶	qī	qiè
蹊跷	qī	xī

示例	应读	误读
铁骑	qí	jì
绮丽	qǐ	yǐ/qí
修葺	qì	róng
小憩	qì	tián
关卡	qiǎ	kǎ
接洽	qià	xiá
悭吝	qiān	jiān
荨麻	qián	xún
掮客	qián	jiān
潜伏	qián	qiǎn
天堑	qiàn	zàn
嵌入	qiàn	kān
憔悴	qiáo	jiāo
地壳	qiào	ké
怯懦	qiè	què
惬意	qiè	jiā
侵占	qīn	qǐn
沁园春	qìn	xīn
引擎	qíng	jìng
亲家	qìng	qīn
龟兹	Qiūcí	Guīzī
酋长	qiú	yóu
囚犯	qiú	xiú
曲线	qū	qǔ

示例	应读	误读
龋齿	qǔ	yǔ
不可小觑	qù	xū
入场券	quàn	juàn
R		
冉冉	rǎn	rán
唱喏	rě	nuò
熟稔	rěn	niàn
冗长	rǒng	chén
S		
缫丝	sāo	cáo
森林	sēn	shēn
杉木	shā	shān
歃血为盟	shà	chā
光栅	shān	zhà
禅让	shàn	chán
赡养	shàn	zhān
折耗	shé	zhé
拾级而上	shè	shí
威慑	shè	niè
莘莘学子	shēn	xīn
妊娠	shēn	chén
海市蜃楼	shèn	chèn
老牛舐犊	shì	tiǎn
似的	shì	sì

示例	应读	误读
教室	shì	shǐ
谥号	shì	yì
枢纽	shū	qū
结束	shù	sù
别墅	shù	yě
洗涮	shuàn	shuā
游说	shuì	shuō
吮吸	shǔn	yǔn
说服	shuō	shuì
硕大	shuò	sháo
螺蛳	sī	shī
毛骨悚然	sǒng	shù
嗾使	sǒu	zù
塑料	sù	suò
粟米	sù	lì
鬼鬼祟祟	suì	chóng
婆娑	suō	shā

T

示例	应读	误读
趿拉	tā	jí
水獭	tǎ	lài
鞭挞	tà	dǎ
饕餮	tāotiè	hàozhěn
绦虫	tāo	tiáo
心疼	téng	tóng
倜傥	tìtǎng	chóudǎng
挑剔	ti	tì
恬不知耻	tián	guā
暴殄天物	tiǎn	zhēn
千里迢迢	tiáo	zhāo
彤云	tóng	dān
如火如荼	tú	chá
湍急	tuān	chuǎn
臀部	tún	diàn
馄饨	tun	dun

W

示例	应读	误读
虚与委蛇	wēiyí	wěishé
圩田	wéi	yú
违章	wéi	wěi
因为	wèi	wéi
可恶	wù	è

X

示例	应读	误读
膝盖	xī	qī
呷一口	xiā	jiá
屡见不鲜	xiān	xiǎn
翩跹	xiān	qiān
纤维	xiān	qiān
弓弦	xián	xuán
船舷	xián	xuán

示例	应读	误读
垂涎三尺	xián	yán
骁勇	xiāo	yáo
图穷匕见	xiàn	jiàn
混淆	xiáo	yáo
肖像	xiào	xiāo
楔子	xiē	qī
叶韵	xié	yè
要挟	xié	xiá
偕同	xié	jiē
提携	xié	xí
机械	xiè	jiè
不屑一顾	xiè	xiāo
发人深省	xǐng	shěng
星宿	xiù	sù
铜臭	xiù	chòu
长吁短叹	xū	yù
自诩	xǔ	yǔ
畜养	xù	chù
酗酒	xù	xiōng
绚丽	xuàn	xún
渲染	xuàn	xuān
削减	xuē	xiāo
戏谑	xuè	nüè

示例	应读	误读
Y		
亚洲	yà	yǎ
燕国	yān	yàn
殷红	yān	yīn
赝品	yàn	yīng
打烊	yàng	yáng
音信杳然	yǎo	miǎo
疟子	yào	nüè
钥匙	yàoshi	yuèchi
笑靥	yè	yàn
谒见	yè	jié
呜咽	yè	yàn
摇曳	yè	yì
游弋	yì	gē
自怨自艾	yì	ài
疆埸	yì	chǎng
轶事	yì	shì
屹立	yì	qí
造诣	yì	zhǐ
熠熠生辉	yì	xí
喑哑	yīn	àn
堙塞	yīn	yān
应届	yīng	yìng

示例	应读	误读
拥护	yōng	yǒng
良莠不分	yǒu	xiù
须臾	yú	lì
向隅而泣	yú	ōu
身陷囹圄	yǔ	wǔ
鬼蜮	yù	huò
老妪	yù	qū
跃进	yuè	yào
晕车	yùn	yūn
Z		
崽子	zǎi	sī
下载	zài	zǎi
暂时	zàn	zhàn
宝藏	zàng	cáng
玄奘	zàng	zhuàng
锃亮	zèng	chèng
穿凿附会	záo	zuó
眨眼	zhǎ	biǎn
栅栏	zhà	shān
摘取	zhāi	zhē
破绽	zhàn	dìng
蘸水	zhàn	jiāo
召唤	zhào	zhāo

示例	应读	误读
砧板	zhēn	zhàn
坚贞	zhēn	zhēng
侦察	zhēn	zhēng
装帧	zhēn	zhèng
饮鸩止渴	zhèn	chén
深圳	zhèn	chuān
抵掌而谈	zhǐ	dǐ
质量	zhì	zhǐ
鳞次栉比	zhì	jié
对峙	zhì	shì
孤注一掷	zhì	zhèng
胡诌	zhōu	zōu
暴风骤雨	zhòu	zòu
贮存	zhù	chǔ
撞车	zhuàng	chuàng
惴惴不安	zhuì	chuǎn
谆谆教导	zhūn	chún
卓越	zhuó	zhuō
擢升	zhuó	dí
髭须	zī	cī
浸渍	zì	zé
作坊	zuō	zuò

（二）容易读错的姓

现代汉语中有很多姓氏的读音与普通读音不同，必须加以区别。下面按音序举出一些容易误读的常见姓氏［注音以《现代汉语词典》（第 7 版）为准］。做姓氏时只读多音字的一个音时用“这里不读”标示，列在第一部分；也有一些多音字的两读属于不同的姓，列在第二部分；容易误读的非多音字用“不要读作”标示，列在第三部分。

1. 第一部分

柏 Bǎi，这里不读 Bó；

卜 Bǔ，这里不读 Bo；

藏 Cáng，这里不读 Zàng；

种 Chóng，这里不读 Zhǒng 或 Zhòng；

葛 Gě，这里不读 Gé；

句 Gōu，这里不读 Jù；

勾 Gōu，这里不读 Gòu；

观 Guàn，这里不读 Guān；

过 Guō，这里不读 Guò；

哈 Hǎ，这里不读 Hā；

华 Huà，这里不读 Huá；

纪 Jǐ，这里不读 Jì；

令狐 Línghú，这里不读 Lìnghú；

陆 Lù，这里不读 Liù；

蒙 Méng，这里不读 Mēng；

缪 Miào，这里不读 Miù；

万俟 Mòqí，这里不读 Wànsì；

那 Nā，这里不读 Nà 或 Nuó；

宁 Nìng，这里不读 Nìng；

乜 Niè，这里不读 Miē；

区 Ōu，这里不读 Qū；

朴 Piáo，这里不读 Pǔ；

繁 Pó，这里不读 Fán；

仇 Qiú，这里不读 Chóu；

曲 Qū，这里不读 Qǔ；

任 Rén，这里不读 Rèn；

召 Shào，这里不读 Zhāo；

折 Shé，这里不读 Zhé；

宿 Sù，这里不读 Xiǔ 或 Xiù；

冼 Xiǎn，这里不读 Xǐ；

解 Xiè，这里不读 Jiě；

燕 Yān，这里不读 Yàn；

要 Yāo，这里不读 Yào；

台 Tái，这里不读 Tāi；

应 Yīng，这里不读 Yìng；

於 Yū，这里不读 Wū 或 Yú；

尉迟 Yùchí，这里不读 Wèichí；

蔚 Yù，这里不读 Wèi；

员 Yùn，这里不读 Yuán；

曾 Zēng，这里不读 Céng；

查 Zhā，这里不读 Chá；

祭 Zhài，这里不读 Jì；

长孙 Zhǎngsūn，这里不读 Chángsūn。

2. 第二部分

谌 Chén（基本读此音），Shèn；

盖 Gě（多读此音），Gài；

覃 Qín（多读此音），Tán；

单 Shàn（基本读此音），Dān；
乐 Yuè（多读此音），Lè。
3. 第三部分
鲍 Bào，不要读作 Bāo（包）；
卞 Biàn，不要读作 Kǎ 或 Qiǎ（卡）；
晁 Cháo，不要读作 Zhào（兆）；
笪 Dá，不要读作 Dàn（旦）；
阚 Kàn，不要读作 Gǎn（敢）；
邝 Kuàng，不要读作 Guǎng（广）；
闵 Mǐn，不要读作 Wén（文）；
逄 Páng，不要读作 Féng（逢）；
亓 Qí，不要读作 Kāi(开）或 Yuán(元)；
郄 Qiè，不要读作 Xī（希）；
阮 Ruǎn，不要读作 Yuán（元）；
芮 Ruì，不要读作 Nèi（内）；
佘 Shé，不要读作 Yú（余）；
厍 Shè，不要读作 Kù（库）；
仝 Tóng，不要读作 Quán（全）；
佟 Tóng，不要读作 Dōng（冬）；
冼 Xiǎn，不要读作 Xǐ（洗）；
尹 Yǐn，不要读作 Yī（伊）；
恽 Yùn，不要读作 Hún（浑）；
臧 Zāng，不要读作 Zàng（藏）；
仉 Zhǎng，不要读作 Jǐ（几）。

（三）容易误读的地名

现代汉语中有很多地名的读音与普通读音不同，必须加以区别。下面按音序举出一些容易误读的地名。多音字用“这里不读”标示，容易误读的非多音字用“不要读作”标示。

瑷珲，地名，在黑龙江省。珲，huī，这里不读 hún。
巴彦淖尔，市名，在内蒙古自治区。淖，nào，不要读作 zhuó（卓）。
瀑河，水名，在河北省。瀑，bào，这里不读 pù。
蚌埠，市名，在安徽省。蚌，bèng，这里不读 bàng。
泌阳，县名，在河南省。泌，bì，这里不读 mì。
秘鲁，国名，在南美洲。秘，bì，这里不读 mì。
并州，山西省太原市的别称。并，bīng，这里不读 bìng。
柏林，市名，德国首都。柏，bó，这里不读 bǎi。
亳州，市名，在安徽省。亳，bó，不要读作 háo（毫）。
长汀，县名，在福建省。汀，tīng，不要读作 dīng（丁）。
郴州，市名，在湖南省。郴，chēn，不要读作 bīn（彬）。
茌平，县名，在山东省。茌，chí，不要读作 shì（仕）。

大埔，县名，在广东省。埔，bù，这里不读 pǔ。

大城，县名，在河北省。大，dài，这里不读 dà。

东涌，①地名，在广东省广州市；②地名，在香港特别行政区。鲗鱼涌，地名，也在香港特别行政区。涌，chōng，这里不读 yǒng。

东莞，市名，在广东省。莞，guǎn，这里不读 wǎn。

汾河，水名，在山西省。汾，fén，不要读作 fēn（分）。

涪陵，区名，在重庆市；涪江，水名，发源于四川省。涪，fú，不要读作 péi（培）。

阜阳，市名，在安徽省；阜新，市名，在辽宁省；阜成门，地名，在北京市。阜，fù，不要读作 fǔ。

淦水，水名，在江西省。淦，gàn，不要读作 jīn（金）。

冠豸山，山名，在福建省。豸，zhài，这里不读 zhì。

涡河，水名，发源于河南省。涡，guō，这里不读 wō。

海参崴，地名，在俄罗斯境内。崴，wǎi，这里不读 wēi。

邗江，区名，在江苏省扬州市。邗，hán，不要读作 gàn（干）。

镐京，我国西周的国都，在今陕西省。镐，hào，这里不读 gǎo。

洪洞，县名，在山西省。洞，tóng，这里不读 dòng。

虎跑，泉名，在浙江省。跑，páo，这里不读 pǎo。

浒湾，地名，在河南省，读 Hǔwān；地名，在江西省，读 Xǔwān。

鄠邑，区名，在陕西省西安市。鄠，hù，不要读作 è（鄂）。

华山，五岳中的西岳，在陕西省。华，huà，这里不读 huá。

黄陂，①区名，在湖北省武汉市。陂，pí，这里不读 bēi 或 pō。②地名，在广东省广州市。陂，bēi，这里不读 pí 或 pō。（上海市的黄陂北路、黄陂南路以湖北黄陂命名，因此也读作 Huángpí）

珲春，市名，在吉林省。珲，hún，这里不读 huī。

济南、济宁，市名，都在山东省。济，jǐ，这里不读 jì。

监利，县名，在湖北省。监，jiàn，这里不读 jiān。

莒县、莒南，县名，都在山东省。莒，jǔ，不要读作 lǚ（吕）。

筠连，县名，在四川省。筠，jūn，这里不读 yún。

拉萨，市名，在西藏自治区。萨，sà，不要读作 sā。

乐亭，县名，在河北省。乐，lào，这里不读 lè 或 yuè。

丽水，市名，在浙江省。丽，lí，这里不读 lì。

蠡县，县名，在河北省。蠡，lǐ，这里不读 lí。

梁山泊，古地名，在今山东省。泊，pō，这里不读 bó。

甪直，地名，在江苏省。甪，lù，不要读作 jiǎo（角）。

泺水，水名，在山东省。泺，luò，不要读作 lè 或 yuè（乐）。

漯河，①市名，在河南省。漯，luò，这里不读 tà。②水名，在山东省。漯，tà，这里不读 luò。这两处也不要读作 lèi（累）。

内蒙古，我国少数民族自治区区名。蒙，měng，这里不读 méng。

汨罗江，水名，在湖南省。汨，mì，不要读作 lèi（泪）。

渑池，县名，在河南省。渑，miǎn，这里不读 shéng。

牟平，区名，在山东省烟台市。牟，mù，这里不读 móu。

穆棱，市名，在黑龙江省。棱，líng，这里不读 léng。

番禺，区名，在广东省广州市。番，pān，这里不读 fān。

栖霞，①山名，也是区名，在江苏省；②市名，在山东省。栖，qī，这里不读 xī。

龟兹，古国名，在今新疆维吾尔自治区。读作 Qiūcí，不要读作 Guīzī。

曲阳，县名，在河北省。曲，qū，这里不读 qǔ。

任县，县名；任丘，市名，均在河北省。任城，区名，在山东省济宁市。任，rén，这里不读 rèn。

汕头，市名，在广东省。汕，shàn，不要读作 shān（山）。

单县，县名，在山东省。单，shàn，这里不读 dān。

歙县，县名，在安徽省。歙，shè，这里不读 xī。

莘县，县名，在山东省。莘，shēn，这里不读 xīn。

深圳，市名，在广东省。圳，zhèn，不要读作 chuān（川）。

嵊州，市名，在浙江省。嵊，shèng，不要读作 chéng（乘）。

十里堡，地名，在北京市。堡，pù，这里不读 bǎo 或 bǔ。

穗，广东省广州市的别称。穗，suì，不要读作 huì（惠）。

台州，市名；天台，山名，均在浙江省。台，tāi，这里不读 tái。

宕昌，县名，在甘肃省。宕，tàn，这里不读 dàng。

蕰藻浜，水名，在上海市。蕰，wēn，不要读作 yùn（蕴）。

乌鞘岭，山名，在甘肃省。鞘，shāo，这里不读 qiào。

吴堡，县名，在陕西省。堡，bǔ，这里不读 bǎo 或 pù。

厦门，市名，在福建省。厦，xià，这里不读 shà。

莘庄，地名，在上海市。莘，xīn，这里不读 shēn。

新潟，地名，在日本。潟，xì，不要读作 xiè（泻，繁体为瀉）。

荥阳，市名，在河南省。荥，xíng，这里不读 yíng。

盱眙，县名，在江苏省。读作 Xūyí，不要读作 Yútái（于台）。

浚县，县名，在河南省。浚，xùn，这里不读 jùn。

亚洲，世界七大洲之一。亚，yà，不要读作 yǎ。

燕山，山名，在北京市；燕郊，地名，在河北省。燕，yān，这里不读 yàn。

铅山，县名，在江西省。铅，yán，这里不读 qiān。

鄞州，区名，在浙江省宁波市。鄞，yín，不要读作 jǐn（谨）。

荥经，县名，在四川省。荥，yíng，这里不读 xíng。

尉犁，县名，在新疆维吾尔自治区。尉，yù，这里不读 wèi。

蔚县，县名，在河北省。蔚，yù，这里不读 wèi。

乐清，县名，在浙江省。乐，yuè，这里不读 lè。

粤，广东省的别称。粤，yuè，不要读作 ào（奥）。

郓城，县名，在山东省。郓，yùn，不要读作 jūn（军）。

溱头河，水名，在河南省。溱，zhēn，不要读作 qín（秦）。

芝罘，区名，在山东省烟台市。罘，fú，不要读作 bù（不）。

准噶尔，古部落名，也是盆地名，在新疆维吾尔自治区。噶，gá，不要读作 gě(葛)。

枞阳，县名，在安徽省。枞，zōng，这里不读 cōng。

附录 2　容易写错的字

本表收入容易写错的常见字，部分由于混淆相似偏旁而造成的错字放在附录 4“容易混淆的偏旁及其相关字辨析”中集中说明，此表不列举。

A

爱 ài，下边是“友”。

昂 áng，下边是“卬”，不是“卯”。

奥 ào，“𡗗”的下边不封口，里面是“米”不是“釆”。“澳、噢、懊”等同此。

B

拔 bá，右上角有一点。

拜 bài，右边是四横。“湃”同此。

暴 bào，下边是“氺”，不是“水”。“爆、瀑”同此。

卑 bēi，长撇从口内撇出，不要断开。“碑、稗”同此。

鼻 bí，下边是“丌”，不是“廾”。“箅、痹”同此。

比 bǐ，右边是“匕”，不是“七”。“皆、楷、昆”以及“它、旨、指、脂、死、尼、泥、呢”等同此。

痹 bì，右下是“畀”(bì)，不是“卑”。

篦 bì，中间是“囟”(xìn)。

步 bù，下边是“少”，不是“少”。“涉”同此。

C

蚕 cán，上边是“天”，不是“夭”。

厕 cè，上边没有一点。

策 cè，下边是“朿”，不是“束”。“刺、策、棘、枣”等同此。

察 chá，上边中部是“癶”，不是“癶”。“擦、嚓、蔡”等同此。

缠 chán，右边是“廛”，不是“厘”。

场 chǎng/cháng，右边是“𠃓”，不是“𠃓”。“扬、汤、荡”等同此。

承 chéng，中间有三横。

丑 chǒu，中间一横不“出头”。

臭 chòu/xiù，下边是“犬”，不是“大”。“嗅”同此。

此 cǐ，右边是“匕”，不是“七”。“嘴、柴、紫”等同此。

刺 cì，左边是“朿”，不是“束”。

簇 cù，右下是“矢”，不是“矣”。

窜 cuàn，上边是“穴”，不是“宀”。

篡 cuàn，下边是“厶”，不是“么”。

D

诞 dàn，右边是“延”，不是“廷”。“涎”同此。

德 dé，右边“四”与“心”之间有一横。

凳 dèng，下边是“几”，不是“儿”。

滴 dī，右边是“啇”，不是“商”。“摘、谪”同此。

惰 duò，“忄”和“月”之间有“工”。“隋、髓”同此。

堕 duò，上边是“陏”，不是“隋”。“椭”同此。

E

贰 èr，右边不要多一撇。“腻”同此。

F

罚 fá，右下是“刂”，不是“寸”。

番 fān/pān，上边是“釆”，不是“采”。“翻、播、藩、悉”等同此。

范 fàn，右下是“㔾”，不是“巳”。

废 fèi，上边是“广”，不是“疒”。

丰 fēng，第一笔是横，不是撇。

烽 fēng，右下是“丰”，有三横。“峰、锋、逢、缝、蜂”等同此。

缚 fù，右上是“甫”。

G

尴 gān，外边是“尢”，不是“九”。“尬”同此。

敢 gǎn，左上是一笔（横折），不要断作两笔（横、竖）。“橄、瞰”同此。

膏 gāo，上边是“高”，不要遗漏“冖”下面的“口”。

隔 gé，右下框内是一横。

羹 gēng，下边是“美”。

恭 gōng，下边是“⺗”，右下是两点。“慕、添、舔”等同此。

辜 gū，下边是“辛”，不是“幸”。

骨 gū/gǔ，上边框内是一笔（横折），不要断作两笔（横、竖）。“滑、猾”同此。

寡 guǎ，下边是“刀”，不是“力”。

冠 guān/guàn，上边没有点。

贯 guàn，上边是“毌”，不是“母”。

滚 gǔn，右中是“厶”，不是“口”。

H

害 hài，中间是“丰”，上下“出头”。同类的如“割、慧、彗、艳、契、锲、楔”及“烽、峰、锋、逢、缝、蜂”等。

含 hán，上边是“今”，不是“令”。

翰 hàn，右边中部没有一横。

号 háo/hào，右下是“丂”，竖不“出头”。

喝 hē/hè，右下是“匃”，不是“匈”。

壑 hè，左上是“𣦼”，不是“容”。“冖”与“谷”之间有一横。

痕 hén，右下是“艮”，不是“良”。

猴 hóu，右边是“侯”，不是“候”，中部没有一竖。

幻 huàn，右边是“𠃌”，不是“刀”。

荒 huāng，中间是“亡”，不是“云”。“慌、谎”同此。

煌 huáng，左边是“火”，不是“光”。

徽 huī，中间的中部有一横。“微”同此。

毁 huǐ，左上是“臼”，不是“白”；左下是“工”，不是“土”。

J

姬 jī，右边是“𦣝”，不是“臣”。“熙、颐”同此。

吉 jí，上边是“士”，不是“土”。“洁、结”以及“声、志、壮、喜、壳”等同此。

棘 jí，两边是“朿”，不是“束”。

既 jì，右边是“旡”，不是“无”。“概、溉、慨、厩”等同此。

监 jiān/jiàn，右上是“𠂉”，不是“又”。“篮、蓝、滥、槛、览、缆、揽”等同此。

奖 jiǎng，下边是“大”，不是“犬”。

角 jiǎo/jué，框内一竖“出头”。

疖 jiē，右下是“卩”，不是“节”。

筋 jīn，下边是“肋”，不是“助”。

迥 jiǒng，右上是“冋”，不是“向”或“同”。“炯”同此。

具 jù，里边是三横。“俱、惧、飓”同此。

谲 jué，右下是“冏”，不是“同”。

K

卡 kǎ/qiǎ，五画，上边的竖和下边的竖不相连。

刊 kān，左边第一笔是横，不是撇。

侃 kǎn，右边是“𠙵”，不是“兄”。

寇 kòu，上边有点。

魁 kuí，左边是“鬼”。

L

辣 là，右边是“柬”，不是“束”。

类 lèi，下面是“大”，不是“犬”。

黎 lí，上边是“称”，不是“利”；上右是“𠃌”，不是“勿”。

敛 liǎn，右边是“攵”，不是“欠”。

梁 liáng，左上“刀”左右都有点。

劣 liè，右上有点。

临 lín，左边是一短竖一长竖，不是“刂”。

留 liú，左上有一点，“贸”同此。

柳 liǔ，右边是“卯”。

隆 lóng，右中有横。

芦 lú，下边是“户”，不是“卢”。“庐、炉、驴”同此。

录 lù，下边是“氺”，不是“水”。

旅 lǚ，右边跟“派”的右边不同。

捋 lǚ，右上是“爫”，不是“夕”。

仑 lún，下边是“匕”，不是“七”。“论、轮、伦、抡、沦、纶、囵”等同此。

M

买 mǎi，上边是“乛”，不是“冖”。

卖 mài，上边是“十”，不是“士”。

满 mǎn，“氵”在左边，不在“艹”下。

茫 máng，“氵”在“艹”下，不在左边。

莽 mǎng，中间是“犬”，不是“大”。

冒 mào，上边是“冃”，不是“日”或“曰”，下边两横跟两边不相接。“冕”同此。

貌 mào，右上是“白”，不是“臼”。

美 měi，四横，上边“⺶”的竖和下边“大”的撇不相连。

蒙 mēng/méng/měng，中间有一横。

幂 mì，上边没有点。

蔑 miè，下边是“戍”，不是“戌”。“篾”同此。

募 mù，下边是“力”，不是“刀”。

N

瑙 nǎo，右边上为“巛”，下为“囟”，与“脑”的右边不同。

袅 niǎo，上边是“鸟”，不是“乌”。

念 niàn，上边是“今”，不是“令”。

佞 nìng，右上是“二”，不是“亡”。

P

佩 pèi，右边内部是“巿”，不是“巾”。

烹 pēng，上边是“亨”，不是“享”。

片 piān/piàn，最后一笔是横折，不要断作两笔。

璞 pú，右下是三横，不是“美”。“噗、濮”同此。

Q

汽 qì，右边是“气”，不是“乞”。

切 qiē/qiè，左边是“七”，不是“土”。

羌 qiāng，右下不要加一点。

衾 qīn，上边是“今”，不是“令”。

琴 qín，下边是“今”，不是“令”。

轻 qīng，右上是“ㄨ”，不是“又”；右下是“工”，不是“土”。“经、劲、茎、颈、径、胫、氢、泾”同此。

庆 qìng，右下是“大”，不是“犬”。

券 quàn/xuàn，下边是“刀”，不是“力”。

缺 quē，右边是“夬”，不是“央”。

R

染 rǎn，右上是“九”，不是“丸”。

辱 rǔ，上下结构，不是包围结构，“辰”的第二笔不要延长下来（区别于“唇”）。

睿 ruì，“冖”下有一横。

S

丧 sāng/sàng，左下没有一撇。

傻 shǎ，右下是“夂”，不是“攵”。

赊 shē，右边是“佘”，不是“余”。

式 shì，右上是“弋”，不是“戈”。“试、轼”等同此。

抒 shū，右边是“予”，不是“矛”。

耍 shuǎ，上边是“而”。

叟 sǒu，上边是“申”，不是“由”或“臼”。“搜、艘、嗖、馊、飕、嫂”等同此。

嗽 sòu，右边是“欠”，不是“攵”。

速 sù，右上是“束”。

T

獭 tǎ，右边是“负”，不是“页”。

惕 tì，右边是“易”，不是“昜”。

添 tiǎn，右下有两点。

厅 tīng，上边没有点。

统 tǒng，右下是两画，不是三画。

秃 tū，下边是“几”，不是“儿”。

团 tuán，里边是“才”，不是“寸”。

突 tū，下面是“犬”，不是“大”。

驮 tuó，右边是“大”，不是“犬”。

W

挖 wā，右下是“乙”，不是“九”。

娲 wā，右下是“内”，不是“内”。

望 wàng，左上是“亡”，不是“云”。

武 wǔ，右边不要加一撇。

务 wù，上面是“夂”不是“攵”。

X

皙 xī，下边是“白”，不是“日”或“曰”。

隙 xì，右上是“小”。

夏 xià，下边是“夂”，不是“攵”。

县 xiàn，上边是两横，不同于“具”，也不是“目”。

羡 xiàn，下边是“次”。

厢 xiāng，上边没有一点。

笑 xiào，下边是“夭”，不是“天”。

歇 xiē，左下是“匂”，不是“匈”。

协 xié，左边是“十”。

卸 xiè，左边是“缶”，不是“缶”。

匈 xiōng，里边是“凶”。

朽 xiǔ，右边是“丂”，不是“亏”。

讯 xùn，右边是“卂”，不是“凡”。“迅、汛”同此。

Y

压 yā/yà，右下“土”旁有一点。

厌 yàn，右下是“犬”，不是“大”。

漾 yàng，右下是“永”，不是“水”。

尧 yáo，右上没有一点。“浇、绕、饶、娆、侥、晓、烧”等同此。

曳 yè，右上没有点。“拽”同此。

逸 yì，内部是“兔”，不是“免”。

淫 yín，右下是“壬”，不是“缶”。

迎 yíng，内部是“卬”，不是“卯”。

盈 yíng，上边中部是“又”，不是“乂”。

游 yóu，右边是“斿”，不是“攵”。

御 yù，中间是“缶”，不是“缶”。

冤 yuān，上边没有点。

越 yuè，右上是“戉”，不是“戊”。

粤 yuè，“奥”的下边封口，不同于“奥”。

Z

宰 zǎi，下边是“辛”，不是“幸”。

赃 zāng，右下没有点。

贼 zéi，右边是“戎”，不是“戒”。

蒸 zhēng，中间是“丞”，不要遗漏下面的长横。

直 zhí，里面是三横，“真”同此。

纸 zhǐ，右下没有点。

置 zhì，下边是“直”。

周 zhōu，中间上面是“土”，不是“士”，不同于“吉”。

逐 zhú，右上是“豕”。

抓 zhuā，右边是“爪”，不是“瓜”。

啄 zhuó，右面是“豕”，不是“豕”。“琢、涿、冢”等同此。

附录 3　常见别字一览表

本附录按例字的音序排列，下加·的字是正确的字，括号里的字是相应的别字。

A

唉（哀）声叹气
和蔼（霭）可亲
暧（爱）昧
安（按）装
黯（暗）然失色
翱（遨）翔
深奥（粤）

B

飞扬跋（拔）扈
纵横捭（俾）阖
稗（裨）官野史
可见一斑（般）
班（搬）门弄斧
排版（板）
拌（伴、绊）嘴
邦（帮）交
抱（报）歉
打抱（报）不平
自暴（曝）自弃
人才辈（倍）出
并行不悖（背）
民生凋敝（蔽）
遮蔽（敝、避）
营私舞弊（蔽）
大有裨（稗）益
原物璧（壁）还
刚愎（腹）自用
蓬荜（壁）生辉
完璧（毕）归赵
针砭（贬）时弊
明辨（辩）是非
辩（辨）证法
分道扬镳（标）
禀（秉）性难移
舶（泊）来品
脉搏（膊）
博（搏）得一笑
赤膊（博）上阵
巨擘（擎）
按部（步）就班
部（布）署

C

别出心裁（才）
大材（才）小用
兴高采（彩）烈
神采（彩）奕奕
惨（残）无人道
残（惨）酷无情
层（曾）出不穷
观察（查）
貂蝉（婵）
掺（渗）假
馋（谗）嘴
为虎作伥（帐）
长（常）年累月
补偿（尝）
厂（场）房
养鸡场（厂）
清澈（彻）见底
嗔（瞋）怪
瞋（嗔）目而视
称（趁）心如意
墨守成（陈）规
瞠（瞪）目结舌
计日程（成）功
驰骋（聘、逞）沙场
鞭笞（苔）
故作矜持（恃）
一张一弛（驰）
驰（弛）名中外
训斥（叱）
舂（春）米
一筹（愁）莫展
相形见绌（拙）
川（穿）流不息
串（窜）门
上蹿（窜）下跳
逃窜（蹿、串）

戳（戮）穿
吹毛求疵（庇）
义不容辞（词）
出类拔萃（粹）
精粹（萃）
鞠躬尽瘁（粹）

D

爱戴（代）
披星戴（带）月
以逸待（代）劳
严惩不贷（待）
殚（惮）精竭虑
肆无忌惮（弹）
虎视眈眈（耽耽）
耽（担）搁
荒诞（涎）不经
档（挡）案
豺狼当（挡）道
循规蹈（导）矩
中流砥（抵）柱
玷（沾）污
掉（调）以轻心
更迭（叠）
重叠（迭）
折叠（迭）
定（订）期
横渡（度）长江
欢度（渡）春节
咄咄（拙）逼人
腐化堕（坠）落

E

而（尔）立之年
继而（尔）
偶尔（而）

F

三番（翻）两次
翻（反）云覆雨
要言不烦（繁）
反（翻）复无常
违反（犯）纪律
返（反）老还童
回光返（反）照
违犯（反）法律
妨（防）碍
冷不防（妨）
浪费（废）
缘分（份）
身份（分）
麻风（疯）病
风（疯）言风（疯）语
肤（浮）浅
入不敷（付）出
扶（抚）老携幼
辐（幅）射
一幅（副）画
感人肺腑（府）
破釜（斧）沉舟
不负（符）众望
名不副（符）实
副（付）食店
颠覆（复）

G

言简意赅（该）
英雄气概（慨）
钓鱼竿（杆）
井冈（岗）山
八大金刚（钢）
亘（互）古未有
功（工）力
卑躬（恭）屈膝
贡（供）献
辜（姑、幸）负
一鼓（股）作气
明知故（固）犯
刮（括）目相待
收官（关）之战
灌（贯）输
全神贯（惯）注
一贯（惯）
发扬光（广）大
粗犷（旷）
步入正轨（规）
行踪诡（鬼）秘
阴谋诡（鬼）计
勾（钩）搭

H

捍（撼）卫
短小精悍（干）
貌合（和）神离

和（合）盘托出
随声附和（合）
万事亨（享）通
哄（轰）堂大笑
宽宏（洪）大量
声音洪（宏）亮
诸侯（候）
划（画）分
惨绝人寰（环）
人心涣（焕）散
焕（换）然一新
精神焕（涣）发
荒（谎）谬绝伦
病入膏肓（盲）
富丽堂皇（黄）
张皇（慌）失措
装潢（璜）
人心惶惶（慌慌）
恍（晃）惚
心灰（恢）意懒
诙（恢）谐
安徽（微）
融会（汇）贯通
谆谆教诲（晦）
风雨如晦（诲）
鱼鲜荤（晕）腥
浑（混）身是胆

J

迫不及（急）待
即（既）使
贫瘠（脊）
杯盘狼藉（籍）
籍（藉）贯
伎（技）俩
丰功伟绩（迹）
事迹（绩）
雕虫小技（计）
不计（记）其数
一如既（继）往
既（即）往不咎
绝代佳（隹）人
汗流浃（夹）背
不假（加）思索
一架（驾）飞机
缄（箴）口不言
艰（坚）苦
草菅（管）人命
精简（减）机构
唇枪舌剑（箭）
娇（骄）惯
矫（娇、骄）揉造作
挖人墙脚（角）
收缴（交）枪支
直截（接、捷）了当
截（接）长补短
各界（届）人士
情不自禁（尽）
升官晋（进）级
事过境（景）迁
兢兢（竞竞）业业
背井（景）离乡
陷阱（井）
憧憬（景）未来
不胫（颈）而走
竞（竟）争
毕竟（竞）
赳赳（纠纠）武夫
针灸（炙）
既往不咎（究）
前倨（踞）后恭
狙（阻）击手
龙盘虎踞（据）
相距（矩）不远
家具（俱）
面面俱（具）到
规矩（距）
倔（崛）犟
绝（决）对
艰苦卓绝（决）
千钧（钓）一发
竣（峻）工

K

勘（堪）测
热炕（坑）头
不卑不亢（抗）
不落窠（巢）臼
颗（棵）粒归仓
克（刻）服
刻（克）苦耐劳
坑（吭）害好人
空（恐）前绝后

脍（烩）炙人口
功亏一篑（匮）

L

味同嚼蜡（腊）
心狠手辣（棘）
万籁（赖、簌）俱寂
无耻谰（滥）言
篮（兰、蓝）球
陈词滥（烂）调
身体羸（嬴）弱
雷（类）同
发愣（楞）
利（厉）害得失
变本加厉（利）
历历（厉厉）在目
厉（励）行节约
再接再厉（励）
风声鹤唳（泪）
史无前例（列）
火中取栗（粟）
血肉相连（联）
锻炼（练）
训练（炼）
简练（炼）
一枕黄粱（梁）
寥寥（廖廖）无几
潦（了、缭）草
列（例）举
零（另）件
浏（流）览
流（浏）连忘返
流连（留恋）忘返
遛（溜）大街
水坝合龙（拢）
捅娄（篓、漏）子
初出茅庐（芦）
俘虏（掳）
高官厚禄（录）
庸庸碌碌（录录）
惨遭屠戮（戳）
勠（戮、戳）力同心
语无伦（仑）次
美轮（仑、伦）美奂
脉络（胳）分明

M

轻歌曼（漫、慢）舞
漫（满）山遍野
谩（漫）骂
名列前茅（矛）
谜（迷）语
风靡（糜）一时
望风披靡（糜）
秘（密）方
机密（秘、蜜）
哈密（蜜）瓜
甜蜜（密）
勉（免）强
缅（愐）怀
明（名）信片
验明（名）正身
座右铭（名）
观摩（磨）
临摹（摩）
漠（莫）不关心
墨（默）守成规

N

烦恼（脑）
纽（钮）扣
强弩（努）之末

O

打架斗殴（欧）
呕（沤）心沥血
无独有偶（隅）

P

坚如磐（盘）石
叛（判）变
如法炮（泡）制
赔（陪）礼道歉
佩（配）戴
披（批）沙拣金
纰（批）漏百出
嗜酒成癖（僻）
心怀叵（巨）测
抔（杯）土未干
前仆（扑）后继
风尘仆仆（扑扑）
艰苦朴（扑）素

Q

出其（奇）不意
星罗棋（旗）布
分歧（岐）
水蒸气（汽）
修葺（茸）一新
感情融洽（恰）
恰（洽）如其分
乔（巧）装打扮
一窍（窃）不通
提纲挈（携）领
顷（倾）刻
罄（磬）竹难书
委曲（屈）求全
卑躬屈（曲）膝
怙恶不悛（俊）
得鱼忘筌（荃）
入场券（卷）
有待商榷（确）
却（缺）之不恭

R

熙熙攘攘（嚷嚷）
当仁（人）不让
麻木不仁（人）
任（忍）劳任（忍）怨
融（溶）合
矫揉（柔）造作
糅（揉）合
孺（儒）子可教
耳濡（儒）目染
含辛茹（如）苦

S

煞（杀）费苦心
霎（刹）时
潸（潜）然泪下
姗姗（跚跚）来迟
赡（瞻）养父母
无上（尚）光荣
礼尚（上）往来
喜上眉梢（捎）
稍（少）纵即逝
延伸（申）
海市蜃（唇）楼
谈笑风生（声）
有恃（持）无恐
挑拨是（事）非
各行其是（事）
人士（仕）
手不释（失）卷
寻物启事（示）
首（手）屈一指
授（受）予
部署（暑）
树（竖）立榜样
漱（嗽）口
消火栓（拴）
肆（肄）无忌惮
毛骨悚（耸）然
朗诵（颂）
歌颂（诵）
粉碎（粹）
鬼鬼祟祟（崇）

T

苔藓（苔）
煤炭（碳）
碳（炭）酸饮料
蹚（淌）水过河
陶（淘）冶情操
题（提）词
提（题）纲
耳提（题）面命
恬（括）不知耻
义愤填（添）膺
一贴（帖）膏药
发帖（贴）
铤（挺）而走险
邮筒（桶）
走投（头）无路
投（偷）机取巧
如火如荼（茶）

W

惋（婉）惜
枉（妄）费心机
甘冒不韪（讳）
唯（为）命是听
萎（痿）靡不振①

① 也作“委靡不振”。

运筹帷幄（握）
戊（戌）戌政变
请勿（务）吸烟
会晤（悟）
好高骛（鹜）远
趋之若鹜（骛）

X

雨声淅（浙）沥
条分缕析（折）
迁徙（徒）
潟（泻）湖
瑕（暇）瑜互见
自顾不暇（遐）
声闻遐（暇）迩
举止安详（祥）
照相（像）
好像（象）
骁（饶）勇善战
宵（屑）小
通宵（霄）达旦
九霄（宵）云外
报销（消）
威胁（协）
歪风邪（斜）气
携（协）手并肩
排泄（泻）
一泻（泄）千里
不屑（宵）一顾
沆瀣（泄）一气
欢欣（心）鼓舞
睡眼惺（醒）忪
形（行）迹可疑
气势汹汹（凶凶）
学识修（休）养
休（修）养生息
气喘吁吁（嘘嘘）
必需（须）品
申酉戌（戍）亥
栩栩（诩诩）如生
一切就绪（序）
宣（渲）泄
寒暄（喧）
喧（宣）宾夺主
炫（眩）耀
徇（殉）私舞弊
循（寻）序渐进
训（驯）练
驯（训）化

Y

雅（鸦）俗共赏
揠（偃）苗助长
湮（淹）没不闻
察言（颜）观色
偃（揠）旗息鼓
敷衍（演）塞责
宴（晏）会
赝（膺）品
泱泱（洋洋）大国
洋（扬）溢
杳（沓）无音信
谒（竭）见
一（以）往情深
作揖（楫）
贻（遗）笑大方
已（己）经
不能自已（己）
博弈（奕）
肄（肆）业
异（一）口同声
演绎（译）
不可思议（义）
苦心孤诣（旨）
巍然屹（圪）立
一劳永逸（易）
词不达意（义）
绿树成荫（阴）
绿草如茵（荫）
一望无垠（银）
荧（萤）光屏
式样新颖（颍）
化学反应（映）
反映（应）情况
蜂拥（涌）而上
勇（永）往直前
优（忧）柔寡断
记忆犹（尤）新
怨天尤（由）人
良莠（秀）不齐
竭泽而渔（鱼）
渔（鱼）利
向隅（偶）而泣

始终不渝（逾）
逾（渝）期作废
瑕不掩瑜（玉）
宽裕（余）
阈（阀）值
元（原）气大伤
幅员（圆）辽阔
世外桃源（园）
圆（园）润
断壁颓垣（桓）
缘（沿）木求鱼

Z

在（再）此一举
再（在）接再（在）厉
青春不再（在）
销赃（脏）灭迹
口干舌燥（躁）
烦躁（燥）
鼓噪（躁）
人言啧啧（责）
读书札（扎）记
一眨（贬）眼
敲诈（榨）勒索
压榨（诈）百姓
崭（暂）露头角
改弦更张（章）
明火执仗（杖）
热胀（涨）冷缩
账（帐）本
召（招）唤
动辄（辙）得咎
缜（慎）密
饮鸩（鸠）止渴
振（震）聋发聩
震（振）惊
综合征（症）
仗义执（直）言
抵（抵）掌而谈
截至（止）目前
出奇制（致）胜
导致（至）
以至（致）于
炙（灸）手可热
掷（执）地有声
幼稚（雅）可笑
不知所终（踪）
莫衷（中）一是
接踵（踪）而来
神州（洲）大地
捉襟见肘（胄）
皱（绉）纹
高瞻远瞩（属）
孤注（柱）一掷
土著（着）
梳妆（装）打扮
招摇撞（装）骗
惴惴（揣）不安
缀（掇）句成文
呱呱坠（堕）地
心劳日拙（绌）
真知灼（卓）见
姿（恣）态
床笫（第）之欢
恣（姿）意妄为
诅（咀）咒
编纂（篡）
遵（尊）循
日出而作（做）
作（做）奸犯科
做（作）贼心虚
坐（座）北朝南

附录4　容易混淆的偏旁及其相关字辨析

汉字中有很多偏旁十分相似，由它们构成的字很容易写错。这里挑出几组常见的相似偏旁做一些辨析，以起到举一反三的效果。

1. 己—已—巳—㔾

“己”和“巳”都既能独立成字，也能作为构字偏旁；“已”只能独立成字，不能作为偏旁使用；“㔾”只能作为偏旁使用，不能独立成字。

由“己”构成的字主要有“记、纪、忌、妃、配、岂、皑、凯、改”，韵母一般是 i、ei 或 ai。

由“巳”构成的字主要有“包、祀、异、导、熙、撰、巷、港”，以及由“包”构成的系列相关字“胞、苞、鲍、饱、刨、咆、抱、袍、跑、泡、炮、疱、刨”。

由“㔾”构成的字主要有“仓、卷、倦、圈、犯、范、宛、碗、婉、怨、苑、危、诡、跪”，以及由“仓”构成的系列相关字“苍、舱、创、枪、抢、呛、跄、炝”等。

2. ⺕—彐—尹—⺻

这组偏旁最大的区别就是中间的长横是否“出头”。凡是向右边开口的都“出头”，如“虐、疟、谑”；凡是向左边开口的，如果中间没有笔画通过，就不“出头”，如“雪、寻、妇、扫、帚、寝、侵、浸”；如果向左边开口，而且中间有笔画穿过，就“出头”，如包含“尹”的字“尹、伊、君、群、郡”，包含“⺻”的字“隶、逮、康、事、律、唐、糖、塘、建、健、肃、肄、肇”，以及“争、挣、睁、筝、峥、净”等。

3. ⺌—⺍

以“⺌”（俗称扁“尚”头）和“⺍”（“学”字头）为偏旁组成的字不少，比较容易混淆，主要是将“⺍”误写成“⺌”。总体而言，“尚”字不大容易写错，大家都知道上边的三画里中间是一竖。这样，就比较容易知道与“尚”字有关的字的写法了，通过比较，就知道与“⺍”相关的字的写法了。

以“⺌”为偏旁的字大多以“尚”为声旁（“尝”字繁体字作“嘗”，简化后看不出“尚”字了，但“⺌”仍然保留），因此凡是韵母是 ang 的相关字都是“⺌”，如“（经）常、嫦（娥）、尝（试）、偿（还）、倘（佯）（以上都读 cháng）；（宽）敞、（大）氅（以上都读 chǎng）；（政）党、谠（言）（以上都读 dǎng）；（欣）赏（shǎng）；（高）尚、绱（鞋）（以上都读 shàng）；（衣）裳（shang）；蹚（水）、镗（镗声）（以上都读 tāng）；（课）堂、（海）棠、（门）樘、螳（螂）、（胸）膛（以上都读 táng）；倘（若）、（倜）傥、躺（倒）、（流）淌、耥（耙）（以上都读 tǎng）；（来一）趟（tàng）；（手）掌（zhǎng）”。甚至还可以区别其他韵母是 ang 的相近字，如“当、挡、光、咣、晃”。

凡是韵母是üe的相关字都是“⺍”，只有很少的几个。我们平常用到的只有“觉”和“学”，记住“自觉学习”这个短语实际也就记住它们的区别了。

4. 礻—衤

这两个部首极易混淆。其实，如果知道了它们的原本意义，区别起来还是不难的。

“礻”，示字旁，“礻”部的字从意义来源上来说都与鬼神、祸福之事有关，现在大多数字的意思还能看出来，有的已经演变得不容易看出原来的意思了，但仔细想想还能发现一些痕迹。若配合对“衤”字旁的区分，也就更容易看出了。如“神、福、祸、礼、祖、祠（堂）、祈祷（qídǎo）、（祭）祀（sì）、视、祛（qū）（病）、祖、祝（福）、（吉）祥、禅（chán，shàn）、（高官厚）禄（lù）、禳（ráng）”。

“衤”，衣字旁，“衤”部的字多与衣服有关，如“补（丁）、衬衫、裤袄、褂、袖、袜、袍、被褥（rù）、袱（fú）、襁褓（qiángbǎo）、裙裾（jū）、（富）裕、衣襟（jīn）”。有的已经引申，现在不容易看出来了（如“初”）。

5. 厂—广

初学者容易在“厂”字旁（俗称偏厂儿）上加一点变成“广”字旁。我们大致可以从偏旁的含义方面去区别（只是汉字简化后有的已经不容易分析了）。

“厂”，其实最初与“工厂”没有关系，本义是山岩、石洞，“工厂”的“厂”是“廠”的简化。“厂”部的字多与山崖有关，如“厚（山石厚重）、厝（cuò，磨刀石）、厉（“砺”的本字，磨刀石）、仄（zè，人在山崖下，本义为倾斜）、厥”。也有一部分“厂”字头的字原本也从“广”，异体字整理后以从“厂”的形式为规范字形，因此与房屋有关，如“厦、厢、厩、厨”。还有一些常见字如“原、厮、厘”等。

“广”，本义是依着山岩架成的屋子。“广”部的字多与房屋有关，如“庄、店、庙、庐、府、库、庖、庭、庇、庵、廉、廪”。做声旁的“广”是“廣”的简化，用它做声旁的字大多读 kuàng，如“旷、矿、圹、邝、纩”；还有读其他音的，如“犷（guǎng）、扩（kuò）”。“广”部另外还有很多常见字，如“床、序、庚、底、度、庞、座、庶、康、庸、庾、廊、廓、廖、废”。总的来说，“厂”部的字比较少，应先分析以便记忆。

6. 未—末

这两个字比较容易混淆。其实，有时我们在区别不清时，如果能够记起用它们做偏旁的相关字中一个字的写法，也就能大体知道其他字用什么偏旁了，因为以它们为偏旁构成的字，韵母都与它们的韵母相同。

“未”，读 wèi，上边一横短，下边一横长。凡是韵母是 ei 的相关字都以“未”为偏旁，如“味（wèi）道、妹（mèi）妹、愚昧（mèi）、梦寐（mèi）以求、魅（mèi）力”。

“末”，读 mò，上边一横长，下边一横短。凡是韵母是 o 的相关字都以“末”为偏旁，如“抹（mǒ）黑、茉（mò）莉、唾沫（mò）、厉兵秣（mò）马”。

可以形象地记为：未来的路是漫长的，所以越来越长（上短下长）；如果走到穷途末路了，则会越来越短（上长下短）。

7. 舀—臽

这两个偏旁构成的字比较容易写错。区别不清时，如果能够记起与它们读音相关的字中一个字的写法，也就能大体知道其他字的偏旁怎么写了，因为这两个偏旁组字时多做声旁。

“舀”，读 yǎo，意思是用瓢、勺等取东西，所以上边是“爪”字头（“手”的意思）。凡是韵母是 ao 的相关字都以“舀”为偏旁，如“波浪滔（tāo）天、韬（tāo）略、舞蹈（dǎo）、稻（dào）谷”。

“臽”，读 xiàn，是“馅”的本字。凡是韵母是 ian 或 an 的相关字绝大多数都以“臽”为偏旁，如“陷（xiàn）阱、肉馅（xiàn）、阎（yán）王、火焰（yàn）、谄（chǎn）媚”。只有“掐算”的“掐”读 qiā。

注意：这两个偏旁的下边都是“臼（jiù）”，中间是不相连的两个短横，不要用一横连接起来，也不要写成“日”或“曰”。

8. 巿—市

这里的错误是经常将做偏旁的“巿”写作“市”。

“巿”，读 fú，这是一个古字，意思是系在下衣前的布，中间的一竖直通上下，共 4 画：横、竖、横折钩、竖。由这个偏旁构成的字，它们的韵母一般都是 ei，如“充沛（pèi）、旌旆（pèi）、甘霈（pèi）、肺（fèi）腑之言、蔽芾（fèi，形容树干及小树叶。又读 fú）”。

“市”，上边是一点，与下边的“巾”不相连，共 5 画：点、横、竖、横折钩、竖。由“市”组成的字有的是形声字，都读 shì，如“柿、铈”；有的是会意字，与

“市场”有意义上的联系，如“闹”。

9. 叚—段

“叚（jiǎ）”做偏旁时常被写成“段（duàn）”。其实，它们构成的相关字都以它们为声旁，所以记住其中一个字的写法就比较容易区别其他字了。

以“叚”为声旁构成的字韵母都是 ia，如“假（jiǎ）装、暑假（jià）、葭（jiā）莩、瘕（jiǎ）病、霞（xiá）光、闲暇（xiá）、白玉无瑕（xiá）、遐（xiá）想”。

以“段”为声旁构成的字都读 duàn，知其一就知其他，如“锻炼、绸缎、椴树、煅石膏”。

10. 氏—氐

它们做偏旁组成新字时大多做声旁，即新组成的字和它们的韵母相同。这样，记住了相同韵母的相关字中的一个字的写法，就容易联想起其他字的笔画了。

以“氏（shì）”为声旁的字常用的只有“纸（张）”，其他的如“扺（zhǐ，用于成语“扺掌而谈”）、祇（qí，地神）、芪（qí，黄芪，植物名）”。不要在“氏”下边加上一点。

以“氐（dǐ，又读 dī）”为声旁的字主要有“底、抵、诋（毁）、（官）邸、（宝）坻（指地名）、砥（砺）、骶（骨）、（根深）柢（固）（以上都读 dǐ），低、羝（以上都读 dī）”。

可以编个句子帮助区别记忆：底下一点不能弄脏一张白纸。说明：“底下一点”表示“底”字的下面有一点；“不能弄脏一张白纸”表示“纸”下没有点，不能随意添加。

11. 东—东

常见的错误是将用作偏旁的“东”写作“东”。其实，“东”是“柬”在一些字中的简化，中间的一笔转弯。它的笔顺是：横、撇折、横折钩、撇、点。它做偏旁组成新字时一般做声旁，常见的主要有“练（习）、（锻）炼、（挑）拣”。注意：在“阑（lán）、澜（lán）、谰（lán）、斓（lán）、楝（liàn）”这些字中，“柬”字不能简化。

“东”的笔顺是：横、撇折、竖钩、撇、点。以“东”为声旁的字主要有“（冷）冻、栋（梁）、鸫（dōng，鸟名）”。

可以编个口诀帮助区别记忆：栋梁要直多练习。说明：既然是“栋梁”，当然要直，所以容易误写的地方不要转弯多写一折；多“练习”，便表示右边的偏旁比“东”多了一折。以此可以记住一系列的用它们做偏旁的相关字。

12. 內—禸

这两个偏旁在构字时都处于字的下部，不容易分清。

“內”的“厶”是两画：撇折、点。由“內”构成的字主要有“离、璃、漓、篱，禽、擒”。

“禸”的中间是三画：竖、提、点。由“禸”构成的字稍多，值得注意的是长竖都要穿过上边偏旁的笔画，如“禺、遇、愚、寓、偶、禹、属、嘱”。

13. 戊—戌—戉—戍—戎—戒

这些字的意思在古代都与兵器有关。

戊，wù，象形字，像狭窄的斧子，是古代的一种兵器，左边是一撇。后来借用为表示天干。含“戊”的常用字有“茂（mào）”。

戌，xū，象形字，像平口大斧，也是古代的一种兵器，中间是一短横。后来借用为表示地支。1898 年的戊戌变法便是用上面这两个字来表示年份的。

戉，yuè，象形字，像长柄大斧，现在不能独立成字了，演变为“钺（yuè）”。含“戉”的常用字有“越（yuè）”。

戍，shù，会意字，一人持戈（右边是“戈”），本义是守边。楷书形体发生转变，人的形态消失，中间变成了一点。含“戍”的常用字有“蔑（miè）”和“篾（miè）”。

戎，róng，会意字，从戈从甲，本义是武器，引申为军队、军事。含“戎”的常用字有“绒（róng）”和“贼（zéi）”。

戒，jiè，会意字，像双手持戈，本义是警戒。含“戒”的常用字有“诫（jiè）”和“械（xiè）”。

这里编一个歌诀来帮助记忆：戍点戌横戊中空，钩戉双戒十字戎。

附录 5 一些读音跟词性相联系的多音字

有些多音字可以通过词性来分辨读音，而这些读音、词性的差别是跟意义联系着的，如果将读音、词性、词义三者联系起来就更容易分辨了。这里举一些常见的例子：

藏：（1）做动词义时读 cáng，表示隐匿或储存，如“躲藏、收藏、藏书、藏龙卧虎、藏污纳垢”。（2）做名词义时读 zàng，指储存大量东西的地方，如“宝藏”，也指西藏、藏族。注意，“矿藏”一词中的“藏”读 cáng。

处：（1）做动词义时读 chǔ，表示交往、存在、办理、惩治等，如“相处、设身处地、处理、处置、惩处”。（2）做名词义时读 chù，指地方、机关等，如“住处、灵魂深处、科研处、办事处”。

畜：（1）做名词义时读 chù，意指禽兽，多指家畜，如“牲畜、畜生、六畜兴旺”。（2）做动词义时读 xù，表示饲养（动物），如“畜产、畜牧、畜养、畜牲口”。

传：（1）做动词义时读 chuán，表示交给、教给、散布、传导、表达、发令、传染等，如“传递、传授、传播、传热、传神、传讯、传染病”。（2）做名词义时读 zhuàn，指记录生平事迹、叙述历史故事、解释经文的文字或作品，如“自传、外传、《水浒传》、经传”。

创：（1）做名词义时读 chuāng，指受伤的地方，如“创伤、创口、创痛、予以重创、战争的创伤”。（2）做动词义时读 chuàng，表示开始（做）、初次（做），如“创办、创造、创作、创记录、首创、开创”。

担：（1）做动词义时读 dān，表示用肩膀挑、承当等，如“担水、担粮食、担负、承担、分担、担惊受怕”。（2）做名词义时读 dàn，指挑的东西或担负的责任，如“扁担、货郎担、担子、勇挑重担。做量词时也读 dàn，指一百斤，常笼统地指一次挑的量，如“一担谷子、一担柴禾”。

恶：（1）做形容词义时读 è，指坏的、凶的，如“恶臭、恶劣、恶霸”。做名词义时也读 è，指坏的行为，如“作恶、罪大恶极、惩恶扬善”。（2）做动词义时读 wù，指讨厌、憎恨，如“可恶、厌恶、深恶痛绝、好逸恶劳”。另有 ě 的读音只用于“恶心”一词，wū 的读音只用于文言。

服：（1）做名词义时读 fú，指衣装，如“服装、衣服、校服”。做动词义时也读 fú，指吃药、承担义务、承认、使信服、适应等，如“服药、服役、心服口服、以理服人、水土不服”。（2）做量词义时读 fù，用于中药的计量，如“一服药”。

冠：（1）做名词义时读 guān，指帽子，也引申为像帽子的东西，如“皇冠、怒发冲冠、冠冕堂皇、鸡冠花、冠心病（‘冠状动脉性心脏病’的简称）”。（2）做动词义时读 guàn，指戴上帽子，引申为加上名号、居第一位，如“沐猴而冠、冠名、冠军”。

还：（1）做副词义时读hái，指仍然、更加、勉强过得去、尚且、居然等，如“还是老样子、小张比小王还高、还行、时间还早、你还真有办法”。（2）做动词义时读 huán，指返回、恢复、归还、回报，如“还乡、还原、有借有还、以牙还牙”。

好：（1）做形容词义时读 hǎo，表示美、优点多的、友爱、健康等，如“美好、脾气好、好朋友、身体好”。（2）做动词义时读 hào，表示喜爱、喜欢，如“好看书、好客、好高骛远”。做副词时也读 hào，表示容易（发生某种事情），如“春天好感冒”。注意，“好吃”因“好”的读音不同而有两种意义。

混：（1）做形容词义时大多读 hún，表示浑浊、糊涂等，如“混蛋、混水摸鱼、混头混脑”。（2）做动词义时读 hùn，表示掺杂、蒙混等，如“混合、混为一谈、鱼目混珠、混日子、混事魔王”。

劲：（1）做名词义时读 jìn，指力气、精神、神情、趣味等义，如“劲头、鼓足干劲、骄傲劲、没劲”。（2）做形容词义时读 jìng，表示坚强有力，如“强劲、刚劲、劲敌、疾风知劲草”。

量：（1）做动词义时大多读 liáng，表示测定、估计等，如“测量、测体温、量程、量度、量具、估量、端量、思量（在表示衡量义的‘量力而行、量入为出、量体裁衣、量刑’等词中读 liàng）”。（2）做名词义时读 liàng，指测量的器物、容纳或禁受的限度、数目等，如“量词、量变、气量、胆量、力量、质量、流量、降雨量”。

笼：（1）做名词义时读lóng，指用来养虫鸟或盛物的器具，如“鸟笼、蒸笼”。（2）做动词义时读 lǒng，指覆盖、拉拢，如“笼罩、笼络”。

铺：（1）做动词义时读 pū，表示把东西展开或摊平，如“铺床、铺轨、铺平道路、平铺直叙、铺天盖地”。（2）做名词义时读 pù，指铺子、床铺，如“肉铺、杂货铺、铺面、铺位”。

散：（1）做形容词义时读 sǎn，表示松散、零碎等，如“散漫、散兵游勇、散光、散文、散装、散座”。（2）做动词义时读 sàn，表示分开、散布、排除等，如“散场、解散、烟消云散、发散、散传单、散闷、散心”。

丧：（1）做名词义时读 sāng，指跟死人有关的事情，如“丧事、丧礼、丧钟、治丧、守丧”。（2）做动词义时读 sàng，表示失去，如“丧失、丧胆、丧家之犬、丧权辱国、玩物丧志”。

扇:（1）做动词义时读 shān，表示摇动（扇子等）、用手掌打等，如“扇风、扇扇（shàn）子、扇了他一掌。（2）做名词义时读 shàn，指扇子或板状、片状的东西，如“电扇、芭蕉扇、门扇、隔扇、扇面。做量词时也读 shàn，如“一扇门、两扇窗子”。

舍:（1）做动词义时读 shě，指放弃、施予，如“舍弃、舍得、舍近求远、舍生忘死、施舍”。（2）做名词义时读 shè，指房屋，如“宿舍、居舍、寒舍”。

数:（1）做动词义时读 shǔ，表示查点（数目）、计算比较、列举（罪状）等，如“数不胜数、数数（shù）目、数一数二、数得上、数落、数说、数了一顿”。（2）做名词义时读 shù，指数目、数量、劫数等，如“人数、天数、数以万计、数学、自然数、复数、在数难逃”。

为:（1）做介词义时基本上读 wèi，表示给、替，为了，因为，对、向等义，如“为人民服务、为慎重起见、为何、不足为外人道”。“为”做介词时只有表示被动的意义时才读 wéi，这是古代留下来的书面表达方式，常同助词“所”配合使用构成“为……（所）……”格式，有时也可不用“所”，如“为科学界（所）称道、不要为表面现象（所）迷惑”。（2）做动词义等时一般读 wéi，如“为期不远、为所欲为、为难、不足为奇、胡作非为、敢作敢为、大有作为、化为乌有、一分为二、十分米为一米”和“大为高兴、广为传播、深为感动、尤为出色”。

种:（1）做名词义时读 zhǒng，指种子、种族、根源、事物门类等，如“稻种、配种、黄种人、火种、种类”。做量词时也读 zhǒng，如“两种人、几种颜色、各种意见”。（2）做动词义时读 zhòng，表示埋植，如“种植、种树”。注意，“播种”因“种”的读音不同而有两种意义。

附录 6　术语和概念检索

说明：1. 术语和概念后的数字为所在页码。

2. 术语加粗者表示该术语做了解释，页码加粗者表示对该术语做出解释的地方。

3. 有的术语或概念有几个名称，以本书使用者为正条。

D

E

F

G

H

附录 7　思考与练习参考答案

【思考与练习一】

一、1. 表形文字　表意文字　表音文字　表意文字　表音文字　音位文字　音节文字　辅音文字　音位文字

2. 自源文字　他源文字　自源文字　古埃及象形文字　苏美尔楔形文字　玛雅文字

二、1. 5 个汉字、5 个音节、4 个语素

2. 9 个汉字、7 个音节、8 个语素

3. 12 个汉字、11 个音节、11 个语素

4. 10 个汉字、10 个音节、9 个语素

三、[略]

四、不正确。现代汉字属于表意文字，与像图画一样通过直接描摹事物形体进行表意的表形文字不同，汉字形体提示语言单位意义的方式是多样的。有的如“日、月、山、火”需要联系古汉字形体才能发现它们描摹事物的特点，有的如“一、二、三、上、下”通过抽象线条的组合提示意义。更多的情况下，汉字中的表意成分是通过它们独立成字时的意义，约定性地提示整字的意义的。另外，图画的形体是不固定的，只要画出相应的事物，增减一些线条都可以，而现代汉字的形体是固定的。

五、不可行。汉字记录汉语虽然不实行分词连写，但是这种书写方式很少引起歧义，并没有给母语者的阅读理解带来很多不便，在中文信息处理领域，汉语词语切分的准确度也已经达到了很高的水平。如果加入空格，反而会破坏汉字节省空间、信息密度高的特点。同时，汉语中的“词”这一级单位有时是不易确定的，如“鸡蛋、牛肉”是词还是短语，不同的人就有不同的看法，实行分词连写也必然会产生分歧。

六、这两种观点都是片面的。汉字与表音文字各有优缺点，但它们都可以满足相应语言的使用者进行书面交际的需要，因此没有优劣之分。

对于第一种观点，汉字虽然在学习、使用上存在着一定的不便，但汉字与汉语的特点基本适应，且具有一定的超时空性。如果改用拼音文字，必然面临着同音语素在书面上无法区分的问题，同时也不利于古籍的阅读和操不同方言的人之间的交际，更会使汉字所承载的中华文化失去载体。

对于第二种观点，汉字虽然信息密度高，形象性强，且具有审美价值，但与表音文字相比也有难写、难认、难用的问题，所以不能认为汉字是比表音文字更先进的文字。

七、汉字是记录汉语的文字系统，同时也对汉语产生了影响。

汉字是中华文化的重要组成部分，汉字保存了丰富的文化遗产，并贯通古今、沟通四方，不仅促进了汉族语言和文化的发展，而且促进了中国各民族之间和世界华人之间的交流

和学习，促进了中国国家的统一，加深了中华民族的认同感。依托汉字本身，也产生了一些独具特色的文化艺术形式，如书法、篆刻、对联、灯谜等。

汉字还具有超越民族、超越国境的影响力。汉字很早就传入朝鲜半岛、日本和越南，形成了覆盖东亚地区的汉字文化圈，汉字可以说是东亚历史文化共同的载体。在华裔人口集中的新加坡、马来西亚、泰国等国家，汉字也被广泛使用，这些国家也颁布了汉字使用的政策。联合国也将规范汉字列为六种工作文字之一。目前，随着汉语在世界上的影响力不断增强，汉字也在日益扩大的国际交往中发挥着越来越重要作用。

八、（1）汉字属于表意文字，字数繁多，且具有超时空性，有较高的文化价值。

（2）这些生僻字在网络时代的走红，反映了汉字所承载的文化具有强大的生命力，即使这些生僻字大多已退出日常使用，但它们的文化价值仍然被大众认可。同时，在网络时代，弘扬汉字文化价值的手段也可以不断创新。

【思考与练习二】

一、甲骨文　金文　篆书　隶书　楷书　行书　草书　楷书

二、汉字主要的四种印刷字体分别是宋体、黑体、楷体、仿宋体。宋体用于一般的书籍、报刊正文。黑体多用于需要增强视觉效果的环境，如文章的标题、正文中着重强调的文字以及公共场所的标识。楷体多用于文中夹用的特殊内容以及通俗读物。仿宋体多用于排印书籍的序言、引文、诗歌或政府公文的正文。

三、篆书　行书　甲骨文　楷书　草书　隶书　金文

四、隶书对汉字形态的改造体现在篆书曲折圆转的笔画被改造或拆解为种类有限、易于书写的直线或折线形笔画，且一些汉字的部件被省略或粘连合并。同一个字在独立成字时和充当其他字的部件时，同一部件处在不同位置时，甚至不同字中处在相同位置时，写法都可能发生分化。不同来源的部件也发生了混同。

隶变使汉字的象形意味大大减弱，此后的相当一部分汉字已经无法直接显示其构造时的意图、理据了，汉字由此进入了符号化、线条化的今文字阶段。因此说隶变是汉字发展过程中最重要的一次变革。

五、汉字形体演变的规律主要包括笔画线条化、字形符号化和结构规律化。

笔画线条化，即笔画从最初的粗细不一、曲折且含有填实的团块结构的形态逐渐演变为隶楷阶段以直线、折线为主的笔画系统。

字形的符号化，即随着笔画的符号化，汉字形体的象形程度也必然不断减弱，从而使汉字由依靠形体本身实现表意功能转变为依靠形体与意义的约定性关联实现表意功能。

结构的规律化，即整字的形体从最初的参差不齐逐渐发展为大小一致的方块形，汉字内部各部件间的结构关系也在发展中逐渐形成了形体美观、有规律的配合形式。

六、一方面，为了书写方便、快捷，汉字整字及其组成部件的形体在发展过程中存在简化的趋势，如在隶变中，“雷、春、表”等字都发生了部件的省并。后来实行的汉字简化也是汉字形体的趋简过程。另一方面，为了在不同的汉字之间保持足够的区别性，有些汉字在发展过程中也发生了增添笔画或部件的繁化现象。例如，在隶变中，为了区分“王”与“玉”，“玉”字就增添了一点以与“王”区别。但总体上是以简化为主。

七、在汉语二语教学中，教师在课堂上手写汉字时应使用楷书，使用印刷或电子资料时应选用楷体。这不同于汉语母语者日常交际中手写字体主要使用行书，印刷字体主要采用宋体。因为手写楷书和印刷楷体可以向学习者展示规范的写法，利于学习者模仿，使学习者更好地了解和掌握汉字的笔画、笔顺、笔势和字形结构规则。

【思考与练习三】

一、象形　指事　会意　形声　假借　转注　象形　指事　会意　形声　假借　转注

二、1.D　2.B　3.B　4.C

三、所谓形声，就是由表意成分和表音成分组成一个汉字，分别提示整字的字义和字音。

形声法通过形旁、声旁两个组成部分，将汉字纳入由字音、字义两个维度构成的区别性网络中，因此可以方便地为大量语素创造出互有区别的字形，可以摆脱象形、指事、会意等造字法的局限，大大扩展了汉字可以记录的概念的范围。因此，形声法具有较强的能产性。现代汉字中，形声字所占的比例最高。

四、象形字：川　鼠

指事字：三

会意字：即　射

形声字：郎　舅　躬

五、左形右声：诚　杨

右形左声：劲　欣

上形下声：崩　耄

下形上声：煎　鲨　赏

内形外声：闻

外形内声：阁

形占一角：题

声占一角：廊

六、1.“抬、苔、胎”的形旁“扌、艹、月”分别提示意义与手、草、肉有关。

2.“堵、赌、睹”的形旁“土、贝、目”分别提示意义与土、钱财、眼睛有关。

3.“房、访、放”的形旁“户、讠（言）、攵”分别提示意义与门户、言语、手部动作有关。

4.“琳、淋、霖”的形旁“王（玉）、氵（水）、雨”分别提示意义与玉、水、雨有关。

七、1.“抢（qiǎng）”的声旁“仓（cāng）”提示整字韵母中的韵基与其相同。“抡（lūn）的声旁“仑（lún）”提示整字声母、韵母与其相同。

2.“狠（hěn）”的声旁“艮（gèn）”提示整字与其声母发音部位相同，韵母相同。“狼（láng）”的声旁“良（liáng）”提示整字声母、韵母中的韵基、声调与其相同。

3.“远（yuǎn）”的声旁“元（yuán）”提示整字声母、韵母与其相同。“近（jìn）”的声旁“斤（jīn）”提示整字声母、韵母与其相同。

4.“议（yì）”的声旁“义（yì）”提示整字读音与其完全相同。“谈（tán）”的声旁“炎（yán）”提示整字韵母中的韵基、声调与其相同。“谅（liàng）”的声旁“京（jīng）”提示整字韵母中的韵尾与其相同

八、“恭”是从心共声的形声字，下面的“⺗”是“心”的变体，提示字义和“心”有关，因此不能写成“氺”。

“初”是从衣从刀的会意字，左侧的“衤”是“衣”的变体，通过“用刀裁衣”表示“开始”，不同于“示”的变体“礻”，因此不能写成“礻”。

九、“形合”是指通过描摹现实世界中的一个整体场景体现字的构意，“义合”是指通过构件独立成字时的意义组合体现字的构意。例如，“涉”在甲骨文时期字形表现为两脚分别在水的两侧，体现“徒步过河”的意义，属于“形合”；在小篆时期“涉”的字形由“水”和“步”两个构件左右排列组成，通过“水、步”的字义体现“徒步过河”这一意义，属于“义合”。

【思考与练习四】

一、部件是指汉字中具有组配整字功能的、相对独立的结构单位。

部件拆分的原则包括：(1)相离关系按照分隔沟切分；(2)相接关系在接点处切分；(3)相交关系不切分；(4)切分出的部件一般需大于笔画，单笔画与其他部分即使构成相离或相接关系，一般也不切分，但单笔画在整字结构中具有独立性时切分；(5)切分出的部件不能构成其他汉字时一般不切分。

二、

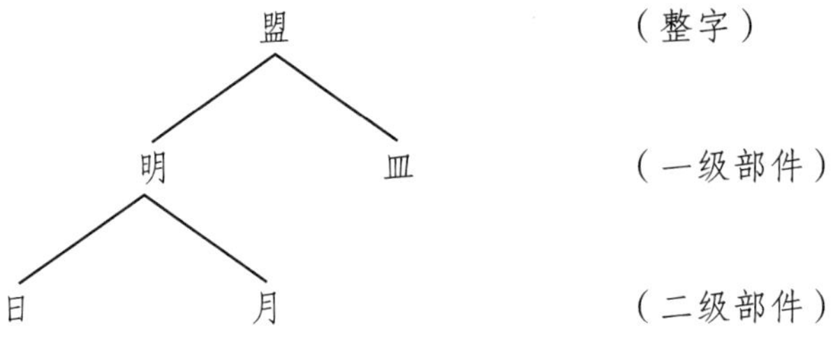

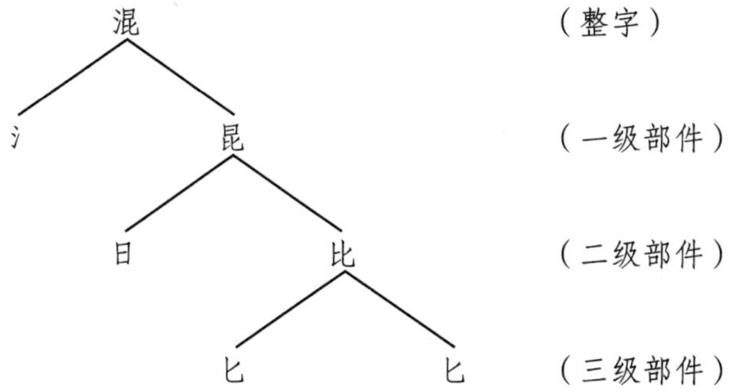

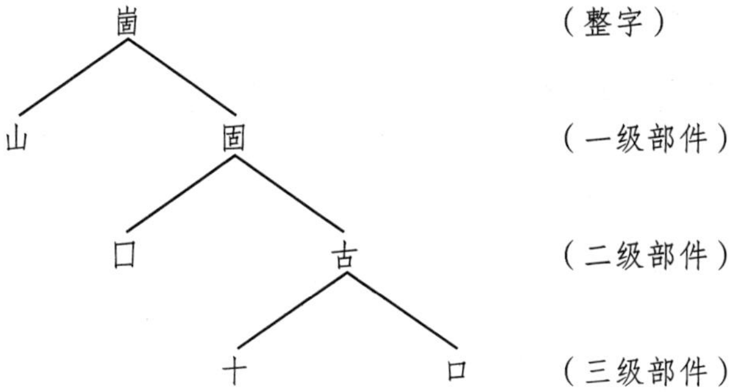

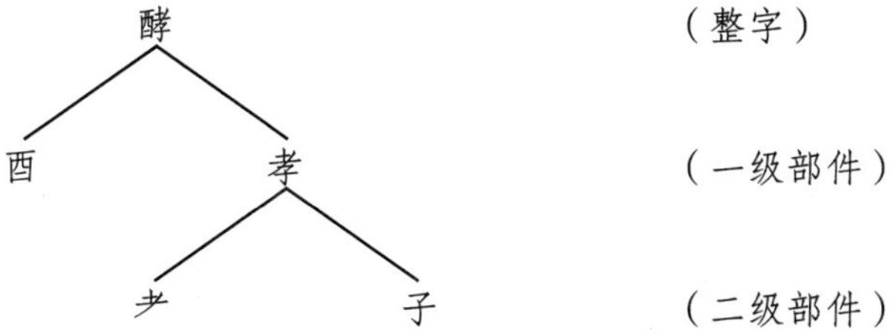

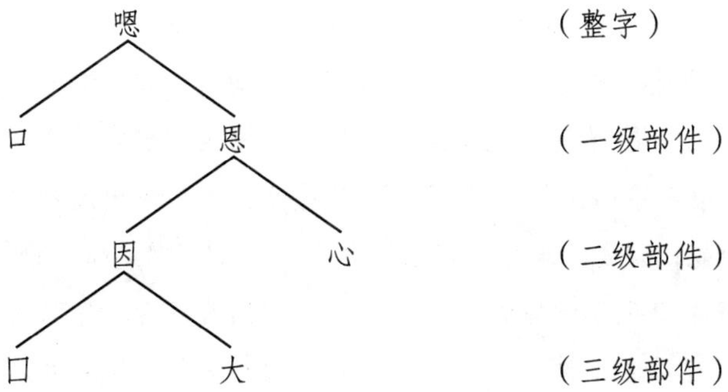

三、川：独体字

引：合体字，左右结构

囚：合体字，全包围结构

田：独体字

反：合体字，左上包围结构

斤：独体字

串：独体字

患：合体字，上下结构

爽：合体字，穿插结构

淼：合体字，品字结构

衷：合体字，上中下结构

四、(1) 按照是否可以继续切分，可以将部件划分为基础部件和合成部件。

(2) 按照是否可以独立成字，可以将部件划分为成字部件和非成字部件。

(3) 按照部件在整字中提示音、义的功能，可以将部件划分为表意部件、表音部件和符号部件。

五、"文"充当表意部件：斐　斓

"文"充当表音部件：雯　蚊

"文"充当符号部件：刘　这

六、独体表意：木

独体符号：不

表意＋表意：鸣

表意＋表音：运　珠　飘

表意＋符号：鸡　动

表音＋符号：球　物

符号＋符号：特　票

七、按照构字法划分的"表意＋表意""表意＋表音"两种类型着眼于现代汉字的形体，而会意字、形声字则着眼于汉字最初构造时的理据。在现代汉字中，如果会意字的各个义符都可以对应现代形体中的部件，且仍然保存着提示意义的功能，则是"表意＋表意"构字法，如"明、信、男"；如果形声字的义符、音符都可以对应现代形体中的部件，且仍然保存着提示意义和读音的功能，则是"表意＋表音"构字法，如"枫、城、铜"。但如果会意字、形声字在发展过程中出现了形体的粘连、讹变，或因为字音、字义的演变丢失了表音、表意功能，则会产生符号部件。如会意字"及"现在属独体符号字，形声字"球"现在属"表音＋符号"字。

八、楼：偏旁"木、娄"，部首"木"。

花：偏旁"艹、化"，部首"艹"。

问：偏旁"门、口"，部首"门"。

麻：偏旁"广、林"，部首"广"。

褪：偏旁“衤、退”，部首“衤”。

树：偏旁“木、对”，部首“木”。

渐：偏旁“氵、斩”，部首“氵”。

九、［略］

【思考与练习五】

一、笔画是书写汉字时，每一次落笔与起笔之间，书写工具在书写材料上留下的直线、折线或曲线形的痕迹。由于汉字发展到楷书阶段后，庞大的汉字系统中笔画的形体呈现出极强的规律性，因此楷书汉字系统中笔画的概念特别重要。

二、一（横） 丨（竖） 丿（撇） ㇏（捺） 丶（点） ㇀（提）

三、1. ㄥ（撇折） 2. ㇄（竖弯） 3. ㇃（卧钩） 4. ㇆（横折钩）

5. ㇌（横折折撇） 6. ㇈（横斜钩） 7. ㇉（竖折撇） 8. ㄴ（竖折）

四、凹：5 画 长：4 画 出：5 画 鼎：12 画 哥：10 画 弓：3 画

卡：5 画 美：9 画 年：6 画 骨：9 画

五、州：相离

干：相离、相接、相交

习：相离

女：相交、相接

马：相离、相接

亡：相离、相接

书：相离、相接、相交

义：相离、相交

丰：相离、相交

戈：相离、相交

六、鸵：横变为提。

条：竖变为竖钩，同时撇、捺变为点。

般：横折弯钩变为横折弯。

规：捺变为点。

削：撇变为竖。

望：竖折变为竖提。

牵：捺变为点。

尘：竖钩变为竖。

耀：竖弯钩变为竖提，横折钩变为横折。

羚：竖变为撇。

七、汉字笔顺的基本规则包括：

（1）先左后右，如“儿、川、州”。

（2）先上后下，如“三、亡、之”。

（3）先横后竖，如“十、干、艹”。

（4）先撇后捺，如“八、人、入”。

（5）先中间后两边，如“小、水、办”。

（6）先外后内，如“月、风、问”。

（7）先外后内再封口，如“日、四、园”。

八、为：丶 丿 为 为

臣：一 丅 丂 丂 丂 臣

西：一 丆 冂 丙 西 西

转：一 𠂇 车 车 车 车 转 转

乖：一 二 千 千 千 乖 乖 乖

肃：乛 彐 彐 肀 肀 肀 肃 肃

函：乛 了 了 了 了 了 函 函

贯：𠃊 口 毌 毌 毌 毌 贯 贯

悔：丶 丶 忄 忄 忄 忙 悔 悔 悔 悔

燕：一 十 廾 廿 廿 廿 廿 廿 廿 廿 廿 燕 燕 燕 燕 燕

九、不正确。笔顺规则是长期以来正确书写汉字的经验总结。正确的笔顺可以使部件组合相互协调，运笔距离尽量缩短，并且先行笔画对后续笔画的定位作用，可以使整字结构合理匀称。因此，正确的笔顺规则可以使汉字写得既迅速又美观。

【思考与练习六】

一、汉字的形体不直接反映读音；一个汉字记录一个音节；字形与字音的对应关系是复杂的，存在一音多形和一形多音的现象。

二、汉字很早就确立了一个汉字记录一个音节的特点，而“圕”读为 túshūguǎn，一个汉字记录三个音节，违背了这一规则，因此无法被广泛接受。

三、同音字产生的原因包括：从创造之始就同音，由语素的引申、分化造成同音，由语音简化造成同音。

由于汉语中最小的独立运用的语法单位是词，而同音字分别组成词后所形成的词语大多不再同音，再加上具体交际语境的制约，即便存在同音字，也大体上不影响口语交际的顺利进行。

四、多音字产生的原因包括：来自字义的引申发展，来自文白异读，来自专有名词中保留的特殊读音，来自汉字简化中的非对称现象，来自同形字，来自方言读音，来自译音用字。

五、畜（xù）牧　提供（gōng）　矿藏（cáng）　处（chǔ）理
　　济（jǐ）南　影片（piàn）　关卡（qiǎ）　叶（xié）韵
　　冠（guān）冕堂皇　乳臭（xiù）未干　量（liàng）体裁衣　心广体胖（pán）
六、异读字是指有两个或两个以上读音，但意义、用法都相同的字。
　　异读字的各个读音之间可以随意换用，没有明确的标准，因此异读字的存在不利于学习与交际，是汉字规范化中的“定音”工作需要处理的问题。
七、波（bō）浪　指（zhǐ）甲　骨（gǔ）头　成绩（jì）
　　曝（bào）光　打击（jī）　铁骑（qí）　迫（pǎi）击炮
　　忍俊（jùn）不禁　开花结（jiē）果　屡见不鲜（xiān）　叶（yè）公好龙
　　自作（zuò）自受
八、形声字声旁和整字读音的关系包括：
　　（1）声旁与整字读音完全相同，如“站、城”。
　　（2）声旁与整字读音声母、韵母相同，声调不同，如“近、字”。
　　（3）声旁与整字在声母或韵母上相近，如“盟、炮、撑”。
　　（4）声旁与整字在声母或韵母上只有一方面相同或相近，另一方面联系不明显，如“松、通、拉、给”。
　　（5）声旁与整字读音完全失去联系，如“移、地”。
九、扮（bàn），不能读半边，声旁与整字声母发音部位相近，韵母的韵尾相同。
　　颜（yán），不能读半边，声旁与整字声母、韵母相同，声调不同。
　　傣（dǎi），不能读半边，声旁与整字声母发音部位相同，韵母相同，声调不同。
　　缔（dì），可以读半边。
　　酗（xù），不能读半边，声旁与整字声母相同，韵母和声调都不同。
　　筹（chóu），不能读半边，声旁与整字声母发音部位相同，韵母相同。
　　悔（huǐ），不能读半边，声旁与整字韵母的韵基相同。
　　轼（shì），可以读半边。
　　滇（diān），不能读半边，声旁与整字韵母的韵尾相同。
　　娃（wá），不能读半边，声旁与整字读音完全失去联系。
十、用同音字替换成语中的汉字作为广告语，一方面是一种巧妙的修辞手段，充分利用了同音字的特点，起到独特的双关修辞效果；但另一方面也有可能对学习者产生误导，造成成语使用的混乱。

【思考与检测七】

一、没有意义的字：蝌　嗒
　　单义字：镁　饺　偕　蒋

多义字：户　本　打　心

二、本义：④

引申义：①③⑤

假借义：②

三、①：本义。

②：引申义，由①转喻而来。

③：引申义，由②隐喻而来。

④：引申义，由①隐喻而来。

四、对于有意义的汉字，字义都是语素义，如果语素可以独立成词，此时字义也是词义。

一个字的语素义、词义是从在现代汉语中是否可以独立成词的角度划分的，而本义、引申义是从字义的历时发展角度划分的。二者也存在联系。一个字在现时用法中，不同意义之间词义与语素义的差别，常常是历史上词义发展过程的体现。有不少多义字在发展过程中，在词这一层面上，新产生的引申义代替了旧义，发生了词义的演变，但作为复合词中的语素，意义相对稳固，不易受词义演变波及。因此，本义与引申义分别表现为语素义与词义。

五、是词义的：①④

只是语素义的：②③⑤

六、字义组合直接表示词义：编者　国营　战斗　录音机

字义组合部分表示词义：电视　铁路　白菜　足球

字义组合与词义间存在隐喻或转喻的关系：丹青　蛙泳　黑手

字义模糊或失落：马虎　妻子　行李　捣蛋　陌生

七、（1）形旁直接提示整字意义，如“爸、船”。

（2）形旁提示整字意义的类属，如“枫、荷”。

（3）形旁提示与整字意义相关的事物，如“轮、清”。

（4）形旁失去表意功能，如“镜、笨”。

八、桐：形旁提示整字意义的类属。

爹：形旁直接提示整字意义。

狠：形旁提示与整字意义相关的事物（整字表达性状，形旁提示具有此性状的典型主体）。

嫁：形旁提示与整字意义相关的事物（整字表达动作，形旁提示动作的主体）。

骗：形旁失去表意功能。

睫：形旁提示与整字意义相关的事物（形旁与整字间存在部分—整体关系）。

提：形旁提示与整字意义相关的事物（整字表达动作，形旁提示动作的工具）。

枕：形旁失去表意功能。

韧：形旁提示与整字意义相关的事物（整字表达性状，形旁提示具有此性状的典型主体）。

棋：形旁提示与整字意义相关的事物（形旁提示整字的构成材料）。

【思考与练习八】

一、1. 笔　墨　纸　砚

2. 篆书　隶书　楷书　行书　草书　篆书

二、卜：古文字作，像龟甲烧出的裂纹之形，反映古人通过龟甲烧出的裂纹进行占卜的习俗。

寒：古文字作，屋子里的人用草包裹身体四周，表达寒冷之意，反映古人以草御寒的生活方式。

出：古文字作，像脚趾从洞穴中走出，反映古时的穴居生活。

祭：古文字作，左上部是“肉”的变体，右上部是手的形状，“示”指神明，表示以手持肉祭祀神明，反映古时的祭祀场景。

删：从册从刂（刀），体现了古人用竹简记事，删除文字的方法就是用刀刮去竹简上的字。

三、1. 上下联相同位置上的“财”与“才”、“政”与“正”分别同音，且后者是前者的部件。

2. 上下联每字都有偏旁“氵”，书于纸面富有美感。

3. 上下联都是正读倒读相同的回文格式。

4. 上下联相同的位置上分别运用了同音字“胜、剩、盛”和“新、薪、欣”。

四、灯谜完全依靠谜面与谜底在文字本身层面的关联引导猜谜者猜出相应的字词，与具体事物无关。一般谜语主要依靠对具体事物特征的描述引导猜谜者猜出相应的事物。由于汉字的字形结构复杂多样，且广泛存在着多义性，有发生别解的可能，因此依托字形、字义进行猜测的灯谜是汉语独有的。

五、1. 省　2. 连　3. 拾　4. 入

六、[略]

【思考与练习九】

一、（1）定形，即确定汉字的规范字形，具体工作包括汉字的简化、异体字的整理、印刷字形的规范、异形词的规范等，并在这些工作的基础上，以规范字表的形式为每个汉字确定字形标准。

（2）定音，即确定汉字的规范读音，主要体现为异读字读音的审订。

（3）定量，即确定汉字的规范字量，主要体现为以字表的形式确定规范汉字的数量。

（4）定序，即确定汉字的规范排列顺序，主要包括音序法和形序法。

二、贝　乌　麦　会　风　尝　听　传　乐　圣　华

扑　战　阴　习　庙　宪　窜　出　板　纤　霉

三、見麵（面） 鄰裏（里） 錶（表）格 山穀（谷） 復（複）習
乾（幹）部 皇後（后） 係（系）統 日歷（曆） 論罈（壇）
心髒（臟） 禦（御）花園 理發（髮）店 沈（瀋）陽市
窗明幾（几）淨 鬆（松）柏長青 蕓蕓（芸芸）衆生

四、霸 雕 妒 凑 涌 迹

五、录像 模拟 秉承 账本 乌七八糟 秀外慧中

六、真实 武术 崇拜 鞠躬 步伐 微小
荡漾 土壤 富裕 环绕 莲花 颐和园

七、安排 浪费 取消 时候 竞赛 刻苦 既然 赡养 煤炭 编纂
对弈 宣泄 驰名 即使 捍卫 度假 安详 哈密瓜 入场券
明信片 三部曲 谈笑风生 好高骛远 再接再厉 鬼鬼祟祟
呕心沥血 滥竽充数 自作自受 黄粱美梦 金榜题名 老奸巨猾
一筹莫展 甘拜下风 漫不经心 惹是生非 察言观色 意气风发
病入膏肓 脍炙人口 川流不息 饮鸩止渴 草菅人命 出其不意

八、（1）香港、澳门地区以《常用字字形表》为规范，台湾地区以《常用国字标准字体表》为规范。它们与中国内地（大陆）规范汉字最大的差异在于使用繁体字。此外，在异体字的取舍、新旧字形的处理上也与中国内地（大陆）规范汉字有一些差异。例如，中国内地（大陆）规范汉字的“够、强”在港澳台地区的标准中分别使用异体字“夠、強”，中国内地（大陆）的新字形“黄、吕”在港澳台地区的规范中分别使用旧字形“黃、呂”。

（2）日本汉字以《常用汉字表》为规范。与中国规范汉字的差异在于中日各自进行的汉字简化有同有异，而且日本汉字沿用了某些旧字形特征。在异体字的选取上，日本汉字与中国规范汉字也有不一致之处，如中国的“开、溪、对、值、册”在日本汉字中分别是“開、渓、対、値、冊”。

（3）韩国汉字以《教育用汉字表》为规范，与港澳台地区使用的繁体汉字大体一致，但保留了更多的旧字形特征。

九、有的观点认为，只有繁体字能传承汉字的文化内涵，论据主要是“亲不见，爱无心，产不生，面无麦”等，即认为简化字丢失了繁体字中的表意成分，因此失去了相应的文化内涵。但这一论证的效度不高。一方面，虽然一部分简化字的表音、表意理据性不如相应的繁体字，但同时，也有的简化字表音、表意理据性比相应的繁体字更强，如“护（護）、惊（驚）、灭（滅）、笔（筆）”等；另一方面，有些繁体字中被省略的成分原本就不具有理据性，所谓的理据性只是一种主观的臆测，如“爱”中的“心”原本不表意，只是音符的一部分。

另一种观点认为，简化字有自身的积极作用，同样能传承汉字的文化内涵，论据主要是

汉字简化符合汉字形体演变的总体趋势，有效地减少了汉字的笔画，也使得一些汉字的结构更便于称说，更易认、易写。虽然削弱了一些汉字的理据性，但也增强了一些汉字的理据性，如上述“护、惊、灭、笔”等。因此汉字简化总体上是成功的。这种观点对简化字的评价更为全面。

（参见苏培成《从简化字“亲不见，爱无心”谈起》,《语言文字报》2011 年 8 月 12 日）

十、“火星文”是部分网民彰显个性的手段，但“火星文”完全是由常规文字通过变形而形成的，并没有创造新的表达。同时，大量“火星文”单纯从字形的相似性出发，将生僻字作为代替其他字的符号 [如用“烸（hǎi，燥）”代替“每”]，而完全不考虑它们自身的字音、字义，会影响社会大众对这些生僻汉字的正确认知。因此在书面交际中，“火星文”只会造成文字使用的混乱，不利于语言文字的规范化。

【思考与练习十】

一、汉字的检字法主要包括音序检字法、形序检字法两类，形序检字法又包括部首检字法、笔画检字法和四角号码检字法。

音序检字法的优点是使用简便，适合查检读音已知的汉字；缺点是无法查检读音未知的汉字，且音序法只能排列不同的音节，对于同音字需要依靠形序检字法排序。

部首检字法的优点是便于查检不认识的汉字；缺点是有些字的部首不容易确定，查找不便。

笔画检字法的优点是可以为任意范围的通用汉字明确排序；缺点是在一本辞书所收的汉字中，笔画数相同的字往往很多，按照笔画顺序查找目标字并不容易，且有的字笔画繁多，笔画数计算有困难，有些字的笔顺存在分歧。

四角号码检字法的缺点是规则繁琐，且某些字的取码存在歧义，同码字较多，不易掌握。

二、最适合使用部首检字法，先确定其部首“犭”，在“部首目录”中的“三画”下查到“犭”部所对应的“部首检字表”页码；然后依照该页码，在“犭”部下按照剩余笔画数（9 画）查到“猹”字对应的正文页码。

三、木　一　大　一　土　木　丁　门　生　厂

四、音序法：比　存　海　己　邻　内　若　天　涯　知

笔画法：己　天　比　内　存　邻　若　知　海　涯

五、六 [略]

【思考与练习十一】

一、汉字教学需要遵循的基本原则包括：

（1）汉字书写的字形结构化原则

（2）利用汉字形、音、义统一体的特点，字词教学相结合

（3）由易到难，汉字教学与口语教学先分后合

（4）认读与书写分别要求，少写多认

（5）重视“字感”的培养

（6）针对不同语言背景的学习者，采用不同的教学策略

（7）纸笔书写与键盘输入相结合

二、“字本位”的观点主要着眼于汉语的特点。由于“字”这一单位是形、音、义一体的，由字出发，可以逐级生成词、句、篇等更大的语言单位，因此重视“字”的作用可以有效地扩大学习者的词汇量。而“词本位”的观点主要着眼于“词”才是最小的自由使用的单位，且复合词的词义与字义间的关系存在着复杂的情况，掌握了字义不一定能掌握词义，汉字处在具体的词句中时也更容易理解用法，因此在教学中仍然需要以“词”为基本单位。

这两种观点都有一定的道理，在实际教学中，以“字”为基础的教学和以“词”为本位的教学，需要两相结合，各自在特定侧面、特定阶段发挥作用。

三、（1）正确字形：说

偏误原因：没有掌握汉字的笔形、笔向规则，用其他文字系统中的弧线、圆圈、小圆点代替汉字的正确笔形。

（2）正确字形：现

偏误原因：没有掌握部件组合中笔画的变形，“王”充当左偏旁时末笔没有变为提。

（3）正确字形：忘

偏误原因：没有掌握合体字的空间结构，两部分过于分散，并出现了错位。

（4）正确字形：词

偏误原因：对字形细节记忆不准确，遗漏了一横。

（5）正确字形：随

偏误原因：对含有多层部件的合体字中不同部件的结构层次、顺序记忆有误。

（6）正确字形：认

偏误原因：没有掌握繁简对应规则，造成繁简杂糅。

（7）正确字形：照

偏误原因：混淆了合体字不同层次的结构。

（8）正确字形：须

偏误原因：合体字部件位置关系记忆错误。

四、“字感”是一种对文字的直觉性的理解、判断能力。“字感”主要体现为汉字的正字法意识，它是对汉字字形结构系统中所隐含的内在规律性的一种敏锐的直觉感知，是在长期接触、观察汉字的过程中无意识地获得的一种感性知识。

非汉字文化圈的汉字学习者在学习的初期因为缺乏“字感”，常常难以察觉汉字的结构层

次，更没有笔形、笔顺的概念，对不同汉字之间的细微差别也不够敏感。因此需要重视“字感”的培养。

五、这种观点是不合理的。虽然在当代社会生活中电脑输入已经在很多领域代替了手写，但对于母语非汉语的学习者而言，纸笔书写训练仍然有着不可替代的作用。首先，即使是在电脑上输入汉字，要想选出正确的字形，仍然是以大脑中存储着相应的字形为条件的。如果大脑中没有相对准确的字形记忆，就会打出别字。而书写练习对于汉字字形记忆的巩固作用，是键盘输入无法取代的。其次，汉字的结构规律、部件的表音表意特点、形近字的辨析，也只有通过一笔一画的书写练习，学生才能进行深加工，才能较好地掌握。利用汉字与语素的关联进行词汇学习，也是以学习者对字形有深刻的感知为基础的。另外，在日常生活中，纸笔书写的便捷性也使得它仍然无法完全被键盘输入取代。如果是汉语水平测试，通常更是非纸笔书写不可。汉字的书法艺术也要依托于纸笔书写。高水平的汉语学习和使用更需准确掌握大量汉字的音、形、义。

六、1. 二者的差别在于左侧部件分别是“扌”和“木”。

挂（guà）（挂念）　桂（guì）（桂花）

2. 二者的差别在于“拢”比“扰”在右侧部件右下方多一撇。

扰（rǎo）（打扰）　拢（lǒng）（合拢）

3. 二者的差别在于“汊”比“汉”多出一点。

汉（hàn）（汉语）　汊（chà）（河汊）

4. 二者的差别在于第一笔分别是横和撇。

天（tiān）（天空）　夭（yāo）（夭折）

5. 二者的差别在于左侧部件分别是“扌”和“十”。

搏（bó）（拼搏）　博（bó）（博士）

七、1. 不适合，可以字面解析为“三个人一起在温暖的阳光下游玩，就是春天”。

2. 适合。

3. 不适合，可以分别与“行、得”和“眼、跟”等汉字对比，使学习者记住这两个部件本身。

4. 不适合，可以将“接”直接拆分为“扌、立、女”三个常见的基础部件，或字面解析为“女朋友手拿一束鲜花站着，就是迎接”。

5. 不适合，可以字面解析为“鱼和羊一起烧，味道特别鲜美”。

八、这两种观点都有一定的道理。一方面，字面解析法富有趣味，对识记字形有促进作用；另一方面，字面解析法也可能对真实字源的理解起误导作用。但是，汉语二语教学中汉字教学的目的是让学习者准确记忆现代汉字的字形，以便进行书面交际，而不是学习文字学知识，所以在教学中使用字面解析法是有积极意义的。在教学中，字面解析法更适合在讲授理据性不强的汉字时使用，且在使用时，需要向学习者说明这只是一种帮助记忆的策略，而不能看作历史上真实的字源。

九、欧美学习者将“⺮”写作“KK”是受到母语使用的拉丁字母的负迁移影响，没有按照规范汉字笔形书写的结果，这也反映了欧美学习者缺乏汉字的“字感”。在教学中，可以将汉字的“⺮”与拉丁字母的“K”的书写过程进行对比，强调其中的撇、横、点这些笔画的正确笔形和笔向。

日本学习者将“舍”写作“舎”是没有留意日本汉字与中国现行规范汉字的微小差异，用日本汉字代替中国汉字的结果。在教这个字时，教师可以将中国汉字“舍”和日本汉字“舎”进行对比，强调该字中间的竖“出头”的方向不同这一差异。

【思考与练习十二】

一、汉字教学中的7种基本笔画分别是：

横（一） 竖（丨） 撇（丿） 点（丶或㇀）

捺（㇏） 提（㇀） 钩（乛、亅、㇁、㇂、㇃）

进行这样的归纳，是因为汉字本体研究和辞书检索对汉字笔形所做的归纳“横、竖、撇、捺、折”或“横、竖、撇、点、折”并不能完全满足汉语二语教学的需要，如横和提、竖和竖钩、捺和点在具体的汉字中不能混用，因此需要分开处理。归入折的各种复合笔形也需要分别掌握，而汉字的复合笔形具有较强的规律性，大多可以通过“横、竖、撇、点、捺、提”6种基本笔形以及钩的组合生成。因此在二语教学中，可以在6种基本笔形的基础上加上钩作为教学用基本笔画。对于由基本笔画构成的复合笔画，则可以通过分解为基本笔画的方式进行称说与识记。

二、竖弯钩　横竖　竖横竖　横撇横撇　竖横竖钩　竖横撇　横撇卧钩　横撇横竖钩

三、笔顺虽然在直接参与交际的汉字中不能直接体现，但学习者掌握正确的笔顺，有利于理解笔画之间的配合协调关系，使写出的整字更加美观，并能提高书写速度。因此，笔顺仍然应作为汉字教学中的重要内容。但同时，从二语教学的实际出发，并不需要对每个字的笔顺都做严格要求。有的汉字的笔顺规则较为特殊，如“万、火、为、快”等汉字，即使是汉语母语者也未必按规范笔顺书写。在实际教学中，从减轻学习者负担的角度出发，对这些特殊笔顺的汉字，无需严格要求，只需不违背“先左后右、先上后下、先横后竖”等基本规则，写出的整字笔形正确即可。

四、部件是汉字结构中笔画与整字之间的中介单位。虽然就整字这一层级而言，汉字数量繁多，结构复杂，但构成汉字的基础部件数量是相对有限的，一些常用部件（如“人、口、土”）更是在很多不同的汉字中重复使用。部件之间的位置关系也限于固定的几种，部件事实上起到了“模块”的作用。因此，部件教学具有以简驭繁的功能。对于在现代汉字中占大多数的合体字，充分利用部件作为“模块”的特点，重视部件和部件之间的组合关系，可以在很大程度上简化汉字的学习。对部件及其结构关系的正确掌握，也有利

于学习者在书写汉字时按照部件的结构层次排布笔画，写出正确、美观的汉字。同时，偏旁、部首这一层级的部件大多同时还具有表音或表意功能。

五、在汉字教学初期，为了使学习者正确地掌握汉字字形内部的结构关系，规范书写汉字，部件拆分可以一直拆分到基础部件。而当学习者积累了一定量的汉字后，就应当更多使用偏旁、部首这一层级。这是由于偏旁、部首这一层级的部件大多不仅是书写的单位，同时具有表音或表意功能，更能体现整字的理据。

六、1. 将形近部件“王”与“土”对比辨析。

2. 画出结构示意图。

3. 指出竖提多出现于部件的左侧（如“艮、民”），一般不出现于部件的中间。

4. 指出笔形、笔向的规则，强调复合笔形转折处需要有棱角，且不能构成复合笔形之处必须断开书写，构成相接关系。

5. 将形近部件“礻”与“衤”对比辨析，指出“礻”是“示”的变体，组成的字与神明有关，而“衤”是“衣”的变体，组成的字与“衣服”有关。

6. 画出结构示意图。

七、学习“形”时可以只强调“开、彡”两个部件的形体，继续学习“刑、邢”时，就可以引导学习者回忆“形”字中与其相同的“开”，并归纳出“开”在左侧时，整字读音为 xíng 这一规律。

八、在学习新字时，可以启发学习者回忆学过的有相同的部件的字，例如，学习“扫”字时，如果学习者先前学过“打、雪”等含有相同部件的字，在讲解“扌”和“彐”两个部件的同时，就可以通过提问“什么字还有这个部件”引导学习者回忆这些字；也可以将已学过的含有某一相同部件的汉字全部列出，进行归纳总结。